KB129301

곁에 두고 읽는
서양철학사
History of Philosophy

곁에 두고 읽는 서양철학사

History of Philosophy

오가와 히토시 지음
황소연 옮김 **김인곤** 감수

다산초당

시작하는 글

왜 서양철학을 배우고 익혀야 할까?

저는 지금까지 수많은 철학 서적을 세상에 선보였습니다. 그중에서 이 책은 고대 그리스부터 현대에 이르기까지 서양철학의 진수를 소개하고 있습니다. 여러분을 철학의 세계로 안내해 줄 좋은 철학 입문서라고 할 수 있지요.

고대 그리스의 자연철학에서 출발한 서양철학은 3천 년의 역사를 자랑합니다. 서양철학이 이렇게 오랜 시간 동안 면면히 이어져 내려오고, 널리 전파될 수 있었던 것은 보편적인 내용과 지식을 갖추고 있기 때문입니다.

애초에 철학이라는 학문은 '보편성'을 따르는 학문이라고 말할 수 있습니다. 일반적으로 사물의 본질을 탐구하는 활동이라고 일컬어지지요. 그런데 저는 이러한 철학의 정의에 '비판적으로, 근원적으로'라는 방법론을 덧붙이고 싶습니다. 철학을 할 때는 사물의 본질을 밝히는 것뿐 아니라, 그것을 깨닫는 과정이 매우 중요하기 때문입니다. 그러니 제대로 철학하려면 비판적, 근원적으로 사고해야 합니다.

철학에서 말하는 '비판적'이라는 방법론은 의심한다는 뜻입니다. 사물의 본질은 힘겹게 찾아다녀야 할 만큼 꽁꽁 숨겨져 있기에, 우선은 모든 것을 의심하는 일부터 시작해야 합니다. 그리고 그 의심이라는 행위를 계속 되풀이할 필요가 있습니다. 이 과정에서 필연적으로 '근원적'인 사고가 등장합니다. 단 한 번의 의심과 탐구로 끝나는 것이 아닌, 철저하게 의심하고 또 의심함으로써 본질에 이르는 근원적 사고를 할 수 있는 것입니다. 이렇게 의심을 되풀이하는 과정이야말로 철학 그 자체인 셈입니다.

철학을 뜻하는 '필로소피(philosophy)'라는 단어는 그리스어로 '지혜'를 뜻하는 소피아(sophia)와 '사랑한다'를 의미하는 필로(philo)가 합쳐진 단어 '필로소피아(philosophia)'에서 유래했습니다. 단어만 봐도 알 수 있듯이, 끊임없이 앎(知)을 추구하는 과정이 마침내 철학으로 이어진 것입니다.

철학에서 의심하는 행위는 앎을 사랑하는 행위와 같습니다. 서양철학의 유구한 역사는 앎을 사랑하는 행위의 발자취입니다. 수많은 철학자들이 앎을 사랑했고, 최고의 지혜를 남겼습니다. 우리는 서양철학자들의 지혜를 배우고 익히면서, 더욱 앎을 추구해 나갈 수 있습니다.

이 책에는 모두 50명의 철학자가 등장하는데, 철학자 각각의 주요 개념을 두 가지씩 소개합니다. 따라서 총 100가지의 철학 개념이 나오는 셈입니다. 이 철학 개념들을 온전히 익힌다면 사고력이 매우 발달할 것이라고 확신합니다.

각각의 철학자가 주장한 하나하나의 개념은 오랜 시간에 걸쳐 숙성된 지혜의 결정으로, 3천 년 이상의 역사를 자랑합니다. 이 사실만 봐도 이 책에서 소개하는 철학 개념의 생명력이 얼마나 강한지 짐작할 수 있을 것입니다.

본문에 등장하는 철학 개념은 시대별로 엮어져 있기 때문에, 처음부터 차례대로 읽다 보면 철학사를 꿰뚫을 수 있습니다. 물론 중간부터 읽더라도 크게 문제되지 않습니다. 즐기면서 읽는 것이 최고의 독서법입니다. 그러니 흥미로운 항목부터 재미나게 접근했으면 합니다.

그럼 이 책에서 서양철학의 흐름을 어떻게 다루고 있는지 간략하게 살펴보겠습니다.

우선 1챕터는 그리스철학부터 중세 신학까지 다루고 있습니다. '세계는 무엇으로 이루어져 있는가?'라는 1챕터의 제목처럼, 고대 서양 철학은 세계를 논리적으로 설명하기 위해 온갖 지혜를 짜냈지요.

다음으로 2챕터에서는 르네상스 시대부터 근대 초기까지의 철학을 조망합니다. 이 시기 사람들은 르네상스를 거치면서 스스로에게 '나는 누구인가?', '인간이란 무엇인가?'라는 질문을 던지게 됩니다.

3챕터에서는 영국 경험론과 대륙 합리론의 대립에서부터 독일 관념론까지 폭넓게 다루며, 인간의 이성이 철저하게 탐구되었던 철학의 최고 전성기를 되짚어 볼 것입니다.

이어지는 4챕터에서는 19세기부터 20세기의 독일, 프랑스 철학을 중점적으로 소개합니다. 이때는 현상학과 실존주의가 중심이 되어, 인간의 삶이 화두로 떠오른 시대였습니다.

5챕터에서는 현대 사상의 주요 개념을 개괄합니다. '세계를 움직이는 새로운 규칙'에 대해 이야기하지요. 이 장에는 20세기부터 현대에 이르기까지, 포스트모던(탈근대)이라고 불리는 새로운 시대를 규명하려는 사상으로 가득합니다.

마지막으로 6챕터에서는 사회와 정의를 생각합니다. 복잡한 현대 사회에서 우리는 어떤 사회를 구현해야 하는지, 과연 정의(正義)를 어떻게 정의(定義) 내려야 하는지 진지하게 고민해 보고자 합니다.

철학은 우리와 멀리 떨어져 있지 않습니다. 이 책에 등장하는 모든 철학 개념은 현대인의 고민과도 연결되어 있습니다. 아무쪼록 스스로 생각하는 철학 여행을 만끽하기를 간절히 바라며, 지금부터 앎의 역사를 더듬어 올라가는 철학 여행을 떠나 봅시다.

이 책은 철학의 세계를 폭넓게 조망할 수 있는 좋은 안내서가 될 것입니다.

오가와 히토시

차례

Chapter 1

세계는 무엇으로 이루어져 있는가?

고대 그리스철학에서 중세 신학까지

Chapter 2

인간을 생각하다

르네상스 시대에서 근대 초기까지

Chapter 3

이성의 한계를 규명하다

영국 경험론과 대륙 합리론의 대립에서 독일 관념론까지

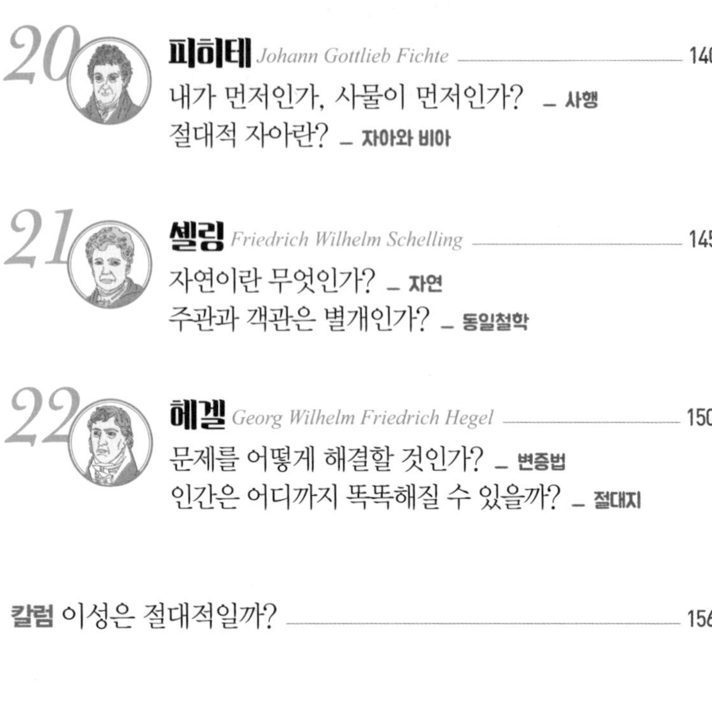

Chapter 4

나의 존재란 무엇인가?

19~20세기, 현상학과 실존철학

Chapter 5

세계를 움직이는 새로운 규칙

현대 사상

Chapter 6

정의로운 사회를 고민하다

정치철학과 공공철학

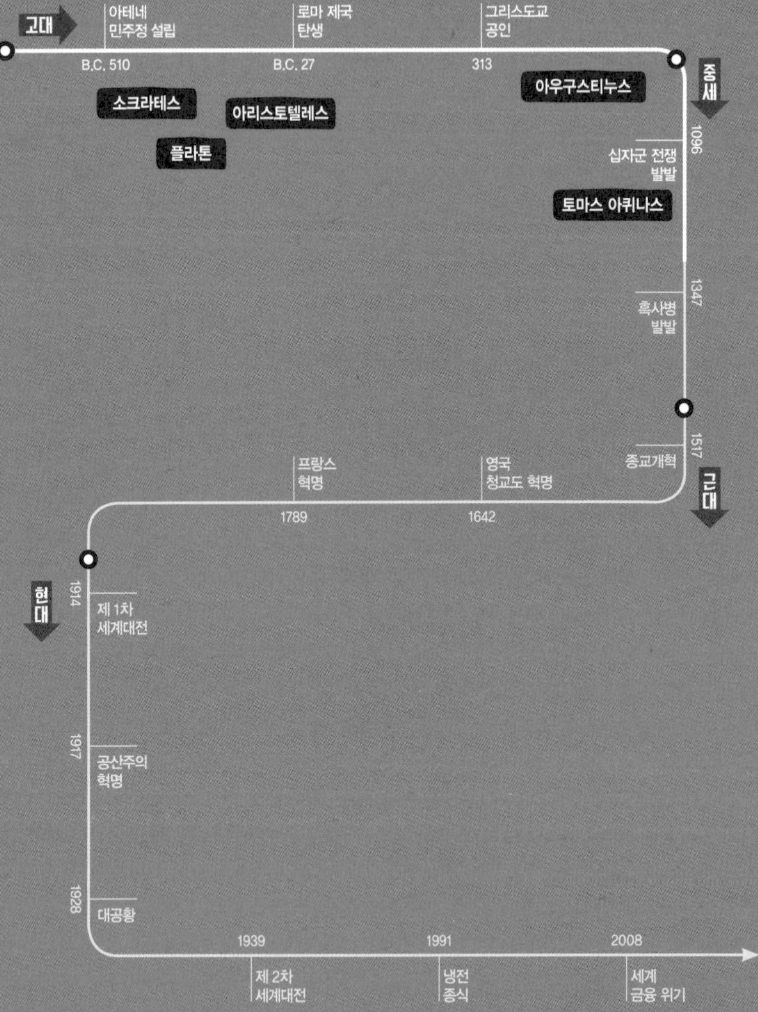

고대
아테네
민주정 설립
B.C. 510
로마 제국
탄생
B.C. 27
그리스도교
공인
313
소크라테스
아리스토텔레스
플라톤
아우구스티누스
중세
1096
십자군 전쟁
발발
토마스 아퀴나스
1347
흑사병
발발
1517
종교개혁
근대
영국
청교도 혁명
1642
프랑스
혁명
1789
현대
1914
제 1차
세계대전
1917
공산주의
혁명
1928
대공황
1939
제 2차
세계대전
1991
냉전
종식
2008
세계
금융 위기

세계는 무엇으로 이루어져 있는가?

고대 그리스철학에서 중세 신학까지

01

질문을 되풀이함으로써
진리에 가까워질 수 있다.
철학을 하고 싶다면,
질문부터 던져라!

소크라테스

B.C.470? ~ B.C.399

아테네에서 태어난 고대 그리스의 철학자. 서양철학의 효시로 널리 알려진 위대한 인물이다. 묻고 대답하는 '대화법'을 통해 진리를 탐구했다. 신을 모독하고 젊은이들을 타락시켰다는 죄목으로 독배를 받고 의연하게 최후를 맞이했다.

02

보이는 것에
현혹되지 말고,
사물의 참모습을
탐구하라.

플라톤

B.C.427 ~ B.C.347

고대 그리스의 대표 철학자로, 소크라테스의 제자이자 아리스토텔레스의 스승이다. 현실 세계와 대비되는 완전한 이상 세계인 이데아계가 존재한다고 설파했다. 마흔 살이 지나 아테네 교외에 아카데메이아라는 학교를 세워 후학을 양성하고 학문을 연구했다.

03

최고의 선택을 하고 싶은가?
조화와 균형이 이루어져 있는
상태, '중용'을 기억하라.

아리스토텔레스

B.C.384 ~ B.C.322

고대 그리스의 철학자로 논리학, 자연학, 철학, 윤리학, 정치학 등의 학문을 집대성해 '학문의 제왕'으로 칭송된다. 스승인 플라톤의 이데아론을 비판하고 독자적인 형이상학의 체계를 완성했다. 플라톤을 이상주의자라고 한다면 아리스토텔레스는 현실주의자라고 말할 수 있다.

아우구스티누스

354 ~ 430

로마의 주교이자 초기 그리스도교를 대표하는 위대한 사상가로, 그리스도교 교리를 확립했다. 젊은 시절 자연 종교의 하나인 마니교에 심취하기도 했지만 깨달음을 얻고 그리스도교로 개종했다. 최고의 교부로 인정받고 있으며, 그의 이론은 교부 철학의 최고봉으로 일컬어지고 있다.

토마스 아퀴나스

1225? ~ 1274

이탈리아의 신학자이자 철학자로 방대한 신학 이론의 체계를 수립했다. 특히 아리스토텔레스 철학에 바탕을 두고 철학과 그리스도교 신학의 조화를 꾀했다. 스콜라 철학을 대표하는 철학자이자, 고대 그리스 시대의 사유 전통을 중세에 되살린 인물로도 널리 알려져 있다.

01

소크라테스

그리스철학

무지의 지

왜 겸손해야 할까?

우리는 어린 시절부터 겸손하라는 가르침을 줄곧 들어 왔다. 그런데 왜 겸손해야 할까? 이런 의문에 답을 제시해 주는 철학 개념이 바로 소크라테스의 '무지(無知)의 지(知)'다. 쉽게 말해 '모른다는 것을 아는 것'이라고 할 수 있겠다.

오늘날에는 철학의 아버지로 칭송받는 소크라테스지만, 원래 그는 석공의 아들로 태어나 마흔 즈음까지는 평범한 석공으로 지냈다. 그러던 어느 날 소크라테스를 둘러싸고 기이한 소문이 떠돌았다. 소크라테스의 친구가 델포이 신전에서 신탁을 들었는데 "아테네에서 가장 지혜로운 현자는 소크라테스다"라는 내용이었다.

소크라테스는 이 소문의 진위를 확인하기 위해 당시 현자라고 불리는 사람들을 직접 찾아다니며 질문을 던졌다. 하지만 누구도 소크라테스의 물음에 속 시원히 대답해 주지 못했다. 그때 비로소 소크라테스는 깨달았다. 당시 현자라고 불리던 사람들, 즉 소피스트(sophist)들은 무엇이든지 아는 체하지만 실은 자신과 크게 다르지 않다는 사실을 말이다. 아니, 적어도 소크라테스 자신은 아무것도 모른다는 사실은 알고 있으니 그들보다 더 나을지도 모른다. 아는 척하는 순간부터 더 알 수 있는 기회를 놓칠 테니까.

모른다는 사실을 인정하고 더 알고자 노력하면, 지혜와 지식이 늘어나서 현명해질 기회가 생긴다. 진리에 한층 가까워질 수 있는 것이다. 이것이 바로 '무지의 지' 개념이다. 묻는 것은 한순간의 수치이지만, 묻지 않는 것은 평생의 수치가 될 수도 있다.

우리는 '무지의 지' 개념에서 겸손의 미덕, 겸허의 소중함을 배울 수 있다. 아는 척, 잘난 척하지 않아야 비로소 자신이 몰랐던 사실을 알게

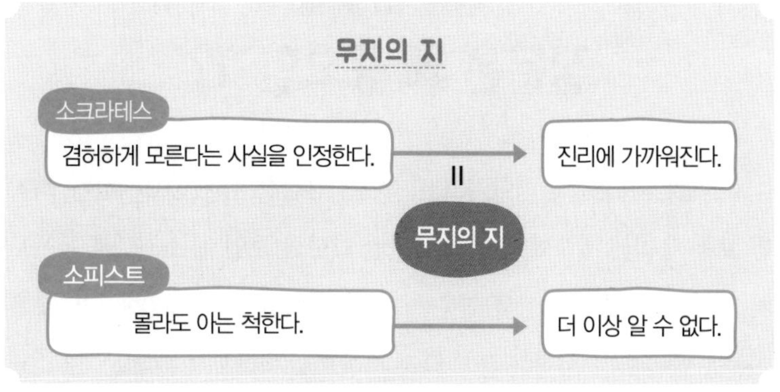

되고, 새로운 지식을 받아들일 수 있다. 물론 자신감을 갖고 당당하게 행동하는 것은 중요하다. 하지만 자신감이 도를 넘어서는 안 된다. 교만 방자한 태도와 앎(知)을 향한 겸손한 태도는 전혀 다른 문제다.

노벨상을 받을 정도로 훌륭한 학자가 있다고 해 보자. 그가 자기 자신의 연구에 자부심이 있다면, 그것은 겸허하게 앎을 추구한 결과에서 생긴 자신감이다. 그런데 아무런 노력도 하지 않고 근거 없는 자신감만 앞세우는 사람이 있다면 어떨까? 그런 사람은 노벨상과는 거리가 멀 것이다.

소크라테스는 노벨상을 받은 적이 없다. 당연한 일이다. 그가 살던 시대에는 노벨상이 없었으니까. 대신 그는 철학의 아버지로 역사에 이름을 깊이 새길 수 있었다. 소크라테스가 누구보다 훌륭해서였을까? 그보다는 누구보다 겸손했기 때문이다.

대화법

질문은 왜 중요한가?

오늘날은 질문도 능력이라고 여기며 질문하는 힘을 중요시한다. 하지만 보통 우리는 질문에 무척 소극적인 태도를 보인다. 스스로를 돌아보자. 수업 시간에 앞장서서 질문한 적이 있는가? 회의 시간에 날카로운 질문을 쏟아 내는 사람을 곱지 않은 시선으로 쳐다본 적은 없는가?

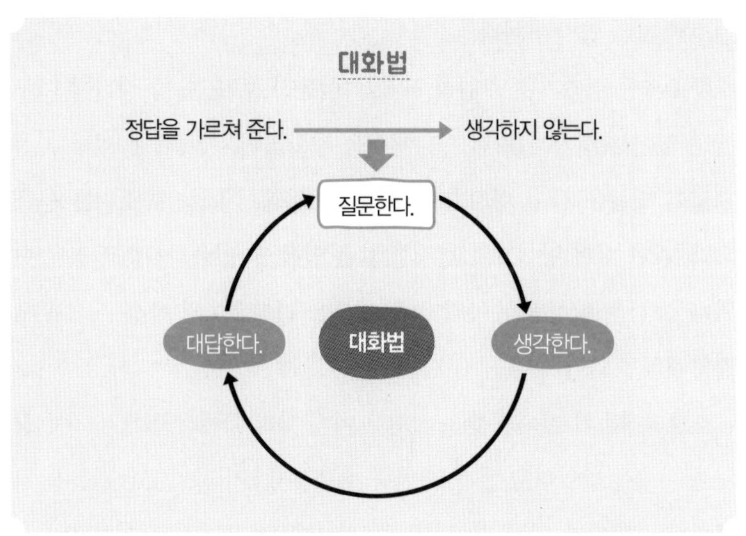

질문하는 일은 굉장히 중요하다. 왜 질문이 의미 있는 행동일까? 소크라테스의 '대화법'은 이 물음에 답을 준다.

소크라테스는 말년에 청년들을 타락시켰다는 죄목으로 재판을 받았다. 그러나 소크라테스는 지나가는 청년들을 붙잡고 질문을 던졌을 뿐이다. 그는 질문을 되풀이함으로써 진리에 가까워진다고 믿었다. 이것이 바로 소크라테스의 대화법이다. 이 방법은 상대방 스스로 답을 찾아내도록 도움을 준다는 의미에서, 출산을 돕는 산파에 빗대어 '산파술'이라고 부르기도 한다.

대화법의 핵심은 질문하고 나서 곧바로 답을 가르쳐 주는 것이 아니라, 상대방 스스로 생각할 시간을 준다는 점이다. 곧바로 정답을 이야기해 주면 상대는 아무것도 생각하지 않는다. 이런 수동적인 자세로는 진정한 앎을 얻지 못한다.

학교에서 행해지는 주입식 교육을 떠올려 보자. 수업 시간에 아무 질문 없이 교사가 일방적으로 지식을 주입하면, 학생들은 멍하니 선생님의 말씀을 듣고 있다가 수업이 끝났음을 알리는 종소리를 듣게 된다. 과연 이런 방식으로 진정한 앎을 얻을 수 있을까? 결코 얻을 수 없다. 교사는 학생들을 향해 많은 질문을 던짐으로써 학생 스스로 생각하게끔 도와야 한다.

소크라테스의 질문을 받은 사람은 마치 머리 위에서 번개가 치듯 강렬한 자극을 받았다고 한다. 그만큼 소크라테스가 날카로운 질문을 퍼부었다는 뜻이다. 당시 정치가들은 그런 자극이 국가에 위험한 요소로 작용할 수 있다고 생각했던 것 같다. 그래서 소크라테스에게 독이 들어간 잔을 건네며 죽음을 선사했다. 하지만 소크라테스는 마지막 순간까지 자신의 신념대로 행동하고 질문했다.

질문을 통해 생각하고 또 생각하지 않으면 진리에 도달할 수 없다. 진리에 가까워지기는커녕 생각할 기회조차 얻지 못한다. 이것이 바로 질문이 중요한 이유다.

이제 우리의 일상으로 돌아와 보자. 회의 시간에 질문을 쏟아 내지 않으면 훌륭한 기획이 탄생하지 않는다. 수업 시간에 질문하지 않으면 제대로 이해하지 못한 채 넘어가기 일쑤다. 그러니 지금 당장 용기를 내서 손을 들고 질문을 하자. 분명 진리를 향한 문이 활짝 열릴 테니까.

플라톤

그리스철학

이데아

왜 현실을 의심해야 할까?

현실을 의심할 때 발전이 있다는 말이 있다. 하지만 눈앞에 보이는 현실을 의심하기는 쉽지 않다. 현실에 의심을 품어야 하는 이유는 무엇일까? 이 질문에 플라톤의 '이데아(Idea)' 개념이 답을 줄 것이다.

이데아는 플라톤 철학의 핵심이 되는 개념으로, 원래 '사물의 모양이나 형태'를 뜻하는 단어다. 그런데 여기에서 '모양'은 눈에 보이는 모습을 말하는 것이 아니다. 마음의 눈을 통해 통찰되는 사물의 참모습, 사물의 '원형'을 가리킨다. 감각을 통해 포착되는 사물의 형태는 변형될 수 있지만 마음을 통해 통찰되는 이데아는 영원히 변하지 않는 참된 존재인 것이다. 플라톤은 모든 사물은 이데아의 그림자에 불

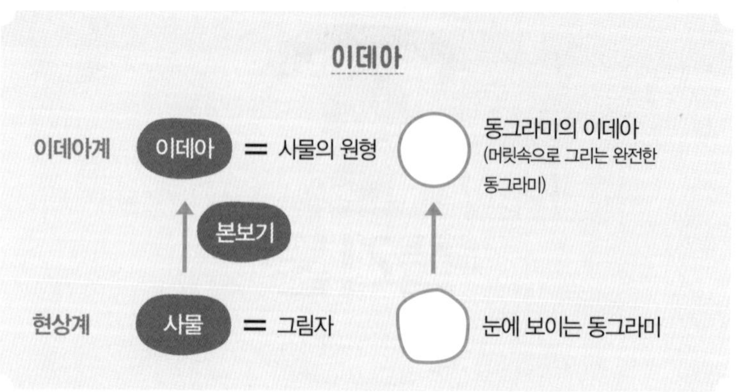

과하므로 우리는 사물의 참모습을 보기 위해 힘써야 한다고 주장했다.

플라톤은 '동굴의 비유'를 들어 이데아 개념을 설명했다. 인간이 맨눈으로 인식하는 것은, 마치 동굴 안에서 벽에 비친 사물의 그림자만 보고 그것이 참된 진실이라고 믿는 것이나 마찬가지라는 것이다. 그러므로 플라톤은 그림자에 현혹되어서는 안 된다고 강조한다.

이를테면 장미에는 장미의 이데아가 존재하고, 동그라미에는 동그라미의 이데아가 존재한다. 따라서 장미의 꽃봉오리만 봐도 활짝 핀 장미꽃을 연상할 수 있다. 마찬가지로 조금 삐뚤빼뚤한 동그라미를 보더라도 반듯한 동그라미를 떠올릴 수 있다. 이는 머릿속에 장미나 동그라미의 이데아가 존재하기 때문이다. 즉 이데아는 사물의 이상향이며, 인간의 이성을 통해 정확하게 포착할 수 있다.

플라톤은 이데아를 통해 구성되는 영원불변의 세계와 감각을 통해 파악되는 현실의 세계를 구분해 전자를 '이데아계', 후자를 '현상계'라고 표현했다. 또한 영원히 변하지 않는 이데아계는 끊임없이 변하는 현상계의 본보기가 된다고 주장했다. 이것은 현실과 이상을 구분하는 플라톤식 '이원론적 세계관'의 철학 개념이 되었다. 현실의 세계는 항상 이상의 세계를 본보기로 삼아야 한다는 것이다.

자, 이제 현실을 의심해야 하는 이유를 찾았다. 우리가 보고 있는 현실이 참된 사물의 그림자에 지나지 않는 이상, 눈에 보이는 것을 쉽게 믿어서는 안 된다. 감각으로 받아들인 현실을 그대로 믿지 않고, 비판적인 시각으로 의심하고 진중하게 생각하자. 그러면 사물의 참모습을 떠올릴 수 있다. 이상은 마음의 눈으로만 볼 수 있기 때문이다.

지금부터는 보이는 것에 현혹되지 말고 마음의 눈을 갈고닦는 일에 좀 더 매진해 보는 것이 어떨까.

에로스

사랑이란 무엇인가?

사랑이라는 주제는 철학사에서도 가장 오래된 화두 중 하나이자, 사람들이 무척 관심을 두는 주제이기도 하다. 왜 사람은 누군가를 사랑할까? 왜 짝사랑이 더 간절할까?

시간을 거슬러 올라가 옛 철학자에게 이와 같은 질문을 던진다면 답을 얻을 수 있을까? 아마도 플라톤은 적절한 답을 해 줄 수 있을 것이다. 그가 주창한 '에로스(eros)'라는 개념을 통해서 말이다.

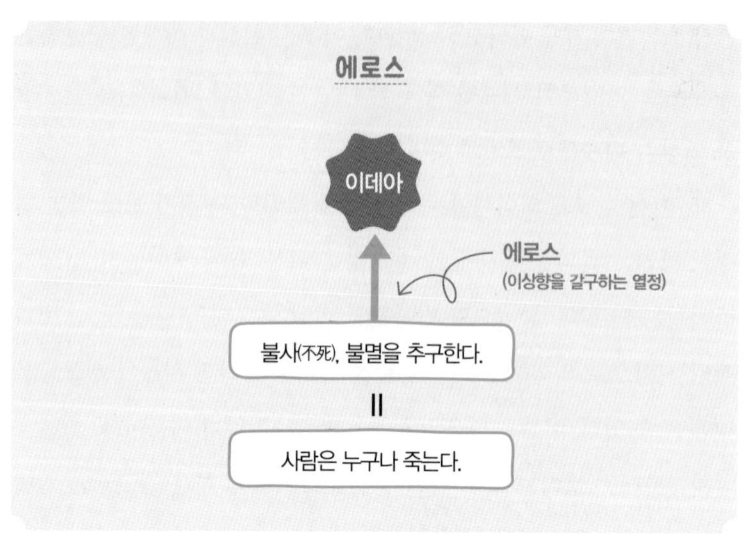

에로스라고 하면 성적인 욕망을 떠올리는 사람이 많은데, 플라톤에 따르면 에로스는 사랑의 본질을 말한다. 사물의 본질에 이데아라는 이상향이 존재한다고 생각한 플라톤은 이상향을 찾으려는 간절한 바람이 에로스라고 생각했다. 따라서 플라톤이 말하는 '에로스'는 완벽한 이상을 그리워하는 지성적인 사랑을 의미한다. 덧붙이자면 '플라토닉 러브(platonic love)'란 플라톤이 이야기하는 지성적인 사랑을 뜻한다.

이상향을 추구한다는 것은 부족한 부분을 메워 충만감을 얻으려는 활동과 일맥상통한다. 플라톤은 같은 맥락에서 사랑을 포착한 것이다. 더 깊은 이해를 위해 그가 『향연』이라는 저서에서 소개한 에로스의 개념을 살펴보자.

태초에 안드로기노우스(Androgynous)라는 괴물이 있었는데 이 괴물은 얼굴이 둘, 손이 넷, 다리가 넷이나 달려 있었다고 한다. 이 괴물이 자신의 초능력을 믿고 나쁜 일만 일삼자, 어느 날 화가 난 신이 괴물의 몸을 두 동강 내 버렸다. 그리하여 얼굴이 하나, 손발이 둘인 사람 두 명이 탄생했다. 이 두 사람은 처음의 한 몸으로 돌아가고 싶어서 서로가 서로를 찾았는데 이것이 바로 사랑하는 남녀의 시작이었다. 궁극적으로 사람은 죽음을 피할 수 없는 존재라는 의미에서 영원불멸의 이상향(처음의 한 몸으로 돌아가는 것)을 갈구할 수밖에 없다. 플라톤은 이런 갈망, 열정이 에로스라고 주장했다.

철학의 세계에는 에로스 이외에도 신의 무조건적인 사랑을 뜻하는 '아가페(agapē)', 우애와 우정을 뜻하는 '필리아(philia)'라는 사랑의 개념이 있다. 그런데 아가페는 자신보다 상대를 더 생각하는 사랑이고, 필리아는 상대방을 자신처럼 생각하는 사랑인 데 비해, 에로스는 상대보다 자기 자신을 더 생각한다는 점에서 차이가 난다.

주위를 둘러보면 다양한 색깔을 가진 사랑이 존재한다. 사랑의 모습은 저마다 다르지만 서로를 끊임없이 갈구한다는 점에서는 모두 똑같다. 플라톤의 주장처럼 말이다. 그런 의미에서 짝사랑이 더 애달프고 더 간절한 이유도 충분히 이해할 수 있다. 서로를 갈구해도 이토록 아픈데, 일방통행의 사랑인 경우에는 얼마나 더 마음이 찢어질 것인가.

03

아리스토텔레스

그리스철학

4원인설

사물은 어떻게 발전하는가?

사물은 어떻게 발전해 나갈까? 꽃은 어떻게 피고, 집은 어떻게 완성될까? 이런 문제를 깊이 파고들 때 아리스토텔레스의 '4원인설'은 길잡이가 되어 준다.

4원인설에서 '원인'이란 그리스어로 '아이티아(aitia)'라고 한다. 아이티아는 원래 '무엇에 대한 책임'을 뜻하는 단어로, 이 세상 모든 것에는 그것이 생성되는 원인이 있다는 생각이 포함된 말이다. 마치 불이 없는 곳에 연기가 나지 않는 것처럼 말이다. 이때 불은 아리스토텔레스에 의해 만물의 근원, 즉 '아르케(arche)'의 하나로 포착되었다.

아리스토텔레스는 사물이 생기고 존재하는 원인으로 다음 네 가지를 꼽았다. 사물을 생성하는 바탕, 이른바 재료가 되는 '질료인', 사물의 원형이라고 말할 수 있는 '형상인', 사물을 생겨나게 하는 '동력인', 사물의 최종 목표인 '목적인'이다. 그는 모든 사물에는 네 가지의 원인이 필요조건으로 존재한다고 주장했다. 인공물뿐 아니라 자연물까지도 4원인설로 설명할 수 있다는 것이다.

흥미로운 사실은 아리스토텔레스가 사물을 운동의 과정으로 이해한다는 점이다. 이는 4원인설 가운데 동력인을 흔히 '운동인'이라고 말하는 것에서도 알 수 있다. 더욱이 여기에서 말하는 운동이란 사물의 이동에서 머물지 않고, 성질의 변화도 아우르고 있다. 아리스토텔레스는 씨앗에서 싹이 나고 꽃이 피는 일련의 변화 과정도 운동으로 파악했다.

좀 더 쉬운 이해를 위해 4원인설을 집 짓기에 적용해 보자. 건축 재료는 질료인, 설계도는 형상인, 실제 집을 건축하는 행위는 동력인,

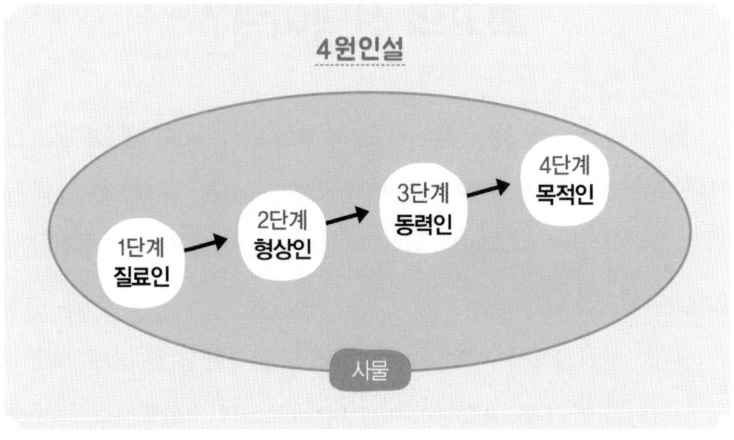

최종 건축물은 목적인으로 구분할 수 있다. 요컨대 처음 질료인이 집짓기의 1단계, 형상인이 2단계, 동력인이 3단계, 마지막으로 목적인이 4단계가 되는 셈이다. 업무를 처리하는 과정으로 나타낸다면 '재료→구상→실천→완성'으로 정리할 수 있다.

아리스토텔레스는 만물의 생성과 발전을 모두 4원인설로 규명했다. 그만큼 스스로 자신의 이론에 자부심을 가지고 있었다고 추측된다. 또한 아리스토텔레스는 모든 사물에 내재한 가능성은 현실화될 수 있다는 주장을 펼쳤는데, 이는 질료인이 형상인이나 목적인으로 변화될 수 있음을 의미한다. 이처럼 사물의 근원을 분석할 때 4원인설은 분명 참고할 만한 개념이다.

중용

최고의 선택이란?

우리는 늘 선택의 갈림길에 서 있다. 점심 메뉴 고르기부터 직업 선택과 같은 중요한 문제까지, 살면서 다양한 결정을 내려야 한다. 하지만 잘못된 선택으로 후회할 때가 부지기수다. 어떻게 하면 후회하지 않을 수 있을까?

선택의 갈림길에서 쉽게 결정을 내리지 못하는 결정 장애 세대에게 길잡이가 될 만한 철학 개념이 있다. 바로 아리스토텔레스의 '중용

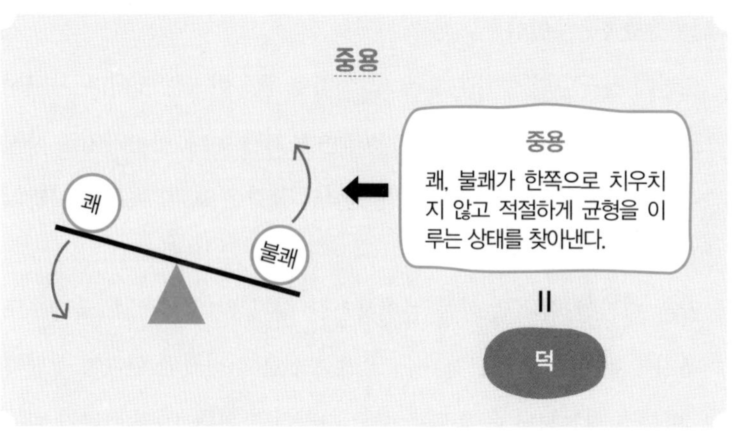

(golden mean)'이다.

중용이란 한쪽으로 치우치지 않는다는 의미로, 동양 사상에도 등장한다. 중국의 고대 사상가 공자(孔子, B.C.551~B.C.479)가 주장한 중용은 더하지도 덜하지도 않은, 적절한 태도를 유지함을 말한다. 고대 그리스에서도 '메소테스(Mesotēs)'라는 용어가 사용되었는데, 이것도 중용이라는 단어로 옮길 수 있다. 그렇다면 아리스토텔레스가 말하는 중용이란 무엇일까? 그가 말하는 중용은 '훌륭한 인간의 덕'을 강조하는 개념이다. 중용과 관련해 아리스토텔레스는 이렇게 말했다.

"공포, 자신감, 욕망, 분노, 동정심 등에 대한 쾌 혹은 불쾌를 지나치게 느낄 때도 있고, 지나치게 간과할 때도 있다. 하지만 어느 쪽이든 이렇게 극단적인 감정은 바람직하지 않다. 이런 쾌 혹은 불쾌를 적절한 때에, 적절한 사물에 대해, 적절한 사람을 향해, 적절한 동기에 따라 적절한 방법으로 느끼는 것이 중용임과 동시에 최선이며 이를 덕

(德)이라고 할 수 있다."

요컨대 양극단의 한가운데, 중앙이 바로 중용이라는 것이다. 구체적으로 말하자면 만용과 비겁의 가운데는 용기가 된다. 마찬가지로 사치와 인색의 중간은 절제, 추종과 무관심의 중간은 호의, 비하와 자만의 중간은 성실이 된다.

말은 쉽지만 실제로 이를 실천하기란 쉽지 않다. 감정을 극단으로 치우치게 하는 일은 간단하다. 누군가 자신을 비하하면 한없이 실망하고, 반대로 칭찬하면 목에 힘을 주고 자만하면 된다. 이때 누군가 비하와 자만의 중용을 지키기 위해 '성실하게 행동하세요'라고 조언한다면 어떨까? 이를 받아들여 행동하기란 쉽지 않다. 아무래도 인간은 어느 한쪽으로 쉽게 치우치기 때문이다.

하지만 우리는 중용의 자세를 가지려고 노력해야 한다. 자신을 비하하는 말을 들을 때는, 뭘 해도 안 된다며 낙담하지 말고 나에게도 장점이 있다고 믿자. 아울러 장점만 생각하는 자만에 빠지지 않도록 자신의 단점도 받아들이자. 이렇게 중간 상태를 모색함으로써 우리는 균형과 조화를 이룰 수 있다.

자, 이제 선택의 갈림길에 서 있을 때 어떻게 해야 할지 명확해지지 않았는가. 인생의 결정을 앞두고 고민할 때, 중용인 지점을 찾아내 선택한다면 분명 후회하지 않을 것이다.

04

아우구스티누스

중세 철학

이원론적 세계관

그리스도교와 철학의 관계는?

중세에 접어들면서 그리스도교 사상은 정치, 문화 등 사회 전반에 영향을 끼쳤다. 그렇다면 사뭇 달라 보이는 고대 그리스 시대의 철학과 중세 신학은 어떻게 서로 조화를 꾀했을까? 아우구스티누스의 이원론적 세계관은 이런 의문점에 속 시원한 답을 준다.

아우구스티누스의 가장 큰 공은, 그리스도교와 고대 그리스철학이 모순되지 않는다는 사실을 논리적으로 설명한 것이다. 그는 종교는 '신', 철학은 '진리'라는 최고의 존재를 인식한다는 점에서 공통점이 있다고 보았다.

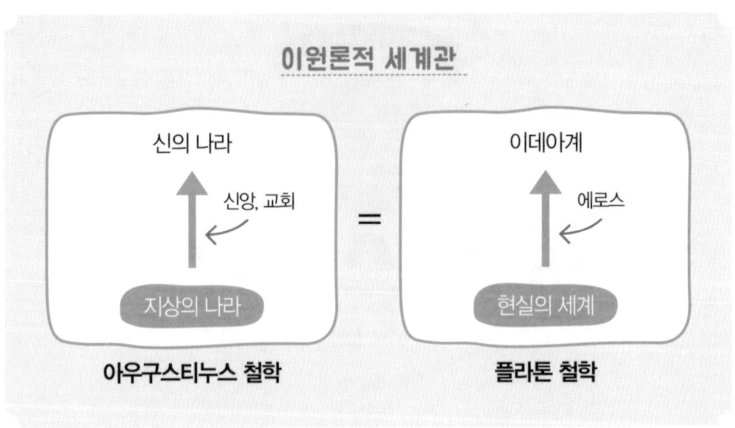

아우구스티누스는 참된 철학자란 신을 사랑하는 사람이며, 신학을 발판으로 진리를 탐구한다고 주장했다. 또한 신학도 철학의 이성을 활용해서 신앙의 내용을 통찰하고 신앙을 더욱 공고히 할 수 있다고 말했다. 이때 아우구스티누스는 플라톤의 철학을 토대로 철학과 신학의 유사성을 설명했다. 세상을 이데아계와 현상계로 나누는 플라톤의 이원론적 세계관을 적극 수용해서, 그리스도교에서 말하는 지상의 나라와 신의 나라를 규명하고자 한 것이다.

플라톤은 이상을 추구하는 열정인 에로스를 발판으로 현상계에서 이데아계로 도달할 수 있다고 주장했다. 이와 비슷한 맥락으로, 아우구스티누스는 교회의 신앙을 토대로 지상의 나라에서 신의 나라로 향할 수 있다고 주장했다. 이것이 아우구스티누스가 주장한 철학의 핵심 내용이다.

플라톤은 이데아를 육안으로는 볼 수 없다고 말하며, 마음의 눈으로 애써 보려고 노력해야만 이데아 세계에 다다를 수 있다고 주장했다. 아우구스티누스 역시 신은 눈으로 확인할 수 없다고 말했다. 그는 마음의 눈으로 신을 보아야만 모조품이나 다름없는 지상의 나라에서 신의 나라로 향할 수 있다고 덧붙였다.

그렇다면 지상의 나라와 신의 나라는 어떤 관계가 있을까? 지상의 나라와 신의 나라는 사이좋게 영원히 양립할 수 있을까?

아우구스티누스에 따르면 두 나라는 끊임없이 대립하다가 마침내 신의 나라가 승리를 거둔다고 한다. 당시 시대상을 여실히 대변하는, 그리스도교를 옹호하는 발언인 셈이다. 이처럼 이원론적 세계관을 토대로 한 아우구스티누스의 철학은 그리스도교와 철학의 관계성을 밝히고자 한 최초의 사례로 손꼽힌다.

은총론

교회란 무엇인가?

교회는 그리스도교 신자가 종교의식을 치르는 장소다. 하지만 신자가 아니더라도 누구나 한 번쯤은 교회를 방문한다. 친구 결혼식에 참석하기 위해, 혹은 해외 관광 명소를 구경하기 위해. 이때 어떤 느낌을 받는가?

교회 신자라면 당연히 엄숙하고 경건한 느낌을 받는다. 하지만 신자

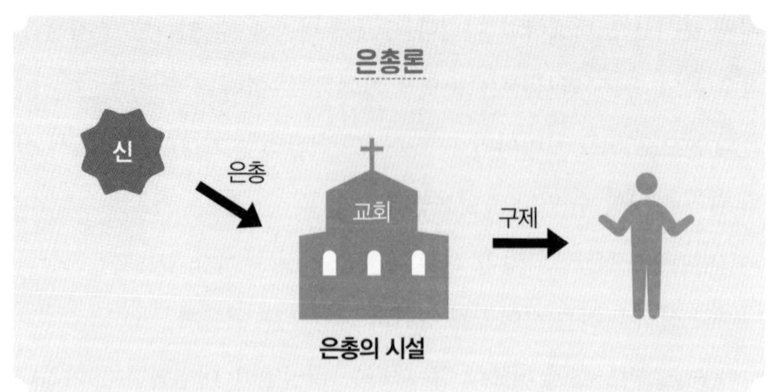

가 아니라면 다음과 같은 의문이 떠오를 수 있다. '단순히 예배를 드리고 미사를 드리는 공간이 이토록 화려할 필요가 있을까?' 아우구스티누스의 '은총론'은 이런 물음에 참고가 될 만하다.

'은총'이란 신이 베푸는 무조건적인 활동, 행위를 말한다. 신의 사랑은 착하거나 나쁘거나의 전제 조건이 없는, 무조건적인 사랑이다. 오히려 나쁜 죄를 지은 죄인이야말로 구원받을 대상이다.

아우구스티누스 역시 전통적인 가르침에 따라 인간은 신의 은총을 통해 구원받을 수 있다고 주장했다. 그런데 그의 은총론에는 기존의 사상과 다른 점이 있었다. 전통적인 가르침이 신앙을 통해서만 구원받을 수 있다는 것이었다면, 아우구스티누스의 은총론에서는 교회와 로마 교황을 신성하게 여겼다는 점이다.

아우구스티누스는 교회를 절대적으로 신성한 곳이라 생각했다. 교회를 신의 나라에 소속된 '성스럽게 구별된 장소'라고 부른 점만 보아도 그가 교회를 얼마나 중요하게 생각했는지 알 수 있다. 물론 교회 자체가 신의 나라가 되는 것은 아니다. 아우구스티누스는 교회 내에서 선과 악이 궁극적으로 분리되었을 때 비로소 교회는 신의 나라가 된다고 했다.

아우구스티누스는 교회를 그리스도의 몸으로 이해했다. 그리스도는 교회의 머리이며, 그리스도인들은 그 팔과 다리를 형성하니, 팔과 다리에 해당하는 그리스도인들은 교회를 떠나서는 구원을 받을 수 없다고 주장했다. 그는 "교회 밖에는 구원이 없다"라는 키프리아누스(Cyprianus, 200~258)의 견해에 전적으로 찬성했다.

그의 이런 생각은 신이 인간을 구원하기 위해 만든 은총의 시설인 '교회'와 신의 대리으로 여겨졌던 '교황'에게 천국의 문을 여는 열쇠를 쥐여 주었다. 은총론을 계기로 교회가 막강한 권력을 갖기 시작한 것이다. 웅장하고 호화로운 교회가 전 세계에 많이 남아 있는 것은 이런 이유 때문이다.

아우구스티누스의 은총론은 모든 사람이 구원을 받는 것이 아니라 신에게 선택된 사람들만이 구원된다는 예정설로 이어진다. 이는 교회에 엄청난 권위를 부여한 그의 주장과 결합해 훗날 로마 교회가 면죄부를 통해 돈을 받고 구원을 판 원인이 되었다.

이처럼 아우구스티누스의 사상은 수많은 논쟁과 문제를 일으켰다. 하지만 중세를 대표하는 그리스도교 철학으로서 오늘날의 신학에까지 영향을 미치는 커다란 발자취를 남긴 것은 분명한 사실이다.

토마스 아퀴나스

중세 철학

목적론적 세계관

중세 시대는 철학을 어떻게 받아들였을까?

유럽의 중세는 그리스도교가 지배하는 시대였다. 신은 절대자였으며 신을 향한 의심은 결코 용납되지 않았다. 그런데 고대 그리스 시대부터 싹튼 철학은 신을 포함해 모든 것을 의심하고 있었다. 이런 점에서 중세 시대의 신학자 혹은 철학자들은 종교와 철학을 어떻게 타협시킬지를 두고 골머리를 앓을 수밖에 없었다.

신이 지배하는 시대에 철학을 어떻게 받아들이고, 생각해야 할까? 이 물음에 탁월한 타협점을 제시하는 철학이 바로 토마스 아퀴나스의 '목적론적 세계관'이다.

토마스 아퀴나스는 그리스도교 신학을 집대성한 『신학 대전』을 저술한 인물이다. '스콜라 철학'을 완성한 인물로 널리 알려져 있는 그는 그리스도교와 철학을 융합하는 데 평생을 바쳤다. 여기에서 '스콜라(schola)'는 오늘날 학교를 뜻하는 '스쿨(school)'이라는 단어의 어원이 되는 말로, 교회에서 세운 학교를 지칭한다. 스콜라 철학이란 스콜라, 즉 중세 신학교에서 가르친 그리스도교 철학을 일컫는 것이다.

토마스 아퀴나스는 아리스토텔레스 철학과 그리스도교를 어떻게 조율해야 할지를 두고 고심했다. 당시 아리스토텔레스 철학은 유럽 세계에서는 거의 잊혀 가고 있었는데, 십자군 전쟁이 일어나면서 이에 대한 관심이 커지게 되었다.

과정은 이렇다. 십자군 전쟁을 치르며 유럽은 이슬람 문화와 접촉했다. 이때 과거에 이슬람으로 넘어가 그곳에서 발전하고 있던 아리스토

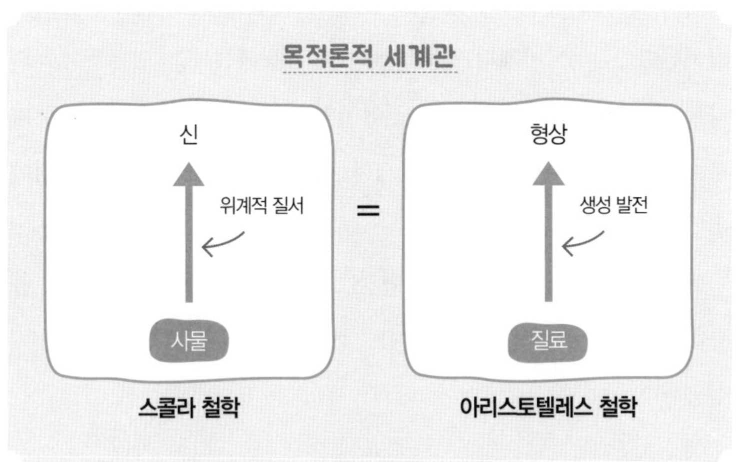

텔레스 철학을 만나 관심을 두게 되었다. 토마스 아퀴나스는 이때부터 아리스토텔레스 철학의 개념을 이용해 그리스도교 신학을 체계적으로 정비했다.

아리스토텔레스는 4원인설을 바탕으로 모든 것이 질료에서 형상으로 향하는 생성 발전을 주장했다. 여기서 질료는 재료, 형상은 완성된 이미지라고 보면 되는데 완성된 이미지는 어떠한 목적을 뜻한다. 이 주장이 바로 목적론적 세계관이다.

토마스 아퀴나스는 이러한 아리스토텔레스의 철학 개념을 바탕으로 모든 사물이 신으로 향하는 그리스도교의 위계적 질서를 설명했다. 아리스토텔레스의 목적론적 세계관을 접목해 그리스도교의 위계적 질서를 이해하려고 한 것이다. 이것이 스콜라 철학의 구체적인 내용이다.

다만 아리스토텔레스가 말하는 '형상'과 토마스 아퀴나스의 '신'은 차이점이 있다. 형상에서는 존재와 본질이 구별되지만, 신은 존재와 본질이 하나로 이루어져 있다는 점이다. 즉 신은 존재와 본질이 서로 일치한다. 토마스 아퀴나스에 따르면 이 세상에는 개념으로 존재하더라도 실제로 존재하지 않는 것도 있지만, 신의 경우 존재와 본질을 따로 떼 내어서 생각할 수 없다. 그래서 그는 신이 위계적 질서의 정점에 위치한다고 보았다.

토마스 아퀴나스는 아리스토텔레스 철학을 그리스도교 교의에 훌륭하게 접목함으로써 종교와 철학을 서로 모순되지 않게 설명하는 데 성공했다.

존재의 유추

신이란 무엇인가?

과연 신이란 무엇인가? 이 물음에는 예나 지금이나 답하기 어렵다. 종교나 문화에 따라 정답이 바뀔 수도 있기 때문이다. 또한 종교를 믿지 않아도 신의 존재를 인정하는 사람이 많다는 점에서, 신의 존재를 설명하기는 더욱 어려워진다. 이렇게 어려운 문제의 답을 찾을 때 조금이라도 힌트를 주는 고마운 철학 개념이 바로 토마스 아퀴나스의 '존재의 유추'라는 것이다.

토마스 아퀴나스는 아리스토텔레스 철학을 적극적으로 받아들여 지상의 존재인 인간과 하늘의 존재인 신을 대비해 설명한 사람이다. 그러나 이때에도 결코 신과 인간이 같은 차원에 존재하는 것은 아니라

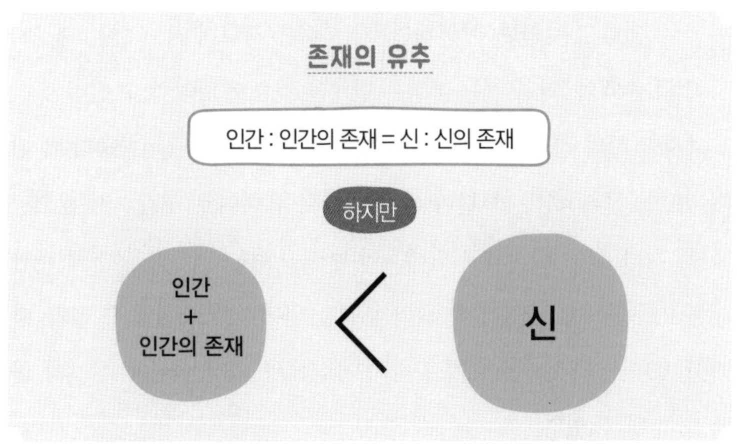

는 사실을 분명히 강조했다. 자고로 신은 위대한 존재이기 때문에, 인간은 어디까지나 그 존재를 유추할 따름이다.

예컨대 '인간 : 인간의 존재 = 신 : 신의 존재'라고 표현하더라도, 이것이 '인간의 존재 = 신의 존재'를 의미하는 것은 아니라는 뜻이다. 인간의 존재는 신의 존재 안에 포함된다. 인간의 본질과 인간의 존재를 모두 합해도 신의 본질이 훨씬 더 크기 때문이다. 이와 같은 스콜라 철학의 학설을 '아날로기아 엔티스(analogia entis)'라고 부르는데, 우리말로 옮기면 '존재의 유추'가 된다.

토마스 아퀴나스가 생각한 신이란, 존재론의 으뜸이며 기초가 되는 절대적인 개념이다. 우리는 아무리 노력해도 피조물인 인간밖에 모른다. 따라서 신이란 그저 유추에 따라 상상할 수밖에 없다. 그만큼 신은 위대한 존재인 것이다.

토마스 아퀴나스는 신이란 '존재 그 자체'라고 표현했다. 그는 모든 사물의 본질은 그 존재와 별개로 존재하지만, 신은 존재와 본질을 구별할 수 없다고 보았다. 이를테면 '저 사람은 착하다'라고 말할 때, '저 사람'의 존재와 '착하다'는 본질은 별개의 것으로 파악할 수 있다.

하지만 신의 경우, '신은 착하다'라고 말하는 것은 '신=착하다'가 된다. 또한 '신=착하다'와 같이 존재와 본질을 하나로 생각하지 않으면 '신은 착하고 또 위대하고 절대적이며……' 하는 식으로 본질에 대한 내용이 무한하게 펼쳐져서, 신의 본질을 완벽하게 표현할 수 없다. 따라서 토마스 아퀴나스에 따르면 이 세상에서 오직 신만이 '존재가 곧 본질'이 될 수 있다.

토마스 아퀴나스는 '철학은 신학의 시녀'라고 단언했다. 물론 신학자인 토마스 아퀴나스가 이성보다 신앙을 우위에 둔 것은 당연한 일일지도 모른다. 하지만 그는 이성을 무조건 배제하려고 하지 않았고, 신앙이 절대적인 사회에서 이성의 위치를 확보하려고 노력했다.

이성을 중시하는 토마스 아퀴나스의 주장은 인간 중심적 근대 사상이 출발하는 시작점이 되었고, 후대에 큰 영향을 끼쳤다.

칼럼

★

자연철학

소크라테스 이전의 철학자들

1챕터에서는 고대 그리스의 철학자, 특히 철학의 아버지로 칭송받는 소크라테스부터 소개했다. 하지만 소크라테스 이전에도 분명 철학자는 존재했다. 다만 소크라테스부터 소개하는 이유는, 소크라테스에 이르러 이성을 통한 사유가 확립되며 철학의 문이 본격적으로 열렸기 때문이다. 이것이 바로 소크라테스가 서양철학의 출발점이 되는 이유다.

그렇다면 소크라테스 이전의 철학자는 어떻게 설명해야 할까? 서양철학에서는 고대 그리스의 철학자들을 한데 묶어서 '소크라테스 이전 철학자(Pre-Socratics)'라고 일컫는다. 그들이 주로 자연의 본질을 규명하려고 했다는 점에서 '자연철학자'라고 부르기도 한다.

자연철학자들은 만물의 근원인 아르케(arche)를 찾아서 자연 현상을 규명하려고 노력했다. 최초의 철학자로 일컬어지는 탈레스(Thales, B.C.624?~B.C.546?)는 물이 만물의 근원이라고 주장했고, '만물은 유전(流轉)한다'는 말로 우리에게 널리 알려진 헤라클레이토스(Heracleitos, B.C. 540?~B.C.480?)는 불이야말로 만물의 근원이라고 생각했다.

데모크리토스(Democritos, B.C.460?~B.C.370?)는 원자가 만물을 구성한다고 주장했다. 물체를 계속 자르다 보면 더 이상 자를 수 없는 무언가가 남는데 그것을 원자라고 본 것이다. 그의 원자설은 훗날 근대 과학을 통해 증명되기도 했다.

'피타고라스의 정리'로 유명한 피타고라스(Pythagoras, B.C.582?~B.C.497?)는 수(數)를 만물의 근원이라고 생각했다. 그는 수를 이용해 모든 것을 증명해 보일 수 있다고 목소리를 높였다.

소크라테스를 서양철학의 시작으로 본다고 해서, 그 이전의 철학이 의미 없는 것은 아니다. 아주 오래전부터 자연철학자들은 '앎'을 끊임없이 추구하고 있었다. 그들의 노력을 바탕으로 소크라테스, 플라톤이라는 고대 그리스의 위대한 철학자들이 탄생한 것이 아닐까? 아울러 21세기를 살아가는 현대인들 또한 자연철학자들의 철학적 바탕 위에서 사색하고, 또 탐구하고 있다.

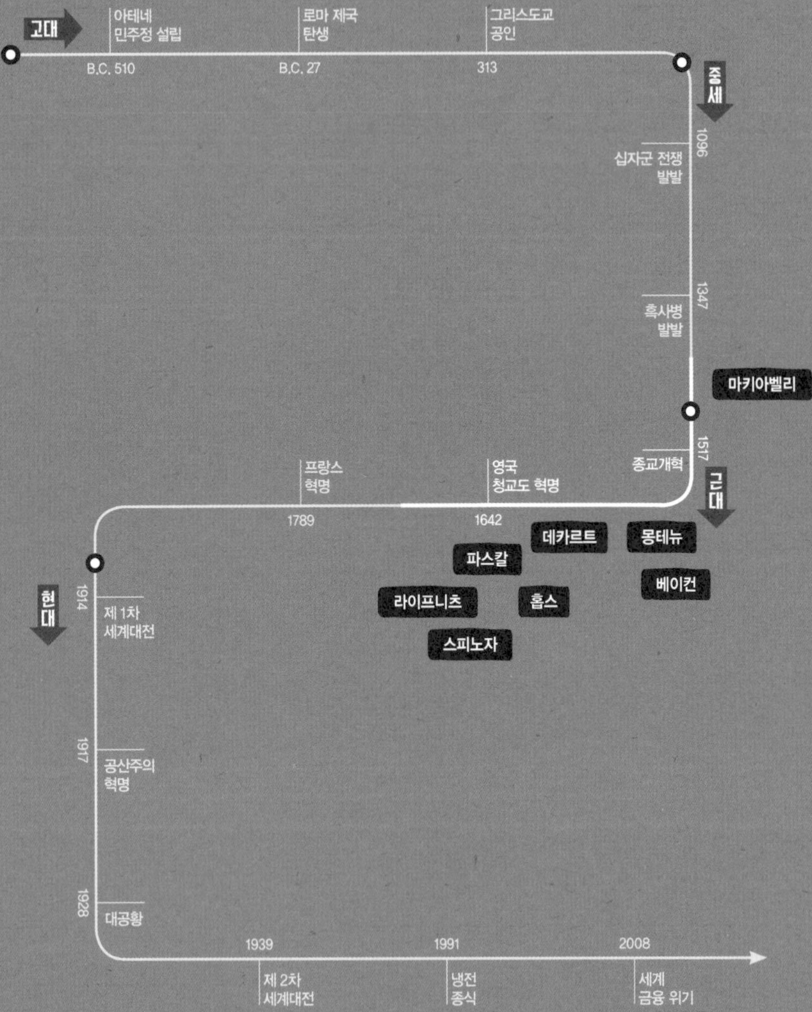
고대
아테네 민주정 설립
B.C. 510
로마 제국 탄생
B.C. 27
그리스도교 공인
313
중세
1096
십자군 전쟁 발발
1347
흑사병 발발
마키아벨리
1517
종교개혁
근대
영국 청교도 혁명
1642
프랑스 혁명
1789
데카르트
몽테뉴
파스칼
베이컨
라이프니츠
홉스
스피노자
현대
1914
제 1차 세계대전
1917
공산주의 혁명
1928
대공황
1939
제 2차 세계대전
1991
냉전 종식
2008
세계 금융 위기

인간을 생각하다

르네상스 시대에서

근대 초기까지

> 공화정은
> 자유로운 정치 체제이면서
> 동시에 공공선을 추구하는
> 최고의 정치 체제다.

마키아벨리

1469 ~ 1527

이탈리아의 정치 사상가이자 외교가, 역사가로 활동했으며 마키아벨리즘을 제창해 근대적인 정치관을 개척했다. 다양한 실무 경험에 기초해 치밀하면서도 예리한 정치론, 리더십 이론을 펼친 현실주의자로 정평이 나 있다.

> 어쩌면 우리는 제대로
> 아는 것이 하나도 없을 수 있다.
> 그렇기에 앎을 갈구한다.

몽테뉴

1533 ~ 1592

르네상스 시대의 프랑스를 대표하는 사상가이자 모럴리스트의 선구자로, 허무주의가 아닌 자유로운 회의주의 관점에서 인간의 삶을 탐구했다. 무지와 어리석음을 깨닫고 끊임없이 '앎'를 추구하며, 진리에 대해 알아 가는 삶이 진정한 삶이라고 강조했다.

> 인간은 자연 가운데
> 가장 연약한 한 줄기 갈대일
> 뿐이다. 하지만 그 인간은
> 생각하는 갈대다.

파스칼

1623 ~ 1662

프랑스의 사상가이자 수학자, 물리학자, 신실한 종교인이며, 모럴리스트이기도 하다. 프랑스 사상사에 지대한 영향을 끼쳐 현대 실존주의의 선구자로 일컬어지기도 한다. 수학자로서도 활동했는데 '원뿔 곡선론', '확률론'을 발표했으며, 물리학자로서는 '파스칼의 원리'를 발견했다.

철저하게 모든 것을
의심한 끝에 마지막으로
남은 것은, 지금 의심하고
있는 자기 자신이다.

데카르트

1596 ~ 1650

프랑스의 철학자이자 수학자. 서양 근대 문명의 바탕을 이루는 합리주의 철학의 시조로 일컬어진다. '나는 생각한다, 그러므로 나는 존재한다'라는 명제를 철학적 기본 원리로 삼았다. 또한 해석 기하학의 창시자로 근대 수학의 길을 열었으며, 과학자로도 훌륭한 업적을 남겼다.

육체와 정신은
신의 두 가지 다른
측면 즉, 양태에
지나지 않는다.

스피노자

1632 ~ 1677

네덜란드의 철학자. 원래 유대계 상인의 아들로 태어나 유대교의 종교 지도자가 되기 위해 공부했지만 유대교 교리를 부정하고 자유주의적인 사상을 주장해 유대교에서 파문당했다. 이후에는 자신의 철학적 신념에 따라 세속적인 모든 것에 초연한 금욕적인 짧은 생애를 살았다.

세상에 존재하는 모든 것은
다 존재할 만한 이유가 있지만,
그 이유는 우리가 알 수 없다.

라이프니츠

1646 ~ 1716

독일의 철학자이자, 수학자, 물리학자. 철학 분야에서는 데카르트에서 비롯된 대륙 합리론의 사상을 계승해 '합리주의의 절정'이라는 평가를 받고 있다. '모나드'라는 독자적인 개념과 모든 것은 신의 예정 속에 있다는 '보편적 조화설'을 주장했다. 수학 분야에서는 미적분법을 확립해 후세에 크게 공헌했다.

12

자연 상태에서는 욕구 충족을 위해 투쟁하는 '만인의 만인에 대한 투쟁'이 거듭된다.

Thomas Hobbes

홉스

1588 ~ 1679

영국의 철학자이자 법학자. 자연 상태에서 초래되는 극심한 혼란을 피하기 위해 개개의 인간들이 모여 왕에게 권리를 양도해야 한다는 '사회 계약'을 주장했다. 혼란스러운 사회 현실을 타개하기 위해 철저한 현실주의적 관점에서 자연과 인간, 국가에 대한 체계를 세웠다.

13

실험과 관찰을 통해 드러난 개별적인 사례를 일반적, 보편적인 법칙으로 이끄는 방법이 귀납법이다.

Francis Bacon

베이컨

1561 ~ 1626

영국의 철학자이자 정치가로, 관찰과 경험에 기초한 지식을 중시하는 영국 경험론의 창시자다. 지식을 통해 자연을 극복하자는 의미에서 "아는 것이 힘이다!"라고 역설했다. 새로운 과학적 방법론을 제시함으로써 근대 과학의 기틀을 닦았다.

마키아벨리

르네상스 철학

마키아벨리즘

진정한 리더십이란?

한 나라의 대통령부터 회사의 CEO, 학급의 반장에 이르기까지, 사람들을 이끄는 위치에 있는 사람이 갖추어야 할 중요한 덕목 중 하나는 '리더십'이다. 그런데 진정한 리더십이란 무엇일까?

니콜로 마키아벨리가 주장한 '마키아벨리즘(Machiavellism)'을 중심으로 사람을 이끄는 리더의 자질과 진정한 리더십이란 무엇인지, 리더십의 참된 의미에 대해 살펴보자.

마키아벨리즘은 일정한 정치 목적을 이루기 위한 수단이 도덕과 종교를 거스르더라도 정당화될 수 있다는 사상이다. 르네상스 말기에 활동한 이탈리아의 사상가 마키아벨리가 자신의 저서 『군주론』에서 처음 주장한 사상으로, 그는 책 속에서 시종일관 냉철하면서도 현실주의적인 태도를 보여 준다. 이런 연유로 사람들은 목적을 이루기 위해 수단과 방법을 가리지 않는 권모술수를 '마키아벨리즘'이라고 부르거나, 냉혹한 정치가를 야유할 때 마키아벨리즘을 거론한다.

권모술수와 냉혹한 정치가를 지칭할 때 마키아벨리의 이름을 붙이다니. 그렇다면 마키아벨리는 찔러도 피 한 방울 안 나올 만큼 냉혹한 사람이었을까? 마키아벨리가 살았던 시대와 그의 삶을 통해 마키아벨리에 대한 편견을 걷어 내고, 그가 생각하는 바람직한 군주상은 무엇이었는지 알아보자.

마키아벨리는 공화정을 바탕으로 운영된 이탈리아의 도시 국가, 피렌체 공화국의 서기관으로 근무했다. 젊은 나이부터 능력을 인정받은 그는 촉망받는 고위 공직자로서 행정 업무에서 외교에 이르기까지 10년 넘게 다양한 사무를 맡아보았다. 이렇듯 젊은 나이에 성공했지만,

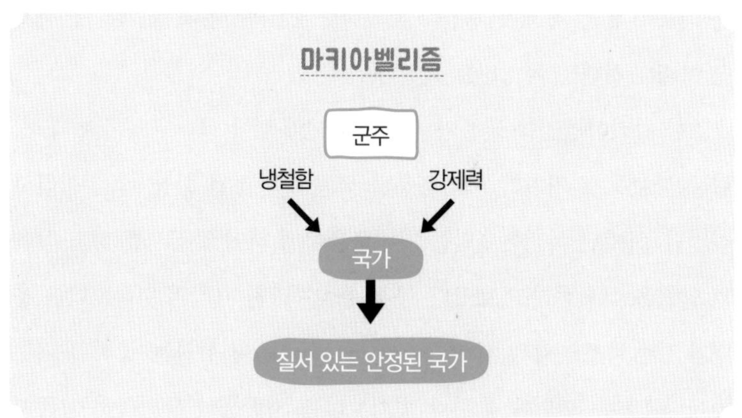

운명은 끝까지 마키아벨리의 편이 아니었던 듯싶다. 그는 정치적인 상황 때문에 전 재산을 몰수당한 채 관직에서 쫓겨난다. 그 뒤로 마키아벨리는 작은 농장에 살며 글을 읽고 쓰는 일에 몰두했다. 이때 쓴 책이 『군주론』이다.

당시 이탈리아는 작은 도시 국가들이 서로 대립하고 있어서 정치적으로 매우 불안정한 상태였다. 외교관이었던 마키아벨리는 혼탁한 정치 상황을 피부로 느낄 수 있었고 다른 나라의 군주를 가까이서 관찰할 수 있었다. 이 과정에서 그는 지극히 현실적인 정치관을 갖게 되었다.

『군주론』에서 그의 사상이 잘 드러나고 있는 부분을 살펴보자. 책의 앞부분에서는 진정한 군주에 대해 논하고 있다. 여기서 마키아벨리는 신흥 군주정을 비판했다. 세습 군주정이 아닌 신흥 군주정의 경우, 아무것도 없는 상태에서 모든 것을 새로 만들어 내야 하기 때문에 온갖 어려움이 발생한다는 것이다. 특히 풍습이 다른 지방을 지배해야 할 때는 더욱더 많은 문제가 생긴다고 지적했다. 그는 이때 군주에게 '강제력'이 필요하다고 목소리를 높였다.

또한 마키아벨리는 군주가 철저하게 냉혹해야 한다고 주장했다. 사람들은 보통 정치가가 자비로우면 국민이 안정된 삶을 살 것이라고 여긴다. 하지만 마키아벨리는 자비로움이 오히려 무질서를 낳고 살육과 약탈을 허용한다고 보았다. 무릇 통치자라면 자비와 겸손보다는 용맹과 단호함으로써 질서 있는 안정된 국가를 건설하는 쪽이 옳다는 것이다. 그는 "만인에게 사랑 받기보다는 사람들이 두려워하는 존재가 되는 쪽이 훨씬 낫다!"라고 단언한다.

『군주론』에서 엿볼 수 있는 그의 사상은 정말이지 치밀하고 냉철하다. 군주가 국가를 지키고자 한다면 때로는 어쩔 수 없이 선(善)을 버리고 악(惡)을 행할 수도 있다고 생각한 마키아벨리! 심지어 그는 군주가 때때로 짐승이 되어야 한다고 말한다.

마키아벨리는 여우와 호랑이를 예로 들어 군주의 참모습을 묘사하기도 했다. 여우는 교활해서 덫에 잘 걸리지 않고, 호랑이는 힘이 세서 다른 동물이 함부로 넘보지 않는다. 마키아벨리는 여우의 교활함과 호랑이의 강인함이야말로 군주가 반드시 갖추어야 할 덕목이라고 강조했다.

물론 교활하기만 한 군주, 자비 없이 강인하기만 한 군주가 무조건 좋다고 이야기하는 것은 아니다. 하지만 리더십에 강인함과 지혜로움은 분명 필요하지 않을까. 이런 점에서 마키아벨리의 주장을 다시 되돌아볼 필요가 있다.

공화정

어떤 정치 체제가 바람직한가?

당신은 어떤 정치 체제를 가장 바람직하게 생각하는가? 이 질문에 오늘날 대부분의 사람들은 '두말할 것 없이 민주정!'이라고 대답할 것

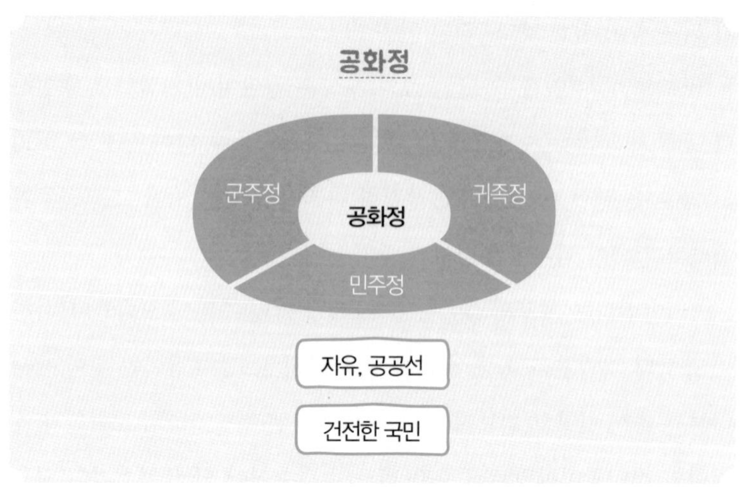

이다. 하지만 민주정이 과연 가장 바람직한 정치 체제일까?

다수의 뜻에 따르는 방식인 민주정에도 단점이 있다. 다수의 횡포에 빠지거나 대중의 인기에 영합하는 포퓰리즘(populism)을 초래할 수 있다는 것이다. 물론 다른 정치 체제인 군주정에도 문제는 있다. 군주정의 경우 군주의 인품에 따라서 최고와 최악의 정치 체제를 오고 간다. 그런가 하면 귀족제에서는 현명한 이들을 통한 정치가 구현될 수도 있지만 특권을 차지한 소수의 귀족이 부정부패를 일삼을 수도 있다.

이상적인 정치 체제는 존재하지 않는 걸까? 이런 의문이 들 때 한 번쯤 되새겨 볼 만한 주장이 마키아벨리의 '공화정' 개념이다.

그는 군주정, 귀족정, 민주정 세 가지의 정치 체제가 혼합된 형태가 가장 훌륭한 정치 제도라고 강조하며, 고대 로마의 공화정이 이를 실천했다고 주장했다. 마키아벨리가 바라는 이상적인 국가는 폭군이 지배하는 황폐한 국가가 아닌, 질서가 바로잡힌 안정된 대국이었다.

마키아벨리의 또 다른 명저 『티투스 리비우스의 로마사 첫 열 권에 대한 논고』를 살펴보면, 공화국에 관한 이야기가 실려 있다. 이 책에서 그는 로마 공화정의 역사를 되짚어 보고, 피렌체 문화를 토대로 한 새로운 공화국의 탄생을 논하고 있다.

이처럼 마키아벨리는 공화정을 이상적인 정치 체제로 생각했다. 그가 『군주론』을 쓴 것은 현실의 위기를 극복해 공화정이라는 이상을 실현하기 위해서, 그 과도기에 있는 군주정에 대해 중점적으로 이야기한 것일 뿐이었다. 그에게 있어 군주정은 예외였고 어디까지나 원칙은 공화정이었다. 그렇기에 마키아벨리는 기본적으로 국민의 판단력을 높이 평가한다. 그는 군주라는 개인과 국민을 비교했을 때 국민 쪽이 훨씬 공공선(公共善)을 추구하기 쉽다고 보았다. 아무래도 권력을 독점한 군주는 자신의 이익을 앞세우기 쉬울 테니까 말이다.

구성원들이 공공선을 추구하는 자유로운 정치 체제인 공화정과 공화정을 바탕으로 한 국가, 공화국. 마키아벨리가 생각하는 공화국은 참으로 이상적이다. 그런데 문제는 인간의 탐욕 때문에 이상적인 국가의 모습을 제대로 유지하지 못한다는 사실이다. 그래서 마키아벨리는 법률이나 교육, 그리고 종교의 힘을 중요하게 여겼다. 그것이 국민의 도덕 정신과 준법 정신을 함양하기 위한 최적의 길이라고 본 것이다. 그는 높은 국민 정신이 바탕이 되어야 비로소 공화국이 설립된다고 믿었다.

그런데 만약 이상적인 국가가 실현되지 못한다면 어떻게 해야 할까? 마키아벨리는 고민 끝에 부패한 국가와 타락한 사회에서는 대중을 지휘하는 한 사람의 강력한 힘이 필요하다는 결론을 내렸다. 이러한 생각은『군주론』에 등장하는 마키아벨리즘으로 이어진다.

마키아벨리의 사상을 깊이 들여다보면 단순히 그를 '냉혈한'으로만 치부할 수 없다. 그의 사상은 당시 정치 상황을 깊이 고찰하고 비판적으로 바라본 결과물이었다. 이제 마키아벨리를 단순히 비난받아 마땅한 '마키아벨리주의자'로만 단정 짓지 말자. 우리는 그가 원칙적으로 공화정을 지지한 '공화주의자'였다는 사실에 더 주목해야 할 것이다.

07

몽테뉴

르네상스 철학

모럴리스트

인간은 왜 목표가 필요할까?

우리는 확고한 목표 의식을 가져야 한다는 이야기를 종종 듣는다. 인간에게는 왜 목표가 필요할까? 목표는 왜 중요한 것일까? 이 질문에 대한 답을 찾다 보면 필연적으로 '어떻게 살 것인가'의 문제에 이른다. 삶의 목표는 곧 어떻게 살아가야 할지 방향을 정하는 것이기 때문이다. 이렇게 인간의 내면세계를 탐구하며 인간다운 삶을 모색할 때 '모럴리스트(moralist)'라는 단어가 길잡이가 되어 줄 것이다.

도덕을 뜻하는 모럴(moral)이라는 말에서도 알 수 있듯이, 모럴리스트란 도덕에 관해 저술한 사람들을 아우르는 말이다. 좀 더 정확하게 표현하자면 인간의 본성을 탐구하고 참된 삶을 모색하는 문필가들을 말

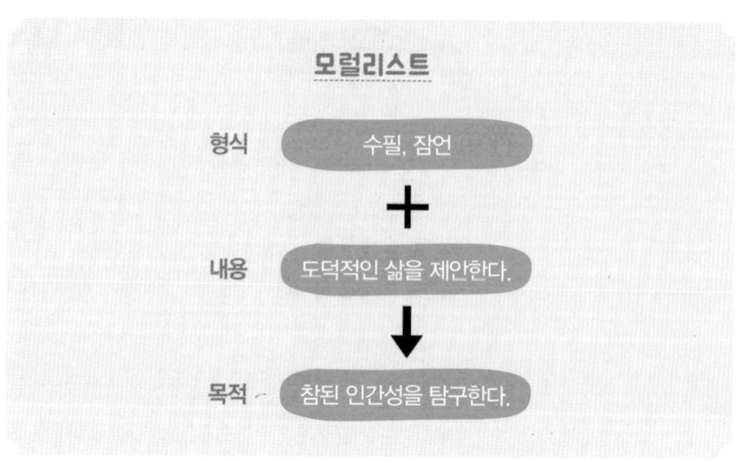

한다. 하지만 모럴리스트는 근대의 도덕 철학을 연구했던 학자들과 달리, 틀에 짜인 규범을 제시하거나 확고한 체계를 구축하지는 않았다.

모럴리스트들은 주로 자신의 체험을 바탕으로 생각을 묘사했다. 그들은 체험과 사색을 써 내려가는 가운데 도덕적인 삶을 제시할 수 있다고 여겼다. 따라서 이들의 글은 형식을 갖춘 체계적인 사상이라기보다는 수필이나 잠언 같은 자유로운 형식을 따르는 경우가 많았다. 대표적인 모럴리스트로는 16~18세기에 걸쳐 프랑스에서 활약한 사상가 미셸 몽테뉴와 블레즈 파스칼을 꼽을 수 있다. 그중에서도 몽테뉴의 대표작인 『에세』에는 모럴리스트의 본보기가 될 만한 구절이 많다.

『에세』는 원래 '시도하다, 시험하다'라는 뜻의 프랑스어인 '에세예(essayer)'에서 유래한다. 『에세』라는 제목은 이 책이 몽테뉴 자신의 판단력을 시험하고 작동시킨 결과물임을 나타낸다.

책의 첫머리에서 몽테뉴는 자신의 인간관을 명확하게 밝혔다.

"인간은 놀라울 정도로 공허하고, 다양하며, 변화무쌍한 존재다."

몽테뉴는 늘 변하는 인간이기에 인간에게는 목표가 필요하다고 말하며, 이것을 정처 없이 떠도는 바람에 비유했다. 목적 없이 떠도는 영혼이 확고한 방향성을 정하지 않으면 자신의 내면에서 길을 잃고 헤맨다는 것이다. 따라서 인간은 영혼에게 목표를 정해 주고 나아가야 할 대상을 끊임없이 부여해야 한다고 주장했다.

그는 인간이 강인한 존재라서 목표를 정해야 하는 것이 아니라, 오히려 약한 존재이기 때문에 목표가 없으면 안 된다고 강조했다. 몽테뉴는 인간의 본질을 예리하게 분석해 인간다운 삶을 제안한 것이다.

인간이라는 존재를 과대 포장해서는 안 되지만 그렇다고 나약하게만 단정 지어도 곤란하다. 이성을 갖춘 존재로 인간을 통찰할 때 비로소 참된 인간의 내면세계를 탐구하고 분석할 수 있으리라. 바로 이것이 인간성을 깊이 있게 고찰하는 모럴리스트만의 독특한 관점이다.

크세주

나는 무엇을 알고 있는가?

'나는 무엇을 알고 있을까? 내가 아는 것은 과연 무엇일까?'

이런 질문에 스스럼없이 답할 수 있는 사람은 아무도 없을 것이다. 소크라테스의 이야기를 기억한다면, '내가 아무것도 모른다는 사실을

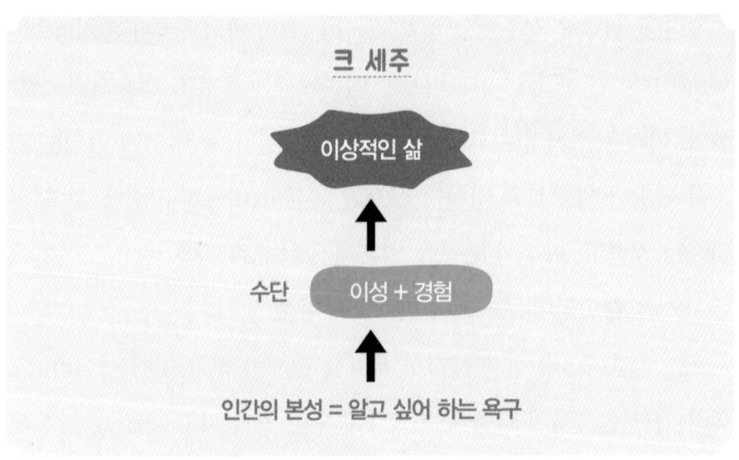

안다'라고 겨우 대답할 수 있지 않을까. 그런데 '나는 무엇을 아는가?'라는 어려운 질문을 평생 자신에게 던진 인물이 있다. 바로 몽테뉴다.

몽테뉴는 평생 인간과 인간의 이상적인 삶을 탐구했고 그 과정에서 본보기가 될 만한 인간상을 찾았다. 그가 모범으로 삼은 훌륭한 인물은 다음 세 사람이다.

첫 번째 인물은 고대 그리스의 시인인 호메로스(Homeros, B.C.800?~B.C.750?)이며, 두 번째 인물은 4세기 마케도니아의 알렉산드로스 대왕, 마지막 세 번째 인물은 그리스의 장군 에파미논다스(Epaminondas, B.C.410?~B.C.362)다.

몽테뉴는 그의 저서인 『에세』에서 이들 세 사람을 존경하는 이유를 밝혔다. 공통점은 세 사람 모두 앎을 찬양했다는 것이다. 몽테뉴는 '알고 싶다'는 욕구야말로 인간의 본성에 뿌리를 둔 가장 강렬한 욕망이라고 생각했다.

지적 욕구를 충족시키기 위해 사람들은 모든 방법을 강구한다. 그래서 인간은 이성을 이용하는 것은 물론이고, 이성이 부족할 때는 경험을 활용한다고 보았다. 그는 지성의 원천으로 이성을 존중했지만, 때로는 경험으로 이성의 부족한 부분을 보충할 수 있다고 주장했다. 그가 생각한 가장 이상적인 '앎'은 이성과 함께 경험으로 단련된 강인한 지성이었던 것이다.

철학사에서는 오랫동안 이성과 경험 가운데 어느 쪽이 더 중요한가를 놓고 의견이 분분했는데, 이성과 경험을 모두 아우를 수 있다면 더 이상의 논쟁은 불필요할 것이다.

이제 첫머리에서 소개한 몽테뉴의 질문으로 다시 돌아가 보자. '나는 무엇을 아는가?' 즉 '크 세주(Que sais-je?)'는 끝없는 배움의 과정에서 자신을 성찰하며 스스로에게 던진 몽테뉴의 좌우명이었다.

몽테뉴는 일찍이 법관 생활을 정리하고 온종일 책을 읽고 글을 쓰는 데만 전념했다. 그는 누구보다 지성과 학식을 겸비했던 사람이었지만, 마지막 순간까지도 자신이 무엇을 알고 있는지 스스로에게 끊임없이 물었다고 한다. 이것은 몽테뉴가 무지와 어리석음을 깨닫고 진정한 앎을 향해 부단히 노력하는 이상적인 삶을 추구했음을 의미한다.

어쩌면 우리가 제대로 아는 것은 하나도 없을지도 모른다. 그렇기에 인간은 늘 앎을 갈구하고 지성을 갖추기 위해 노력한다. 바로 이것이 살아 있다는 증거가 아닐까? 앎을 향한 노력을 멈추는 순간 이미 인간의 의미를 상실한 존재가 될 테니 말이다.

08

파스칼

근대 철학

기하학적 정신과 섬세한 정신

생각한다는 것은 무엇일까?

'생각'이라 하면 보통 논리적으로 사고하는 행위를 떠올린다. 하지만 과연 논리적이기만 하면 '잘' 생각하는 걸까? 좀 더 균형 잡힌 사고력을 갖추고 싶다면 블레즈 파스칼의 생각이 고스란히 담겨 있는 책 『팡세』에서 힌트를 얻을 수 있을 것이다.

파스칼은 『팡세』의 첫머리에서 '기하학적 정신'과 '섬세한 정신'을 두루 갖추어야 한다고 강조한다.

'기하학적 정신'이란 정의(定義)나 원리를 토대로 사물을 객관적으로 분석하는 정신이다. 반면에 '섬세한 정신'이란 직관으로 사물 전체를 한눈에 파악하는 정신이다. 기하학적 정신은 합리적인 인식이고, 섬세한 정신은 감성적인 마음이라고 할 수 있다. 이와 같은 사실에 비추어 파스칼은 대륙 합리론(17세기 데카르트, 스피노자, 라이프니츠 등과 같은 유럽 대륙의 철학자들에 의해 전개된 철학)의 시조인 데카르트를 신랄하게 비판한다. 그는 데카르트가 이성을 우위에 두고 사고하는 데는 능숙하지만 인간을 철저하게 기계로 간주하고 있다고 비판했다.

데카르트와 달리 파스칼은 인간이 기계와는 전혀 다른 복잡한 존재이며, 인간은 자신을 좀 더 깊이 있게 알 필요가 있다고 역설했다.

"인간은 자기 자신을 알아야 한다. 이것이 진리를 발견하는 데는 큰 도움이 되지 않을 수 있지만, 적어도 나 자신의 생활을 규율하는 데는 큰 도움이 된다."

파스칼은 인간이 정신적으로 나약한 존재라고 통찰했다. 그에 따르면 약한 존재인 인간은 낭떠러지를 보지 않으려고 눈앞을 가린 뒤에

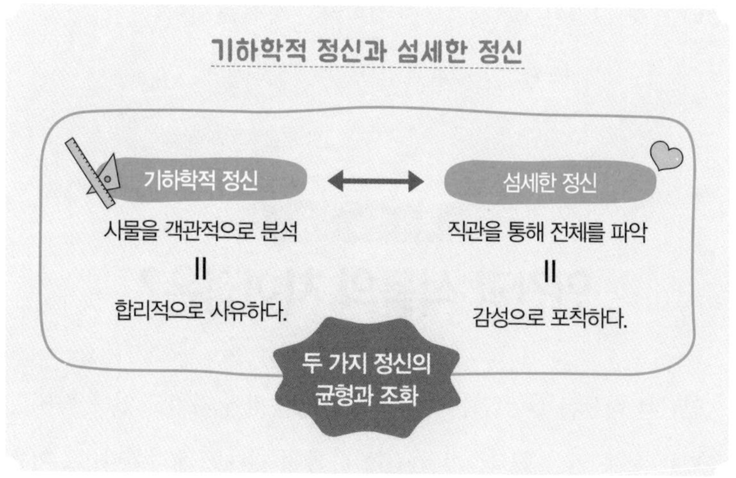

야 안심하고 절벽을 향해 달린다. 엉뚱한 상상을 하다 보면 무서워서 한 걸음도 나아갈 수 없기 때문이다. 그는 인간에게 상상력은 적(敵)이라고 말하며, 다음과 같이 표현한다.

"상상은 말도 안 되는 어림짐작으로 아주 작은 대상을 우리의 영혼을 가득 채울 만큼 큰 존재로 확대시킨다. 또한 실제로는 아주 거대한 존재를 무모한 자만심 때문에 자신의 눈높이까지 축소시키기도 한다. 마치 신에 대해 말할 때처럼 말이다."

다시 『팡세』로 돌아가 보자. '팡세(pensées)'라는 단어는 프랑스어에서 '생각, 사색'이라는 의미로 쓰인다. 그런데 파스칼의 '팡세'에는 논리적인 사고뿐 아니라 감성적인 판단이라는 의미가 함께 담겨 있다.

이제 '생각'에 대한 생각이 자리 잡혔는가? 우리는 파스칼을 통해 한 가지를 알 수 있다. 사물을 생각할 때 논리적으로 사고할 뿐만 아니라, 감성을 자유자재로 구사할 수 있다면 균형 잡힌 사고력을 갖출 수 있다는 것. 그것이 '잘' 생각하는 것이라는 사실을 말이다.

생각하는 갈대

인간과 식물의 차이점은?

인간과 식물은 살아 있는 생물이라는 공통점을 가지고 있다. 하지만 우리는 보통 인간과 식물이 완전히 다른 존재라고 생각한다. 그 이유는 무엇일까? 이번에도 파스칼의 『팡세』가 답을 줄 것이다.

애초에 파스칼이 『팡세』를 집필한 이유는 인간의 사고와 행동을 분석함으로써 그리스도교의 진리를 세상에 널리 알리기 위해서였다. 하지만 우리는 『팡세』를 인간성을 탐구하기 위해 집필한 책이라고도 생각한다. 이 책을 통해 파스칼이 인간의 본성을 분석하고, 도덕적인 삶을 탐구했기 때문이다.

수필 형식으로 쓰인 이 책의 구성은 크게 세 갈래로 나뉜다. 처음에는 인간의 위대함과 비참함, 이 두 가지의 모순에 대해서 이야기한다. 그다음으로는 이 모순을 해결하려는 철학자의 무력함에 대해, 그리고 마지막은 신의 사랑을 통한 비참함의 구원에 대해 말한다.

여기에서는 세 갈래의 길 가운데 첫 번째, 인간의 위대함과 비참함에 대한 내용을 중심으로 살펴보자.

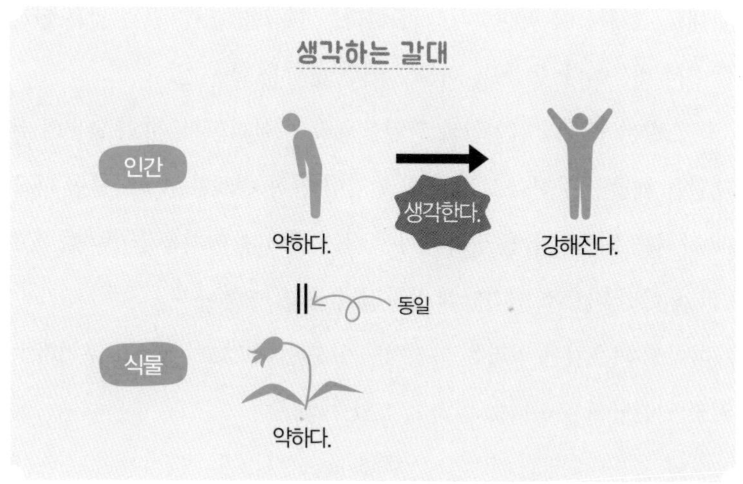

인간의 모순을 이야기한 대목에서 가장 유명한 구절은 "인간은 생각하는 갈대다"라는 명언이다. 인간을 쉽게 부러지는 연약한 식물로 묘사하다니, 인간이 연약한 존재라는 점을 강조하려던 것일까? 이어지는 파스칼의 설명을 들어 보자.

"인간은 자연 가운데 가장 연약한 한 줄기 갈대일 뿐이다. 하지만 그 인간은 생각하는 갈대다."

파스칼은 인간이 갈대처럼 바스러지기 쉬운 나약한 존재지만, 생각한다는 점에서 갈대와 큰 차이를 보인다고 주장했다. 파스칼의 말처럼 생각하는 행위는 인간만이 가능하다. 달리 표현하면 그만큼 생각해야 할 문제나 고민거리가 많다는 뜻이기도 하다. 하지만 인간은 결코 문제를 내버려 두거나, 피해서 도망가지 않고 당당히 맞선다. 그래서 인간은 식물보다 강한 존재가 된다.

인간은 살아가면서 자신의 나약함이나 비참함을 원망하기 쉽지만 반대로 그래서 더 위대하다. 비참하다는 생각을 할 수 있는 것은 인간뿐이기 때문이다. 동물도, 식물도 이런 생각을 할 수 없다.

파스칼은 인간의 나약함과 강인함을 두루 살피면서, 사고 활동의 위대함을 깨달아야 한다고 말한다. 인간이 약한 존재임을 받아들인 다음에 사색을 통해 약함을 극복해야 한다는 것이다. 어려움을 받아들이고 극복해야만 비로소 인간답게 살아갈 수 있기 때문이다.

아마도 파스칼은 약함을 부정하는 일도 옳지 않고, 생각을 포기하는 일도 인간답지 못하다고 말하고 싶었으리라.

데카르트

근대 철학

방법적 회의

결코 의심할 수 없는 것은 무엇일까?

이 세상에 절대로 의심할 수 없는 것이 과연 존재할까?

이 질문에 대한 답이 '코기토 에르고 숨(Cogito ergo sum)'이라는 표현이다. 이는 근대 철학의 아버지인 르네 데카르트가 남긴 말로, '나는 생각한다, 그러므로 나는 존재한다'라는 뜻의 라틴어다. 오늘날에는 이 문장을 '데카르트의 코기토' 혹은 '코기토'라고 줄여 부르기도 한다.

서양철학계에 널리 알려진 이 명제는 데카르트의 핵심 사상을 표현하는 말이다. 그는 진리를 발견하기 위해 모든 것을 의심하기 시작했다. 눈앞의 책상은 정말로 존재할까? 저기 서 있는 사람은 사람이 아

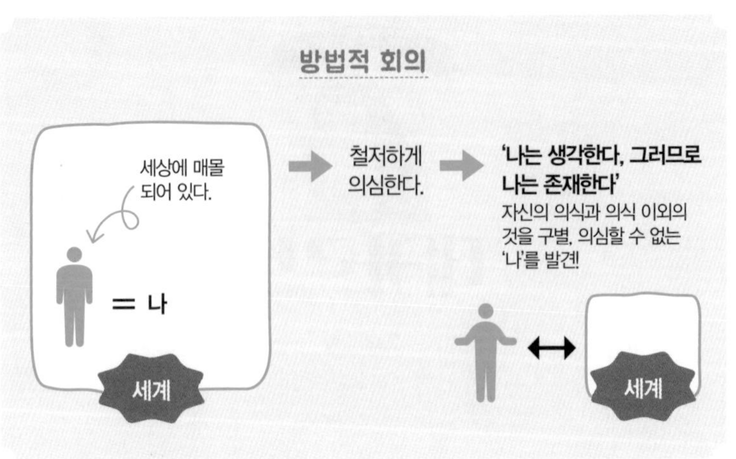

니라 혹시 기계가 아닐까? 지금 내가 꿈을 꾸고 있는 것은 아닐까? 데카르트는 눈에 보이는 것은 물론이고, 자신의 꿈까지도 의심했다. 이렇듯 확고한 진리를 얻기 위한 하나의 추론 방법으로서, 철저하게 사물을 의심하는 사고방식을 '방법적 회의'라고 말한다.

주변의 모든 것을 의심한 뒤 데카르트는 결론을 내렸다. 철저하게 모든 것을 의심한 끝에 마지막으로 남은 것은 지금 의심하고 있는 자신, 즉 자기 자신의 의식이었다. 설령 지금 눈앞에 펼쳐지는 일이 꿈일지 모른다고 의심하더라도, 자신의 의식이 지금 이 일을 의심하고 있다는 사실만큼은 분명하다. 그러니 의심하고 있는 자신의 의식만큼은 의심할 수 없다는 것이다. 종교인들이 신에게 다가가기 위해 거듭 믿고 또 믿는 것처럼, 데카르트는 진리에 다가가기 위해 의심하고 또 의심했다.

데카르트는 결코 의심할 수 없는 자신의 의식이야말로 유일하면서도 확실한 존재라고 말했다. 그에 따르면 의심하기 이전의 자신은 세상에 매몰된 상태에 놓여 있지만, 철저하게 의심한 뒤에는 자신의 의식과 그 이외의 것을 분리해서 자각할 수 있다.

이처럼 데카르트의 사고는 의식을 절대적이라고 여긴다. 이는 '나'라는 인식의 주체를 중심으로 사고하는 근대 사상의 원점이 되었다. 훗날 철학자들은 데카르트의 사고방식을 바탕으로 주체를 어떻게 확립하고 어떻게 발전시켜 나가느냐를 화두로 철학적 사고를 고양했다.

진리를 찾기 위해 모든 것을 의심하는 데카르트의 사고방식은 철학뿐 아니라 과학에서도 통한다. 과학적 진리를 발견하려면 작은 오류까지도 잡아내기 위해 모든 것을 철저하게 의심해야 하니까 말이다. 그런 의미에서 '데카르트의 코기토'는 오늘날 모든 학문이 참고해야 할 학문의 훌륭한 방법론이라고 말할 수 있으리라.

심신 이원론

마음과 몸은 별개일까?

마음과 몸은 서로 어떤 관계일까? 같은 것일까? 똑같지 않더라도 서로 이어져 있을까? 아니면 전혀 별개의 존재일까?

이런 어려운 질문에 데카르트는 아주 명쾌하게 대답했다.

'나는 생각한다, 그러므로 나는 존재한다'라는 데카르트의 말에서도

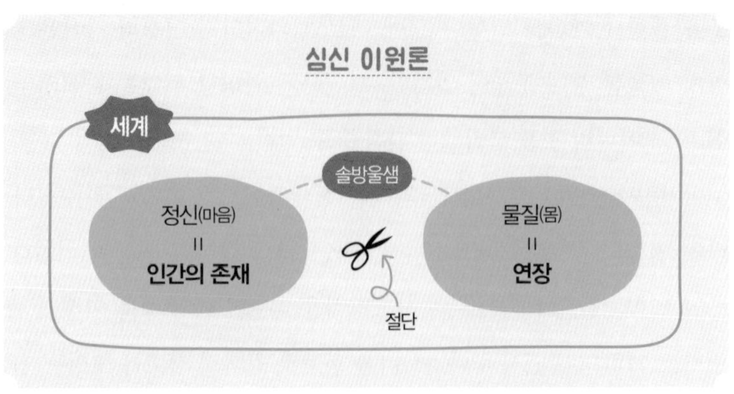

알 수 있듯, 그는 자신의 의식만큼은 결코 의심할 수 없다고 결론지었다. 의식을 생각의 출발점으로 삼고, 인간의 의식에 특별한 위치를 부여한 것이다.

그러나 의식에 특권을 부여함으로써 의식, 곧 마음 이외의 다른 부분은 마음과 완전히 다른 존재로 떨어져 나갔다. 의식을 특별하게 대우하려면 의식과 몸을 분리할 수밖에 없다는 결론에 이른 것이다. 이것이 수많은 논란을 제기한 '심신(心身) 이원론' 혹은 '물심(物心) 이원론'이라고 부르는 이원론의 핵심 개념이다.

데카르트에 따르면 마음, 곧 의식은 '사고(사유)'에 해당하지만, 마음을 제외한 모든 물질(몸을 포함)은 '연장하는 실체(res extensa)'에 불과하다. 원래 연장(延長)이라는 단어는 시간이나 거리를 본래보다 길게 늘임을 의미한다. 하지만 철학의 세계에서는, 특히 데카르트의 철학에서는 다르게 쓰인다.

데카르트는 '연장'을 공간 속에 위치하고, 공간의 일정한 부분을 차지한다는 의미로 사용했다. 따라서 데카르트는 육체를 포함한 모든 물질은 기계와 같이 단순히 공간을 점유하는 '연장'의 속성을 지닌다고 생각했다. 그러나 데카르트의 철학에는 분명한 문제가 있다. 심신 이원론을 강조하다 보면 마음과 몸의 관련성을 제대로 설명할 수 없기 때문이다.

'병은 마음에서 비롯된다', '스트레스는 만병의 근원이다', '건강한 정신은 건강한 육체에 깃든다'와 같은 말을 들어 보았을 것이다. 언뜻 생각해 봐도 몸과 마음은 서로 연결되어 있다. 몸과 마음이 전혀 다른 별개의 존재라고 주장한다면, 마음이 아파서 눈물을 흘리는 현상과 같이 몸과 마음이 서로 얽힌 생리 현상을 어떻게 설명할 수 있을까?

문제점에 부딪히자 데카르트는 대안을 내놓는다. 뇌에 솔방울 모양의 솔방울샘이라는 내분비 기관이 있어서 몸과 마음을 연결해 준다는 것이다. 물론 이 주장은 훗날 생물학이 발달하면서 틀린 가설로 밝혀졌고 오늘날까지 몸과 마음의 관계는 논란거리가 되고 있다.

심신 이원론의 한계에도 불구하고 데카르트가 몸의 세계와 마음의 세계를 모두 인정하며 균형 잡힌 이원론을 전개하려고 노력했다는 점에는 분명 의의가 있다. 무엇보다 인간의 의식이 생각의 출발점으로 인정된 이상, 육체와 정신의 관계를 어떻게 정립해야 할 것인가의 문제는 현대를 살아가는 우리 모두가 풀어야 할 과제로 남아 있다.

10

스피노자

대륙 합리론

범신론

신과 자연의 관계는?

신이란 무엇인가? 이 질문은 서양철학에 있어 최고의 화두라고 할 수 있다. 수많은 철학자들은 갖가지 지혜를 짜내어 이 물음에 답을 하고자 부단히 애써 왔다. 이 가운데 바뤼흐 스피노자의 대답은 매우 독창적이다.

스피노자는 데카르트의 사상을 계승한 대륙 합리론의 주요 철학자 가운데 한 사람이다. 따라서 스피노자도 인간의 이성을 중시하며 이성을 통해 세계를 이해하려고 했다. 그는 신에 대해 설명할 때도 이성을 도입했는데 여기에서 그의 핵심 사상인 '실체론'이 등장한다.

스피노자는 신을 본질적인 그 무엇, 즉 '실체(實體, substance)'라고 보았다. 실체는 자신 이외의 다른 어느 것에도 의존하지 않고, 자신 이외의 근거를 필요로 하지 않는다. 스피노자는 유일하게 존재하는 실체가 바로 '신'이라고 말했다.

스피노자에 따르면 실체 이외의 모든 것은 한정된 방식에 따라 시간적, 유한적으로 존재하는 특수한 개별자에 지나지 않는다. 개별자는 자기 자신을 존재 이유로 삼을 수 없기 때문에 신 없이는 존재할 수 없다. 이른바 신 이외의 모든 것은 신의 '양태(樣態, modus)'에 불과한 것이다. 그런데 여기에서 스피노자가 말하는 신이란 초월적 신이 아니라 현실에 내재해 있는 자연으로서의 신을 의미한다. 즉 신은 자연의 존재 이유가 되는 것이다. 따라서 우리가 살고 있는 세계 자체가 신이라고 말할 수 있다. 이처럼 신을 만물의 근원으로 생각하는 견해, 혹은 이 세상 모든 것에 신이 깃들어 있다는 관점을 '범신론(汎神論)'이라고 부른다.

유일한 실체로서의 신은 결과적으로 자신의 원인이 될 뿐 아니라 모

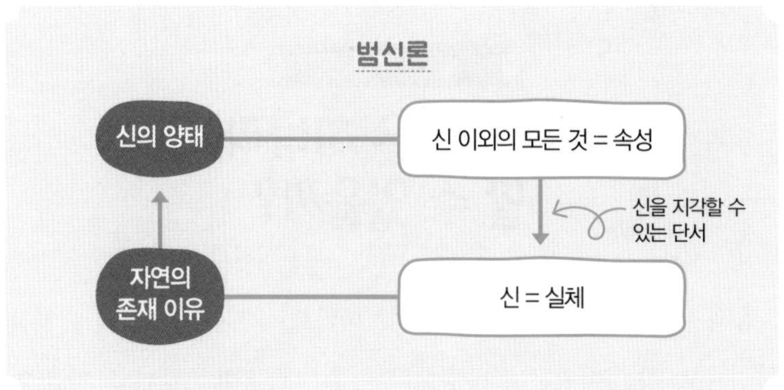

든 존재의 원인이 된다. 또한 스피노자는 이 세상의 모든 움직임도 신에 의해 필연적으로 정해져 있다고 생각했다. 그러므로 신은 '동력인(아리스토텔레스가 말한 사물을 생성하고 변화시키는 원인)'이라고 말할 수도 있다.

스피노자에 따르면 모든 것의 존재 이유가 곧 신이다. 그는 신을 지각할 수 있는 단서를 '속성(屬性, attribute)'이라고 말하는데 '사고'와 '연장'이 속성에 해당한다. 여기에서 사고는 정신적 속성이고 연장은 물질적 속성이다. 스피노자는 이 두 가지 속성도 신의 두 가지 측면에 지나지 않는다고 간주했다. 인간의 몸과 마음도 신의 일부라고 생각한 것이다. 그는 인간의 행복도 신, 즉 실체와의 하나 됨에 달려 있다고 주장했다.

이처럼 신을 '만물을 창조하는 존재'라고 정의 내리지 않고, 신을 만물의 근원으로 파악했다는 점에서 신에 대한 스피노자의 정의는 무척이나 신선하다.

심신 평행론

몸과 마음은 하나라고 할 수 있을까?

몸과 마음은 어떤 관련이 있을까? 데카르트는 몸과 마음의 관계를 둘러싸고 '심신 이원론'을 주장했다. 마음은 특별한 존재이고, 마음 이

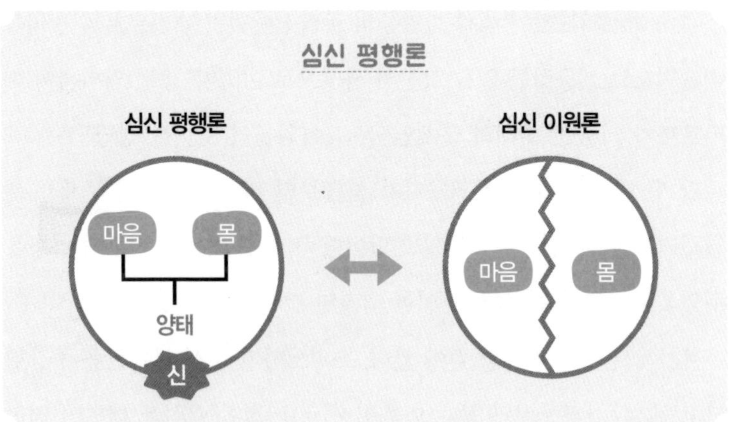

외의 모든 물질(몸을 포함)은 연장에 지나지 않는다는 사고방식이다. 그는 몸과 마음을 전혀 별개의 존재로 파악했다. 하지만 심신 이원론을 주장한 데카르트 자신도 몸과 마음의 상호 작용을 설명하기 위해 솔방울샘이라는 다소 억지스러운 가설을 내세웠다.

그렇다면 몸과 마음의 관련성을 어떻게 이해해야 할까? 여기에 도움이 되는 철학 개념이 스피노자의 '심신 평행론' 혹은 '물심 평행론'이다.

스피노자는 유일하고 완전한 존재인 신이 모든 것의 존재 이유이며, 신이 이 세상을 구성하고 있다고 생각했다. 이른바 범신론이다. 그런데 이 범신론을 전제로 내세우면 몸과 마음이 별개의 존재라는 심신 이원론을 극복할 수 있다. 몸과 마음은 모두 신의 양태에 지나지 않기 때문이다. 그는 몸과 마음은 단순히 모습이나 성질이 다를 뿐, 실체는 같다고 보았다. 바로 이것이 심신 평행론이다.

애초에 스피노자는 대륙 합리론의 출발점이었던 데카르트의 철학을 비판적으로 계승하는 일을 자신의 사명으로 여겼다. 그런 의미에서 데카르트가 가졌던 최대의 문제인 심신 이원론의 모순을 상당 부분 해결할 수 있었다. 물론 스피노자가 처음부터 적극적으로 이 문제를 해결하려고 했던 것은 아니었지만 말이다. 아마도 이는 범신론에 바탕을 두었을 때 도달하게 되는 당연한 귀결일 것이다.

여기에서 주의해야 할 점이 있다. 스피노자가 심신 평행론을 주장했다고 해서, 스피노자가 몸과 마음이 서로 밀접한 관련을 맺으며 영향을 끼친다고 생각한 것은 아니라는 사실이다. 그는 몸과 마음의 상호 관련성을 직접 언급하지는 않았다. 몸과 마음의 일체성을 주장했지만 이는 어디까지나 몸과 마음이 하나라고 말한 것이지, 두 개의 다른 존재가 서로 영향을 끼친다는 상호 작용설과는 전혀 다른 차원의 이야기인 것이다.

보통 우리는 몸과 마음의 관계를, 어느 쪽이 어느 쪽에 더욱더 큰 영향을 끼치는지를 중심으로 파악한다. 그중에서도 의식을 특별하게 생각한 데카르트는 마음이 몸보다 더 우위에 있음을 강조했다. 그런데 스피노자의 심신 평행론은 몸과 마음 중에서 어떤 쪽이 더 우위에 있는지 따지지 않는다. 그의 이론은 몸과 마음 중 어떤 것이 먼저인지에 대한 논의 자체를 무력화했던 독창적인 발상이었다는 사실을 기억하자.

11

라이프니츠

대륙 합리론

모나드

이 세상을 구성하는 원리는?

이 세상을 구성하는 원리란 무엇일까? 혹시 질문을 듣는 순간 원자(原子)를 떠올리지는 않았는지 모르겠다. 하지만 물질을 구성하는 기본 단위인 원자는 물리적인 요소이기 때문에, 마음이나 신과 같은 정신적인 요소를 구성하는 기본 원리를 설명하기는 어렵다.

그런데 이와 관련해 고트프리트 라이프니츠가 독특한 이론을 내놓았다. 라이프니츠는 이 세상의 모든 요소를 아우르는 기본 단위를 고안했는데, 이것이 바로 '모나드(monad)'이다. 우리말로는 '단자(單子)'라고 불리는 이 개념은 1, 또는 단위를 뜻하는 그리스어 '모나스(monas)'에서 유래한 것으로 라이프니츠는 모나드를 통해 우주의 조화를 논했다.

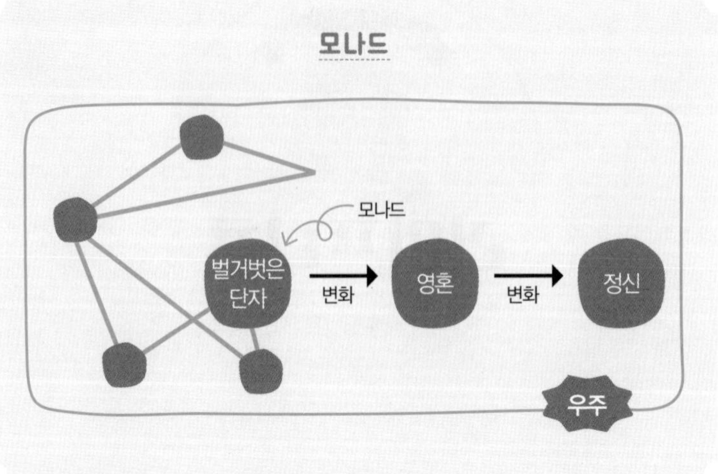

모나드의 개념을 구체적으로 들여다보기 전에 알아 두어야 할 것이 있다. 라이프니츠가 말하는 모나드란 어디까지나 상상의 산물이라는 점이다. 즉 모나드는 관념 속에 존재하는 정신적 실체이다.

라이프니츠는 모나드가 넓이도 형태도 없는 궁극적인 실체이며, 불생불멸의 존재라고 말한다. 그에 따르면 모나드에는 무엇인가 드나들 수 있는 문이 존재하지 않는다. 또한 모나드는 독자적으로 존재하고 각각의 모나드 간에는 차이가 있다.

모나드에 대해 더 알아보자. 모나드는 '벌거벗은 단자' 상태에서 출발해 '영혼'이 되고, 그 영혼은 '정신'으로 변화한다. 그리고 이런 변화를 통해 끊임없이 세상을 비추어 낸다. 바로 이것이 모나드 활동의 전부인데 이런 활동을 가능하게 하는 원리가 욕구이다. 모나드는 욕구라는 원리를 통해 표상(表象)에서 표상으로 옮겨 가며, 세상을 비춰 내는 형태를 달리하는 것이다.

또한 라이프니츠는 모든 모나드가 우주를 구성하면서, 동시에 하나의 모나드가 전체를 비추고 있다고도 이야기한다. 이로써 무한히 많은 변화와 다양성이 생겨나고, 개별 모나드 간에 보편적인 질서와 관계가 성립한다고 말한다. 라이프니츠는 이 개념을 "모나드는 우주를 비추는, 영원히 살아 있는 거울이다"라고 정리했다. 요컨대 하나가 전체를, 전체가 하나를 표출함으로써 우주의 '보편적 조화(예정조화)'가 성립된다는 것이다.

라이프니츠의 세계관은 얼핏 황당무계한 이야기로 들린다. 하지만 놀랍게도 그의 세계관은 현대 네트워크 사회와 비슷한 점이 많다. 네트워크 사회에서는 모든 점이 이어져 있어, 이들이 세계를 구축하고 있다. 또한 각각의 점은 모두 다르며 하나하나가 세계를 비추는 존재라고 할 수 있다. 어쩌면 라이프니츠의 기괴한 모나드 이론은 네트워크 사회를 살아가는 우리가 새롭게 주목해야 할 사상인지도 모른다.

충족 이유율

사물이 존재하는 이유는?

사물은 왜 존재할까? 하나의 사물과 또 다른 사물을 구별할 수 있는 것은 각각의 사물에 나름의 존재 이유가 있기 때문이다. 이와 같은 관

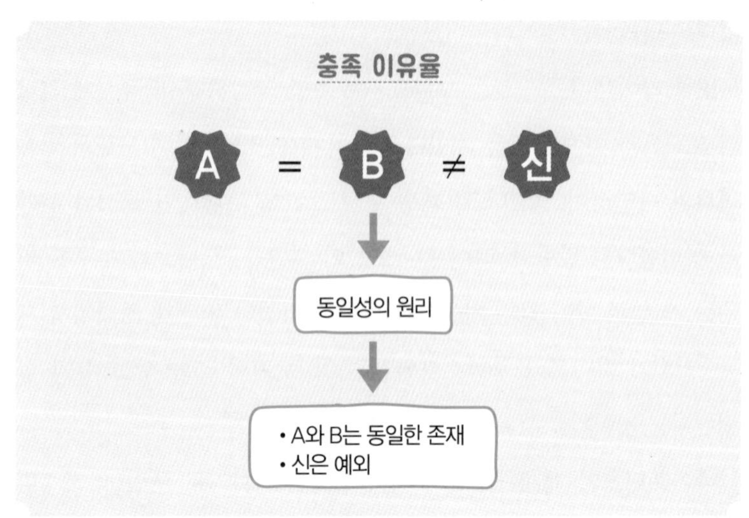

점에서 사물의 존재 이유를 설명한 이론이 라이프니츠의 '충족 이유율'이다.

라이프니츠는 충족 이유율에 대해 이렇게 설명했다.

"어떤 사실이 왜 이렇게 되었는지에 대한 분명한 이유와 그럴 수밖에 없는 충분한 이유가 없다면 어떠한 사실도 존재할 수 없고 또 어떤 명제도 참이라고 말할 수 없다. 다만 대체로 우리는 그 이유를 알지 못한다."

간단하게 말하자면 충족 이유율이란, 세상에 존재하는 모든 것은 다 존재할 만한 이유가 있지만, 그 이유는 우리가 알 수 없다는 것이다. 여기에서 라이프니츠는 식별할 수 없는 것은 동일한 것이라는 뜻의 '식별 불가 동일성의 원리', 줄여서 '동일성의 원리'를 이끌어 냈다.

예를 들어 보자. 만약 A와 B라는 두 가지 사항에 똑같은 술어가 적용된다면, A와 B는 동일하다. 술어가 같다는 것은 동일한 이유로 존재하고 있음을 표현하고 있기 때문이다.

이를 조금 다른 관점에서 설명하겠다. 라이프니츠는 주어(主語)는 그 주어에 대해 서술한 모든 술어를 포함한다고 말한다. 즉 주어를 분석하면 그 안에 있는 술어가 도출된다. 물론 우리는 그 모든 내용을 알 수 없다. 알렉산드로스 대왕이라는 주어에는 알렉산드로스 대왕에 관해 서술된 모든 내용이 들어 있지만, 우리는 단지 역사를 통해서 대왕을 알 수밖에 없는 것처럼 말이다. 나아가 술어 부분이 달라지면 주어의 의미도 달라진다. 알렉산드로스 대왕과 똑같은 인생을 살았던 사람은 없을 테니까.

신도 예외는 아니다. 신에게도 존재를 위한 충분한 근거와 이유가 있어야 한다. 다만 신은 특별한 존재이기 때문에 앞서 소개한 A나 B의 상황처럼 술어가 같아도 똑같은 존재의 이유가 주어지는 것이 아니다. 신은 그 자체로 존재 이유이며, 모든 것의 가장 근원적 원인이라고 할 수 있다. 덧붙이자면 라이프니츠가 바라보는 신이란, 피조물의 세계에서 조화 그 자체이자, 조화를 안겨 주는 창조자다.

충족 이유율의 개념은 라이프니츠가 고찰한 세계를 구성하는 원리, '모나드론(단자론)'과 직접적인 관련을 맺고 있다. 그는 각각의 모나드가 저마다 다른 이유를 품고 있기 때문에 존재할 수 있다고 생각했다. 또한 각각의 존재 이유를 품은 모나드가 구성하고 있는 이 세계는 합리적인 이유를 바탕으로 성립하는 '최선의 세상'이라고 밝혔다.

12

홉스

사회 계약설

리바이어던

절대 권력은 어떻게 만들어지는가?

절대 권력은 어떻게 생겨날까? '절대 권력' 하면 무자비한 폭력으로 사람들을 제압하는 모습부터 떠올릴 것이다. 하지만 근거 없는 폭력은 체제를 뒤흔들 수 있는 극심한 반발을 불러오기 마련이다. 따라서 진정한 의미에서 권력의 절대성이 보장된다고 할 수 없다.

16세기경 유럽의 왕들은 국왕의 권리는 신으로부터 부여받았다는 '왕권신수설'을 바탕으로 절대 권력을 유지하려고 했다. 하지만 대다

수 국민들은 이에 불만을 품고 있었다. 이러한 시대 상황에서 영국의 철학자 토머스 홉스는 『리바이어던』이라는 책을 통해 '사회 계약'을 바탕으로 한 근대 국가 성립 원리를 주장했다. 동시에 국민이 이해할 만한 '절대 권력'에 대한 새로운 이론을 제시했다.

당시 영국은 왕을 지지하는 귀족층인 왕당파와 의회를 중심으로 뭉친 중산 계층, 의회파 사이에 갈등이 고조되고 있었다. 이 시기 왕당파로 내몰린 홉스는 위기에 처했고, 의회파가 주도한 청교도 혁명이 일어나기 직전에 프랑스 파리로 망명했다. 그는 망명지에서 혼란한 사회 현실을 냉철하게 바라보며 대안을 모색했는데 이때 쓴 책이 『리바이어던』이다.

'리바이어던(Leviathan)'은 『구약 성서』의 「욥기」에 등장하는, 지상 최고의 힘을 자랑하는 바다 괴물을 이르는 말이다. 『리바이어던』의 책 표지에는 막강한 힘을 가진 듯한 왕의 모습이 보인다. 그런데 자세히

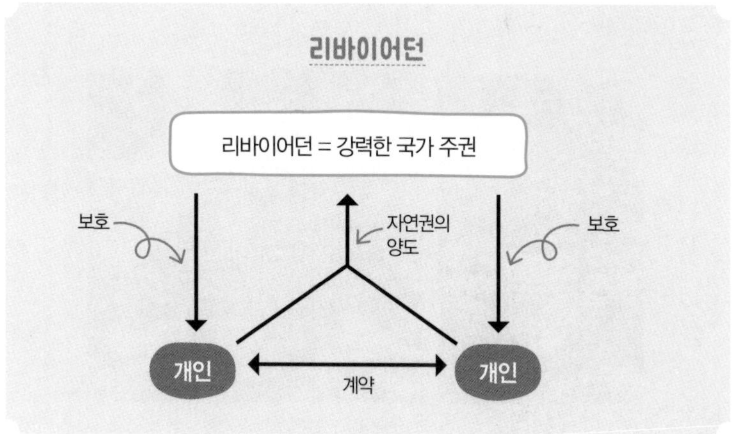

들여다보면 무수히 많은 개인이 왕을 형상화하고 있음을 알 수 있다. 언뜻 기괴해 보이는 책의 표지는 '절대 주권'을 주장하는 홉스의 사상을 단적으로 보여 준다.

홉스는 기본적으로 절대주의를 주장한 사람이다. 절대 주권 국가에서는 절대 권력을 가진 절대자가 법보다 위에 군림한다. 이렇게 되면 법의 지배는 뒤로 밀려나고, 국민은 절대자에게 복종해야 한다. 만약 권력에 따르지 않는 사람은 교육으로 개선되어야 마땅하다. 왜냐하면 리바이어던, 즉 강력한 국가 주권은 어떤 상황에서도 절대적으로 지켜져야 하기 때문이다. 그런데 이 시점에서 우리가 처음에 가졌던 의문으로 되돌아가 보자. 이러한 절대 권력 아래에서 국민이 불만을 품게 되면 어떡하나?

홉스는 이를 해결하기 위해, 절대 권력에 개인과 개인의 계약이라는, 국민이 이해할 만한 명분을 부여했다. 즉 개인이 계약을 통해 절대자에게 자연권(인간이 태어나면서부터 가지고 있는 권리. 자기 보존과 방위, 자유

『리바이어던』 표지

와 평등의 권리)을 양도했다는 것이다. 대신 수많은 개인으로부터 권리를 양도받은 절대자는 개인을 확실하게 보호해야 한다. 이렇게 지배당하는 사람 스스로 절대자를 신뢰하고 인정함으로써 강력한 국가 주권을 확립할 수 있다. 이것이 절대 권력, 즉 리바이어던의 근거가 된다.

절대 권력을 어떻게 구축할 것인가의 어려운 명제가 마침내 완성되었다. 홉스는 자유롭고 평등한 개인들이 계약과 같은 의지의 합의를 통해 절대 권력을 만들어 내는 것이 이상적인 근대 국가 성립 원리라고 보았다. 홉스의 사상은 로크나 루소가 주창한 사회 계약설에 직접적인 영향을 끼쳤으며, 근대 입헌주의 국가의 기틀을 닦았다.

만인의 만인에 대한 투쟁

국가가 존재하지 않는다면 어떻게 될까?

만약 국가가 존재하지 않는다면 사람들 사이의 관계는 어떻게 될까? 서로 양보하며 사이좋게 지낼까? 아니면 서로를 미워하면서 원수처럼 지낼까? 어찌 되었든 극심한 혼란 상태에 빠질 것은 분명하다. 어쩌면 이것이 인간의 본질인지도 모른다.

그런데 국가가 생기기 이전에 인간의 모습이 어땠을지를 떠올린 철학자가 있었으니, 바로 '만인의 만인에 대한 투쟁'이라는 개념을 제시

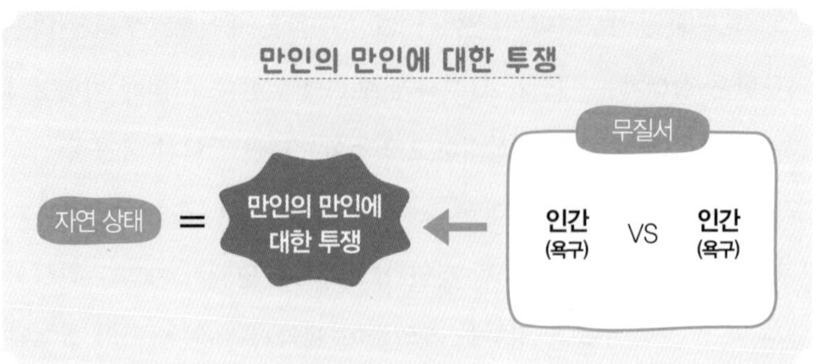

한 홉스다.

홉스는 기본적으로 인간이 배제된 중세 시대를 철저하게 비판하는 입장이었다. 그는 중세 시대와는 다른, 근대 국가의 성립을 위한 이론적인 근거를 제시하려고 했다. 이를 위해서는 먼저 국가를 구성하는 인간부터 고찰해야 한다고 보았다. 고민 끝에 그는 인간을 중세 시대처럼 신분 계층 안에 파묻힌 존재가 아닌, 자유와 평등을 갖춘 존재로 새롭게 인식했다. 이 자유와 평등은 홉스가 '자연권'이라고 부르는 인간의 기본적인 권리에 포함된다.

홉스는 인간에 대한 분석을 더욱더 발전적으로 전개해 나갔다. 그는 인간이 쾌락을 추구하고, 고통을 피하며, 자신의 생명 활동을 유지하고자 안간힘을 쓰는 존재라고 보았다. 또한 인간은 살아남기 위해 자신의 힘을 행사한다고 생각했다. 그런데 이렇게 살아 보겠다고 안간힘을 쓰는 인간들이 서로 관계를 맺는다면 어떻게 될까? 홉스는 이를 '자연 상태'라고 표현했다. 자연 상태에서는 저마다 자신의 욕구(살아남기 위한 자기 방어) 충족을 위해 서로 투쟁한다. 즉, '만인의 만인에 대한 투쟁'이 거듭되는 것이다.

저마다 살기 위해 이기적으로 날뛰는 세상이라니! 홉스에 따르면 인간은 이런 무질서 상태를 막기 위해 자연법을 추구한다. 이때 자연법이란 개개인의 생존(자연권)을 보장받기 위해 모두가 규칙을 지키자는 암묵의 합의를 의미한다. 최소한 서로의 '자연권'은 지켜 주자는 것이다. 하지만 이것을 지킬지 말지는 기껏해야 개인의 양심에 달려 있을 뿐이다. 이렇게 양심의 영역에 머무르는 자연법으로는 평화를 제대로 보장받기 어렵다. 자연법을 잘 지키는 사람도 있겠지만 규칙에 따르지 않는 안하무인도 있을 테니 말이다.

그리하여 인간은 비로소 외부 권력의 존재를 필요로 하게 되는데 바로 이것이 '국가'다. 그리고 외부 권력에 해당하는 국가를 설정하기 위한 방법이 '사회 계약'이다. 이때 사회 계약이란 제삼자에게 권리를 위임하는 계약이다. 요컨대 만약 다른 사람도 동의한다면 자신의 생명을 보호하기 위해 자신의 권리를 포기할 수도 있다는 것이다. 비유하자면 모든 사람이 들고 있던 무기를 동시에 내려놓는 상황과도 같다.

'사회 계약'이 실현되는 국가를 상상해 보자. 사람들은 모든 인격을 대표할 개인을 한 사람 내세운 뒤, 그 개인에게 판단을 맡긴다. 홉스는 이와 같은 계약이 실현되고 모든 개인이 한 사람의 인격으로 통일되었을 때, 비로소 국가가 성립된다고 주장했다. 그가 생각하는 국가란 평등한 개개인이 각자의 생존을 위해 구상한 '인공적인 인간'이라고 볼 수 있다.

13

베이컨

영국 경험론

우상

어떻게 편견에서 벗어날 수 있을까?

우리의 머릿속은 편견으로 가득 차 있다. 볼품없는 옷차림을 한 사람과 정장을 갖춰 입은 사람을 보면, 깔끔한 정장 차림의 신사가 더 부자일 것으로 추측한다. 하지만 지갑을 열어 보기 전에는 진실을 알 수 없다. 이렇듯 우리는 종종 어느 한 부분만 보고 판단을 내리다가 일을 그르치는 경우가 있다. 그렇다면 편견이나 선입견에서 벗어날 수 있는 방법은 없을까? 이 문제에 훌륭한 답을 제시해 주는 철학이 바로 프랜시스 베이컨의 '우상론'이다.

베이컨은 정확한 지식을 얻기 위해서는 무엇보다 편견, 선입견을 뿌리 뽑아야 한다고 강조한다. 그는 올바른 인식을 방해하는 고정 관념을 이돌라(idola), 즉 '우상(偶像)'이라고 표현하며 인간의 이성이 빠지기 쉬운 우상을 크게 네 가지로 정리했다.

첫 번째 우상은 '종족의 우상'이다. 이는 인간이라는 종족의 본성에 기인하는 우상으로, 인간의 감정이나 감각이 그릇된 판단을 초래할 수 있다는 것이다. 인간은 자신의 견해를 고집하고, 자신의 시각에서만 사물을 판단함으로써 오류를 범하기 쉽다.

두 번째는 '동굴의 우상'이다. 좁은 동굴에 생각이 갇혀 버리듯이, 개인의 편협한 성향이 초래하는 편견을 이른다. 자신이 받아 온 교육, 영향을 받은 인물, 읽은 책 등이 판단을 그르칠 수 있다는 것이다. 종족의 우상이 모든 인간이 가지고 있는 한계라면, 동굴의 우상은 개인마다 다양하게 나타나는 문제점이라고 할 수 있다.

세 번째는 '시장의 우상'이다. 이는 언어에서 비롯되는 편견이다. 인

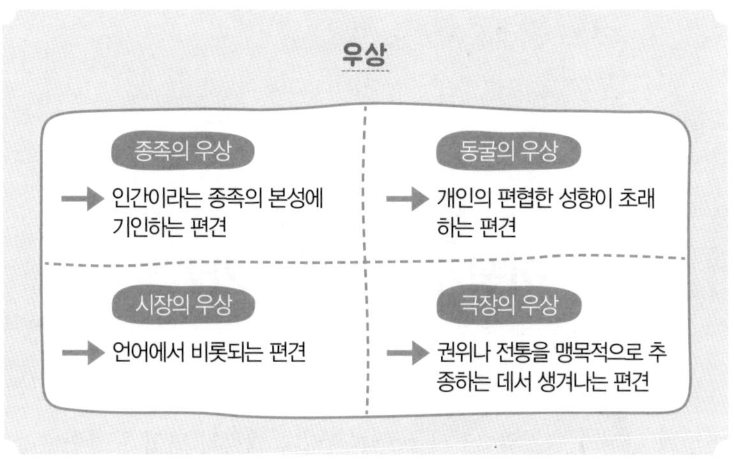

간은 언어에 더없이 약한 존재다. 그래서 시장에서 전해 들은 소문을 진실로 믿어 버릴 때가 많다. 베이컨이 예로 들었던 시장은 오늘날 인터넷에 비유할 수 있겠다. 인터넷에서 범람하는 '카더라' 소문이 현대인들에게 큰 힘을 발휘하고 있으니 말이다.

네 번째는 '극장의 우상'이다. 이는 권위나 전통을 맹목적으로 추종하는 데서 생겨나는 선입견을 말한다. 베이컨은 사람들이 극장에서 영화를 보며 푹 빠져드는 것을, 권위나 전통을 그대로 믿는 행위에 비유했다. 오늘날의 우리도 '과학'이라고 하면 제대로 알아보지 않고 쉽게 믿어 버리는 경향이 있는데 이 역시 극장의 우상에 비유할 수 있겠다.

이제 자신의 가치관이나 주장을 글로 정리하며 베이컨이 말한 네 가지 우상론을 적용해 보자. 사고의 편견을 바로잡는 힌트를 발견할지도 모른다. 그리고 이렇게 선입관에서 벗어나 제대로 된 지식을 갖추었을 때 비로소 학문은 여러분의 진정한 힘이 될 것이다.

귀납법

일반법칙은 어떻게 탄생하는가?

세상에는 수많은 공식과 원리가 존재한다. 이러한 공식이나 원리는 어떻게 탄생하는 것일까? 지금부터 원리나 법칙의 탄생과 관련한 호

기심을 풀어 보려고 한다. 이번에는 베이컨의 '귀납법'이 훌륭한 길잡이가 되어 줄 것이다.

베이컨은 영국 경험론의 창시자이다. 그는 무엇보다도 경험을 통한 관념의 형성을 강조했다. 아울러 실험과 관찰을 위주로 하는 새로운 학문 방법인 귀납법을 탄생시켰다.

널리 알려진 바와 같이 귀납법에 대비되는 개념은 '연역법'이다. 영국 경험론에서는 귀납법을, 대륙 합리론에서는 연역법을 중시한다. 귀납법과 연역법은 철학 사상의 흐름에서 양대 기둥을 이루고 있는데, 두 가지 모두 지식을 얻기 위한 방법론이라고 말할 수 있다.

그럼 귀납법, 연역법이 무엇인지에 대해 자세히 알아보자.

먼저 귀납법은 실험과 관찰을 통해 개별적인 사례를 간추림으로써,

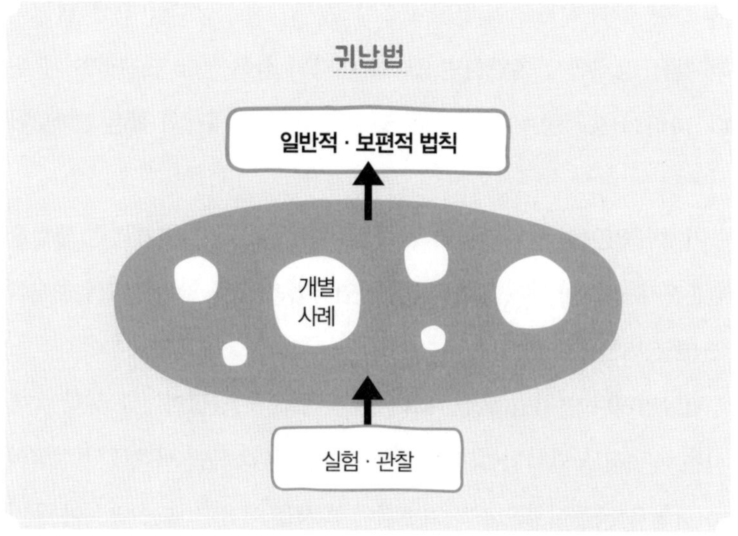

두드러지게 드러나는 사실을 일반적이고 보편적인 법칙으로 이끌어 내는 방법을 말한다.

곤충이나 뱀장어 등 서로 다른 생물 몇 가지를 관찰한다고 해 보자. 관찰을 통해 이 생물들이 모두 세포로 구성되어 있음을 알 수 있다. 우리는 이를 토대로 생물은 세포로 이루어져 있다는 일반적인 법칙을 끌어낼 수 있다. 이것이 귀납법적 사고다. 귀납법은 개별 개체의 관찰과 경험을 중시한다는 점에서 영국 경험론의 연구 방법으로 자리 잡았다.

반면에 연역법이란 일반적인 대전제에서 출발해, 삼단 논법 등의 논리 법칙을 이용해 개별 사실을 이끌어 내는 연구 방법을 말한다. 이를테면 '삼각형의 내각의 합은 180도'라는 대전제가 있다. 한편 n각형의 하나의 꼭짓점에서 대각선을 그었을 때 생기는 삼각형의 수는 'n-2'다. 만약 사각형이라면 '4-2=2'로, 두 개의 삼각형이 생긴다. 이와 같은 명제에서 출발하면 n각형 내각의 합은 '180도×(n-2)'가 된다. 따라서 오각형 내각의 합은 540도, 육각형 내각의 합은 720도가 나온다.

이처럼 연역법은 일반적인 법칙을 전제로 해 특수한 개별적 사실을 결론으로 이끌어 낸다. 앞서 말했듯 연역법은 대륙 합리론에서 중시하는 연구 방법이다.

귀납법이나 연역법 모두 대표적인 학문 연구 방법이지만 생활 속에서는 아무래도 귀납법이 자주 쓰인다. 개별적인 특수 사례에서 실험이나 관찰을 되풀이함으로써 일반적인 법칙을 이끌어 내는 방식이 우리에게 더 친숙하기 때문이다.

귀납법적인 사고는 과학뿐 아니라 모든 분야에서 가능하다. 평소 귀납법적 사고에 관심을 두고 주위의 사물을 관찰하는 것이 어떨까? 이렇게 꾸준히 귀납법적으로 사고하다 보면 운 좋게도 일반법칙을 발견해 낼 수 있을지도 모를 일이다. 또 한 명의 멋진 철학자가 등장하는 것이다!

칼럼

★

신에서 인간으로

르네상스가 인간에 주목한 이유

2챕터에서는 르네상스 시대의 철학자 가운데 대표적인 인물과 그 시기 사상에 대해 소개했다. 널리 알려진 바와 같이 르네상스는 인간 자체에 주목한 시대다. 도대체 왜 이 시기 모든 관심이 온통 인간을 향했던 걸까?

이유를 알기 위해서는 르네상스 이전으로 돌아가 보아야 한다. 르네상스 이전의 중세 시대는 신이 세상을 지배했던 때였다. 그때 세상의 중심은 신이었으며, 인간은 단지 신의 부속품에 지나지 않았다. 적어도 사상가들은 그렇게 생각했던 것 같다. 실제 중세 시대에 그려진 그림만 봐도 이때의 분위기를 느낄 수 있다. 그림 속에는 매번 예수나 성모마리아만이 주인공으로 등장하니까.

이러한 신 중심 사회가 계속해서 이어지다가, 드디어 인간성을 회복하려는 움직임이 일어났다. '르네상스'는 프랑스어로 '부흥, 재생'을 뜻하는 단어로, 르네상스 시대는 고대 문예의 복고와 인간성의 회복을 목표로 하고 있었다. 이 시대의 사상적 특징을 인문주의, 즉 휴머니즘

(humanism)이라고 일컫는 것도 바로 이 때문이다.

그런데 인간의 존재감을 드러내려면 어떻게 해야 할까? 그럴 때는 인간의 무한한 가능성을 제시하는 것이 가장 효과적이다. 그래서인지 르네상스 시대에는 팔방미인으로 부를 만한 다양한 재능을 가진 사람들이 영웅으로 추대되었다. 이탈리아의 화가이면서, 건축가이고, 또 자연과학자인 레오나르도 다 빈치(Leonardo da Vinci, 1452~1519)를 떠올려 보자. 그야말로 '르네상스형 인간'의 대표로 내세울 만한 위인이다.

본문에서는 언급하지 않았지만 이탈리아의 철학자인 조반니 피코 델라 미란돌라(Giovanni Pico della Mirandola, 1463~1494)도 르네상스를 대표하는 사상가이다. 그는 자유 의지가 인간에게 무한한 가능성을 부여한다고 주장했다.

이처럼 르네상스 시대에는 '인간 찬가'를 발판으로 해 근대 철학이 꽃피게 되었다.

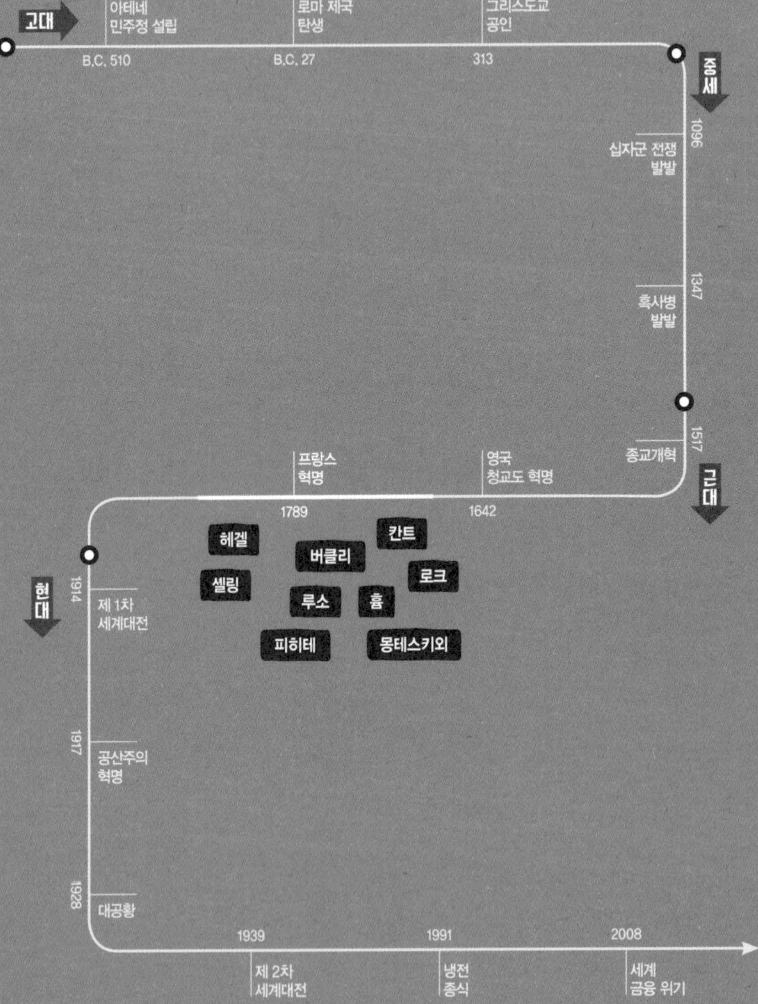

고대
아테네
민주정 설립
B.C. 510
로마 제국
탄생
B.C. 27
그리스도교
공인
313
중세
1096
십자군 전쟁
발발
1347
흑사병
발발
1517
종교개혁
근대
영국
청교도 혁명
1642
프랑스
혁명
1789
칸트
헤겔
버클리
로크
셀링
루소
흄
피히테
몽테스키외
현대
1914
제 1차
세계대전
1917
공산주의
혁명
1928
대공황
1939
제 2차
세계대전
1991
냉전
종식
2008
세계
금융 위기

이성의 한계를 규명하다

영국 경험론과 대륙 합리론의 대립에서
독일 관념론까지

14

인간은 세상에
갓 태어난 순간에는
백지 상태와 같은
정신을 갖고 있다.

John Locke

로크

1632 ~ 1704

영국의 철학자이자 정치사상가로, 영국 경험론을 확립한 인물로 평가받고 있다. 사회 계약설의 관점에서 근대적인 정치사상을 주창함으로써 미국의 독립 선언과 프랑스의 인권 선언에 큰 영향을 끼쳤다.

15

모든 사물은
인간의 지각을 초월해서
존재할 수 없다.

George Berkeley

버클리

1685 ~ 1753

영국 아일랜드 출신의 철학자이자 성직자이다. 로크의 경험론을 계승했지만 로크의 이원론에 반기를 들고 지각의 일원론을 강조했다. 로크, 흄과 함께 근대 경험론의 핵심적인 인물로 일컬어진다.

16

선악의 구별은 이성적인
판단이 아닌 '쾌'와 '불쾌'라는
감정을 중심으로 결정된다.

David Hume

흄

1711 ~ 1776

영국 스코틀랜드 출신의 철학자이자 역사가이다. 로크와 버클리의 영국 경험론을 극단적으로 전개하면서 회의론을 주장했다. 철학사적으로 훌륭한 회의주의자 가운데 한 사람으로 평가받는다. 또한 계몽주의 관점에서 역사를 논한 역사가로도 유명하다.

> 국민은 주권자로서 입법권을 갖고, 모든 구성원이 공감할 만한 '일반의지'는 법의 형태로 표명된다.

루소

1712 ~ 1778

스위스 제네바에서 태어나 프랑스에서 활동한 사상가이다. 일반의지에 기초한 사회 계약설을 주창했다. 인위적인 문명사회의 타락을 비판하고, 인간이 자유로운 상태인 자연으로 돌아가야 한다고 주장했다.

> 정치적 자유는 어디까지나 법의 지배가 관철됨으로써 가능해진다.

몽테스키외

1689 ~ 1755

프랑스의 계몽사상가이자 정치철학자로, 영국의 정치철학을 프랑스에 소개했다. 프랑스의 절대왕정을 비판하고 권력의 분산을 위해 삼권분립을 제창했다. 또한 법률 제도의 원리를 실증적으로 추구해 사회과학 연구의 방법론을 개척했다.

> 참된 도덕은 달라져서는 안 되며, 도덕적 행위는 실천해야 마땅한 인간의 의무다.

칸트

1724 ~ 1804

근대 독일의 철학자. 합리론과 경험론이라는 철학 전체의 두 축을 통합해 거대한 철학적 논쟁을 종결시켰다. 인식론에서는 독일 관념론의 기틀을 닦았고, 윤리학에서는 무조건적으로 옳은 행위를 실천할 것을 강조하는 의무론을 주장했다.

20

"자아를 통한 활동과 객체의 출현은 동시에 나타나기에, 나와 사물은 동시에 발생한다고 말할 수 있으리라."

피히테

1762 ~ 1814

독일의 철학자. 칸트 철학을 이어받아 이상주의적 철학인 주관적 관념론을 전개했다. 프랑스 나폴레옹 군이 독일을 점령하던 1807년에 '독일 국민에게 고함'이라는 애국적인 연설을 한 것으로 유명하다.

21

"자연은 일종의 유기적인 힘으로 포착되며, 인간의 정신과 자연은 일치하는 존재다."

Friedrich Wilhelm Schelling

셸링

1775 ~ 1854

독일의 철학자로, 독일 관념론을 대표하는 인물 가운데 한 사람이다. 자아로부터 출발하는 피히테의 철학을 극복하고 자연과 자아를 통일하고자 시도했다. 자연을 기초로 한 독자적인 자연철학을 전개하고, 주체와 객체의 문제를 '동일철학'으로 체계화했다.

22

"대립하는 두 가지 문제를 모두 아우르면, 더 나은 해결법을 찾아낼 수 있다."

헤겔

1770 ~ 1831

독일 관념론의 완성자. 기존의 서양철학을 체계화해 근대 철학의 정점에 선 철학자다. 그가 주장한 변증법적 원리는 '마르크스주의'에 비판적으로 계승되어 이후의 사상과 학문에 결정적인 영향을 미쳤다.

14

로크

영국 경험론

타불라 라사

관념은 어떻게 만들어질까?

우리는 다양한 사물을 알고 있다. 즉 마음속에 다양한 생각이나 관념을 품고 있다. 그런데 우리는 태어날 때부터 대상에 대한 관념을 갖고 태어났을까? 아니면 후천적인 경험으로 관념을 얻게 된 것일까? 존 로크가 주장하는 '타불라 라사(tabula rasa)'라는 개념은 이러한 물음에 답을 준다.

앞서 소개했던 프랑스의 철학자 데카르트는 인간이 태어날 때부터 관념을 갖고 있다고 생각했다. 이것이 바로 '생득(生得) 관념'이다. 여기에서 '관념'이란 생각하는 대상의 이미지, 곧 무엇인가를 생각할 때 마음에 떠올리는 심상(心象)을 뜻한다. 17세기 유럽에서는 인간의 지성을 신이 준 선물이라고 생각했고, 생득 관념을 당연하게 받아들였다.

그런데 로크는 당시의 상식에 반기를 들었다. 생득 관념을 부정한 것이다. 생득 관념을 부정한다면, 인간이 세상에 갓 태어난 순간에는 백지 상태와 같은 정신을 갖고 있다는 말이 된다. 로크는 이런 백지 상태를 '타불라 라사'라고 불렀다.

원래 타불라 라사란, 라틴어로 아무것도 적혀 있지 않은 흰 서판을 뜻한다. 인간이 갓 태어났을 땐 마치 빈 서판처럼 정신이 말끔하게 비어 있다는 의미다. 로크는 그 빈 공간에 경험을 통해 얻은 지식이 차곡차곡 채워진다고 생각했다.

우리는 무엇인가를 보고 들을 때, 그것을 이해해서 자신의 지식으로 만들어 간다. 마치 번뜩이는 아이디어가 수첩에 하나둘 정리되듯이, 머릿속에 생각이 축적되어 가는 것이다. 로크는 같은 맥락에서 관념을 설명한다. 외부의 사물이 인간의 감각 기관을 자극해 백지 상태 같은

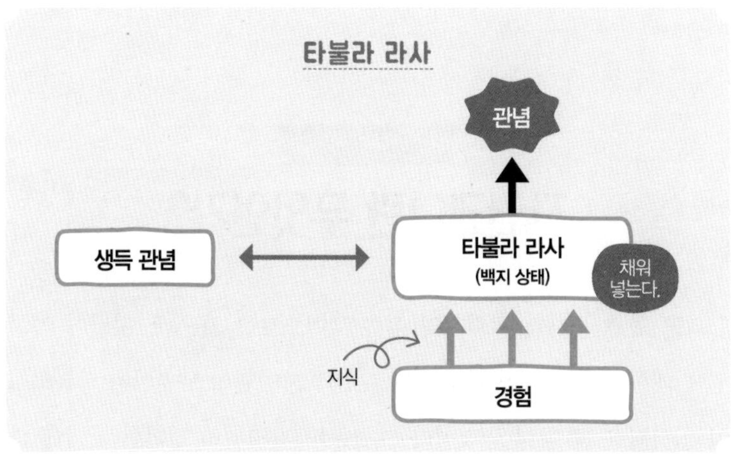

머릿속에 인상이 부여됨으로써 관념이 생겨난다는 것이다.

로크의 주장을 더 명확히 정리해 보자. 로크에 따르면 '감각'과 '반성'이라는 두 갈래의 과정을 거친 경험이 관념을 낳고, 인간의 인식 행위를 가능하게 한다. 여기에서 '감각'이란 외부의 대상이 시각, 청각, 촉각 등의 감각 기관을 자극하는 것을 말한다. 이 자극을 통해 형성된 심상을 우리가 느끼면, 생각을 하거나 의심이나 의지를 품는 식의 반응을 한다. 이 반응을 로크는 '반성'이라고 불렀다.

이처럼 경험을 통해 관념이 조금씩 습득되어 간다는 '습득 관념'을 강조한 철학 사상을 '영국 경험론'이라고 부른다. 반면에 인간은 태어날 때부터 관념을 갖고 태어난다는 '생득 관념'을 중시한 데카르트, 스피노자 등의 철학 사상을 '대륙 합리론'이라고 부른다.

이렇게 상반된 두 가지 사상을 어떻게 극복할 것인가의 문제가 인간의 생각 곧, 이성을 둘러싼 근대 철학의 주요 쟁점이었다.

자연권

자연권이란 무엇인가?

최근 인권 문제가 사회적인 이슈로 떠오르는 가운데, 덩달아 자연권에 대한 관심이 높아지고 있다. 그런데 자연권이 무엇인지 정확하게 아는 사람은 많지 않을 것이다. 지금부터 자연권의 정확한 개념에 대

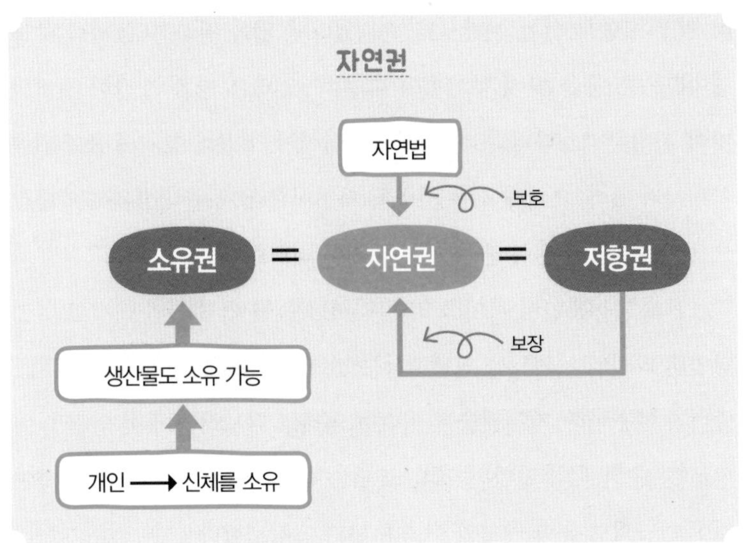

해 알아보고자 한다.

자연권은 인간 고유의 권리로 고대 그리스 시대부터 존재했지만 그 의미는 시대와 함께 조금씩 달라져 왔다. 특히 근대 사회의 기틀을 마련하는 시점에서 다루어진 자연권은 여러모로 중요한 의미를 갖는다. 로크의 정치사상을 통해 근대적인 자연권 사상을 폭넓게 조망해 보자.

먼저 로크는 개인이 신체를 소유하고 있다는 사실에서부터 논의를 시작한다. 신체를 소유한다는 것은 생명과 자유를 소유한다는 뜻이며, 나아가 자신의 신체를 이용해서 생산한 생산물 역시 소유한다는 것이다. 로크는 그 소유물에 대한 권리를 '소유권'이라고 불렀다.

소유권의 구체적인 사례로는 토지가 대표적이다. 이 세상의 토지는 애초에 그 누구의 것도 아니었다. 하지만 만약 누군가가 땅을 부지런히 일구어 쓸모 있는 논밭으로 만들었다면 말이 달라진다. 사람이 농경이라는 노동을 땅에 부여했기 때문에 그 땅은 땅을 개간한 사람의 것이 된다. 어느 나라나 이런 사고방식에서 출발해 토지의 소유권을 확립시켜 왔다. 요컨대 소유권이란, 자신이 소유하는 대상물을 배타적으로 사용하거나 점유할 수 있는 권리를 의미한다.

그런데 자신뿐만이 아니라 타인 역시 소유권 즉 자연권을 갖고 있고 당연히 타인의 자연권을 침해해서는 안 된다. 자연권은 누구에게나 소중하기 때문이다. 자연권을 법이라는 형태로 담보하는 것이 인간의 이성을 통해 탄생한 '자연법'이며, 로크는 이 자연법에서 보호하는 자연권이 인간의 자유와 권리의 근거가 된다고 강조했다.

이처럼 로크는 자연권을 반드시 보장해야 한다고 생각했다. 물론 자연법이 존재하기는 한다. 하지만 각자의 이성에 맡겨진 자연법은 강제력이나 구속력이 없다. 특히 통치자도 정부도 없는 상태, 즉 자연 상태에서는 자연권이 항상 위협받을 수 있다. 그렇기 때문에 그는 사회 계약을 통해 권리를 보장해 줄 수 있는 보호 장치를 만들어야 한다고 제안했다. 그것이 바로 국가다. 로크는 만약 국가가 자연권을 지켜 주지 못하거나 오히려 침해한다면 계약은 파기될 수도 있다고 보았다. 이런 점에서 홉스의 사회 계약설과는 큰 차이가 있다.

로크의 정치사상은 사람들의 생각에 크나큰 변화를 불러일으켰다. 로크는 자연권을 침해하는 정부의 행위에 대해 국민이 '저항권'을 행사하는 것이 당연하다고 인정함으로써, 근대 시민 혁명의 이념적인 근거를 마련했다.

15

버클리

영국 경험론

지각의 일원론

지각이란 무엇인가?

지각한다는 것은 무엇일까? 아마 많은 사람이 눈이나 귀 같은 감각기관을 통해 사물을 보거나 느끼는 행위를 떠올릴 것이다.

그런데 영국의 철학자이자 성직자인 조지 버클리는 지각에 좀 더 심오한 의미가 있다고 보았다. 그는 지각 자체가 사물의 존재를 보장한다고 강조했다. 즉 지각 덕분에 사물이 존재하는 것이다.

버클리 이전에 경험론을 주장한 로크는, 인식의 과정을 '제1성질'과 '제2성질'로 구분했다. 그가 생각한 '제1성질'은 외부 대상의 객관적인 특징인 모양, 길이, 크기이고 '제2성질'은 사물의 다소 주관적인 특징인 냄새, 색깔, 맛이었다. 로크는 두 성질이 엄연히 다르다고 생각했

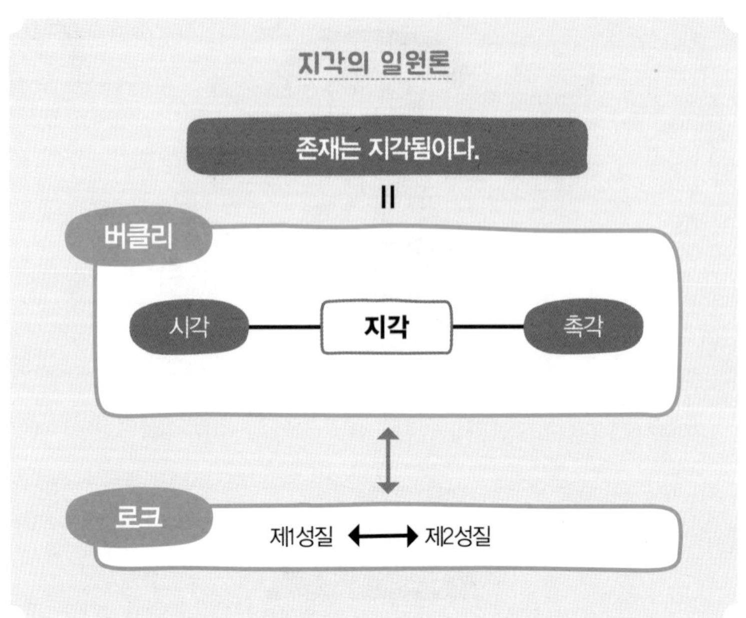

다. 그런데 버클리는 로크의 이원론을 정면으로 반박했다.

버클리는 '존재는 지각됨이다'라고 주장하며 '지각의 일원론'을 강조했다. 이를테면 사물의 안쪽 깊이는 시각으로 가늠할 수 있다고 생각하기 쉽지만, 실은 촉각이라는 지각을 통할 때 비로소 정확하게 측정할 수 있다. 이와 마찬가지로 외부 대상과 자신이 얼마나 떨어져 있는지는 실제로 걸어가서 확인해 보지 않으면 정확히 알 수 없다. 직접 다가가야만, 또 만져 봐야만 대상을 제대로 이해할 수 있다. 그러므로 지각을 통해서만 대상의 존재가 분명히 드러난다.

그런데 지각이 곧 존재가 된다는 버클리의 주장에 따르면, 자신이 실제 지각하지 못할 때는 사물이 존재하지 않을 수도 있다는 모순에 빠지고 만다. 눈사람이 뒹구는 모습을 가정해 보자. 버클리에 따르면 자신이 직접 데굴데굴 구르는 눈사람의 모습을 확인하기 전에는 눈사람이 존재하는지 확실히 알 수 없다.

버클리는 이런 모순을 극복하기 위해, 신을 보증인으로 내세워서 자신의 주장을 보완한다. 즉 신이 만물을 지각하고 있기 때문에 누군가가 보고 있지 않아도 분명 사물은 존재한다는 것이다. 성직자인 버클리가 충분히 내세울 만한 주장이다.

버클리가 주장하는 지각의 일원론은 언뜻 비현실적인 이야기로 들린다. 하지만 그만큼 대상의 존재가 개개인의 경험과 깊은 관련을 맺고 있음을 강조한다. 지금 내 눈앞에 있는 사물이 자신과 어떤 관계를 맺고 있는지가 중요하다고 생각한 것이다. 따라서 사물에 부여하는 의미는 사람에 따라 크게 달라진다. 여러분은 버클리를 통해 지각의 정의를 새로운 시각에서 볼 수 있을 것이다.

주관적 관념론

만져 본 것은 존재하는가?

눈앞에 있는 책상을 손으로 한번 만져 보자. 과연 그 책상은 실제로 존재하고 있을까? 왜 당연한 질문을 하느냐고 묻는다면, 이번에는 이렇게 묻겠다. 직접 만져 본 책상이 존재한다는 사실을 어떻게 확신할

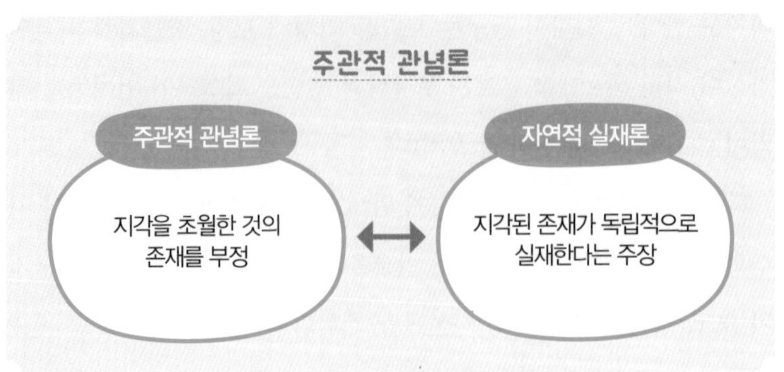

수 있을까? 이 질문에 막힘 없이 대답하기는 힘들다.

먼저 여기에 대한 답을 찾으려면 '지각'과 '존재'의 관계를 명확히 해야 한다. 버클리의 '주관적 관념론'은 지각과 존재의 관련성을 친절하게 설명해 주고 있다.

주관적 관념론이란 모든 사물은 인간의 지각에 의존해서 존재한다는 견해를 일컫는다. 달리 표현하면 모든 사물은 인간의 지각을 초월해서 존재할 수 없다. 이는 지각된 존재를 실체라고 주장하는 '자연적 실재론'과 대비되는 개념이다.

두 개념은 뚜렷한 차이점이 있다. 먼저 자연적 실재론에서는 사물이 우리가 지각하는 그대로 존재한다고 본다. 이때 사물은 우리가 지각하든 그렇지 않든 독립적으로 존재한다. 반면 주관적 관념론은 어디까지나 지각한 사실 자체만 인정한다. 말하자면 인간이 촉감으로 느꼈다고 해서 독립적으로 존재한다고 확신할 수는 없다는 뜻이다.

주관적 관념론에서 본다면 자신의 외부에 있다고 지각한 것은 모두 정신의 활동에 지나지 않는다. 따라서 외부의 실체는 실제로 존재하지 않고, 단지 인간의 정신에 신이 영향을 끼치고 있을 따름이다. 결과적으로 버클리는 모든 것은 마음에서 생겨난다는 유심론(唯心論)을 지지한다. 그러면서도 신을 존재의 원인으로 파악했다는 점에서 유신론적 유심론자라 불리기도 한다.

버클리는 영국 경험론을 계승한 철학자지만 그의 주장은 경험론과는 조금 다르다. 그가 정신을 물질처럼 존재한다고 인식한 부분이 그렇다. 물론 정신의 존재를 언급했다고 해서 버클리가 관념론자인 것은 아니다. 버클리의 철학적 주장을 주관적 관념론이라고 표현했지만, 데카르트 이후의 대륙 합리론과는 철학적 견해가 크게 다르기 때문이다.

대륙 합리론에서 말하는 관념론은 지각을 경시하고 이성을 통해 사물이 존재한다고 주장했다. 하지만 버클리는 대륙 합리론과는 정반대로 지각을 중시한 반면, 이성을 통한 사물의 존재를 인정하지 않았다. 그런 의미에서 버클리의 주관적 관념론은 보통의 경험론과 관념론과는 다른 독자적인 철학 개념으로 볼 수 있다.

16

흄

영국 경험론

정념

인간의 감정이란?

인간에게 감정이 있다는 것은 확실하다. 우리는 결코 이성만으로 사물을 판단하지 않기 때문이다. 그렇다면 인간은 얼마나 감정에 얽매이고, 감정적인 요소에 집착할까? 데이비드 흄의 '정념론'은 인간의 감정에 대해 궁금해하는 우리에게 답을 준다.

영국의 철학자인 흄은 자신의 저서 『인성론』에서 '이성은 정념의 노예'라고 표현했다. 이는 인간의 정념, 즉 감정을 이성보다 더 중시한 것이다. 그럼 정념이란 무엇일까? 정념의 사전적인 정의는 '감정에 따라 일어나는, 억누르기 어려운 생각'이다. 철학에서는 흔히 '정념(passion)'을 '감정(emotion)'과 다양한 욕구를 포괄하는 개념으로 사용한다.

흄에 따르면 감각에 바탕을 둔 인상에서 정념이 직접적으로 생겨나는 경우도 있고, 관념을 매개로 해서 정념이 생겨날 때도 있다고 한다. 정념의 종류를 구분하면, '쾌(快)와 불쾌(不快)'에서 생겨나는 '직접 정념'과 쾌와 불쾌에 다른 성질이 곁들여져서 나타나는 '간접 정념'이 있다.

흄이 주안점을 둔 정념은 자부심과 자괴감, 사랑과 증오라는 간접 정념이다. 이들 간접 정념은 모두 쾌와 불쾌를 원인으로 삼는다. 그러나 자부심과 자괴감의 경우 자아(自我)를 대상으로 하고, 사랑과 증오의 경우 타아(他我)를 대상으로 삼는다는 점이 다르다. 흄은 이와 같은 정념이 이성보다 앞선다고 주장했다. 즉 이성이 정념의 지배를 받고 있다는 것이다.

흄의 정념론은 도덕과 관련하여 논의할 때 더욱 선명하게 파악할 수 있다. 흄은 선악의 구별에 대해 이성적인 판단을 중시하는 이성론이 아니라, 오히려 쾌와 불쾌의 감정을 중시하는 도덕 감정설을 지지했다. 흔히 우리가 생각하는 도덕이란 이성에 기초해 냉철한 판단을 내

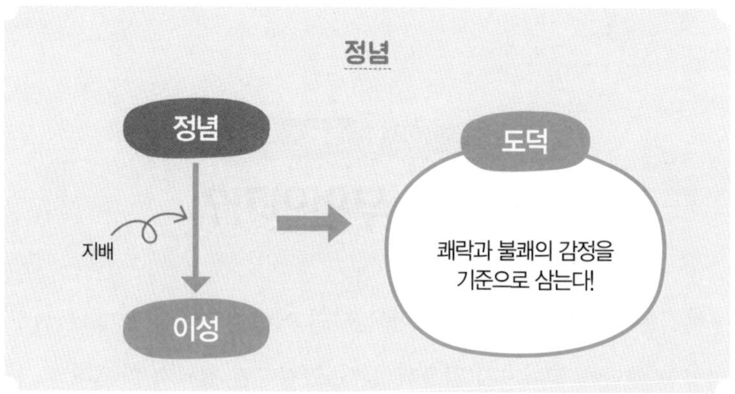

리는 행위다. 하지만 흄은 딱 잘라서 그렇지 않다고 말한다.

흄이 생각하는 덕이란 직접적인 이해관계를 떠나서 일반적으로 바라볼 때 쾌락을 주는 정신적인 성질이고, 악덕이란 고통을 낳는 성질을 의미한다. 또한 그는 인간의 덕에는 직접적으로 쾌락을 선사하는 '자연적인 덕'도 존재하지만, 정의처럼 사회적인 덕으로 간주할 수 있는 '인위적인 덕'도 존재한다고 말한다.

흄이 강조한 정념론은 추상적인 원리나 법칙에서 도출되는 원리가 아니라, 인간의 의식을 실증적으로 분석하고 난 뒤에 확립한 학설이라는 점에서 그 의의를 찾을 수 있다.

근대 철학의 아버지로 불리는 칸트는 흄의 『인성론』을 읽고 "비로소 나를 독단의 잠에서 깨워 주었다"라고 말했다. 여기서 '독단의 잠'이란 이성을 가리킨다. 흄은 인간 이성의 능력과 한계를 적나라하게 보여 줌으로써, 근대 이후의 철학에 지대한 영향을 미쳤다. 정념의 힘은 우리가 생각하는 것 이상으로 크고 무시무시한 존재라고 말할 수 있으리라.

지각의 다발

자아란 무엇인가?

여러분에게 자아가 무엇인지 묻는다면 어떤 대답이 나올까? 아마도 다양한 대답이 쏟아지지 않을까 싶다. 그렇다면 철학자 가운데 이 질

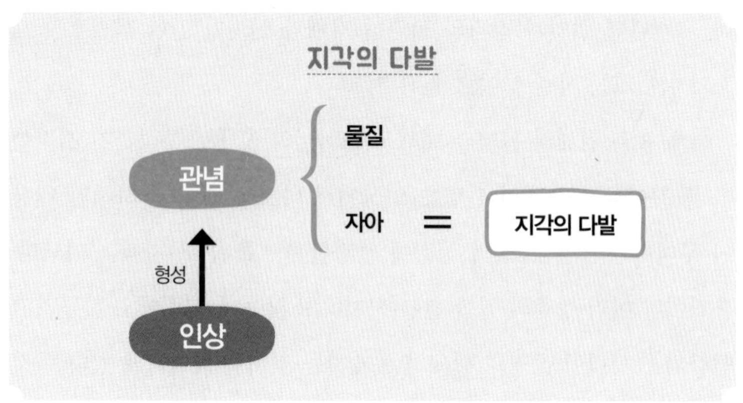

문에 설득력 있게 대답한 사람을 찾는다면 어떨까? 아마도 흄을 으뜸으로 꼽을 수 있겠다.

흄은 인간이 지각한 대상을 '인상'과 '관념'으로 크게 구분했다. 인상이 강렬하고 직접적인 지각이라면, 관념은 생각하거나 추리할 때 나타나는 인상의 얕은 영상과 같은 것이다. 또한 흄은 인상이 그때그때 순간적인 느낌에 부여된 지각이라면, 관념은 기억이나 상상을 통해 반복되는 지각이라고 표현했다. 여기서 매 순간 뚜렷한 인상은 의심이 끼어들 수 없을 만큼 근원적이다. 그러므로 인상에 따라서 관념의 내용이 형성된다고 말할 수 있다.

관념은 끼리끼리 서로 결합하기도 한다. 사실상 관념의 결합이란 인간이 상상하는 행위에 지나지 않는다. 그런데 사물을 상상할 때 가장 중요한 것은 인과, 즉 원인과 결과를 결부시키는 관계다. 문제는 인간은 인과관계를 따질 때, 유사한 사례를 반복해서 경험하면 한쪽 대상의 지각과 다른 쪽 대상의 지각을 서로 상상해 엮으려고 한다는 점이다. 그렇다면 원인과 결과의 필연성 자체가 신뢰할 만한 객관적인 요소가 아니라는 사실에 이르게 된다.

이제 흄은 실체의 관념에 대해서도 의심의 잣대로 분석하기 시작했다. 물질이라는 실체의 관념은 인상에서 나오는 것이다. 하지만 인상이 부여하는 것은 물질의 성질에 불과할 뿐, 물질 그 자체는 아니다. 물질이란 여러 성질의 집합 관념에 지나지 않는다. 그럼에도 불구하고 인간의 상상력이 물질의 실체가 존재하는 것처럼 착각하게 한다는 것이다.

흄의 이런 논리는 물질의 실체뿐 아니라 자아와 같은 정신적인 실체에도 적용할 수 있다. 그의 이론에 따르면 애초에 태어나면서부터 죽을 때까지 동일한 자아 따위는 존재하지 않는다. 나의 존재란 다양한 지각이 나타났다가 사라지는 것에 불과하다. 따라서 자아란 습관이 만들어 낸 상상력의 산물에 지나지 않는다. 그런 의미에서 흄은 자아를 '지각의 다발'이라고 표현했다. 데카르트가 '생각하는 나'는 의심할 수 없는 확실한 존재라고 말했던 것과는 사뭇 다른 관점이다.

이처럼 흄은 사람들이 의심할 필요 없는 객관적인 진실이라고 생각하는 것조차도 철저하게 의심하고 또 회의하는 사람이었다. 이로써 그는 영국을 대표하는 철학자이자, 철학 역사상 가장 뛰어난 회의주의 철학자라는 평가를 듣게 되었다.

17

루소

사회 계약설

일반의지

모든 국민이 함께할 수 있는 의지가 있을까?

모든 국민의 공통적인 의지에 기초해 국정이 운영되는 국가는 참으로 이상적이다. 하지만 과연 국민 모두를 만족시킬 수 있는 공통 의지가 존재할까? 이번에는 좀 더 시야를 넓혀서 국가와 국민의 관계를 철학적으로 모색해 보자.

장 자크 루소는 『사회 계약론』이라는 유명한 저서를 통해, 기존 사회 질서의 불합리를 비판하며 문제를 제기한다. 본디 인간은 자유로운 존재인데 사회 생활을 영위하려면 불가피하게 자유롭지 못한 상황을 강요당한다는 것이다.

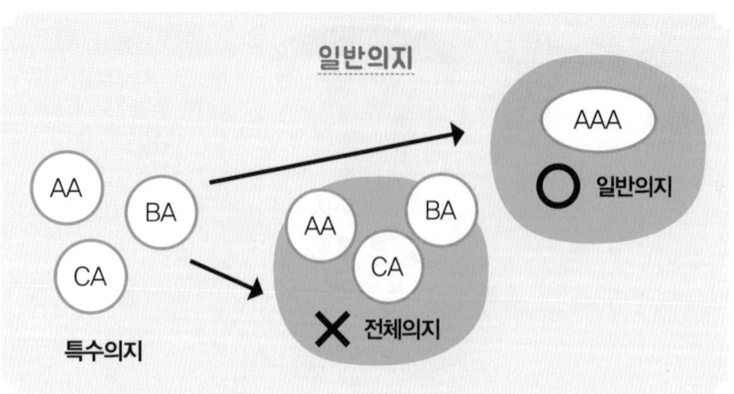

루소는 자유가 억압되는 현실을 바꾸기 위해 새로운 사회 질서를 만들어야 한다고 주장했다. 그러기 위해 그는 먼저 한 사람도 빠짐없이 모든 국민이 자유를 양도해야 한다고 말한다. 보통 자유를 양도하면 자유를 빼앗긴다고 생각하기 쉽다. 하지만 한 명의 개인에게 자유를 양도하는 것이 아니라, 공동체에 양도하는 것이므로 개인은 평등의 권리를 가질 수 있다. 이러한 과정에서 잃어버리는 부분은 자연 상태에서 욕망에 휘둘리는 '자연적 자유'뿐이고, 국민은 진정한 자유인 '시민적 자유'를 새롭게 얻는다. 시민적 자유란 의무와 이성에 따라 자신을 통제할 수 있는 자유를 일컫는다. 사회 구성원이 함께하는 공동체에서는 시민적 자유가 매우 중요하다.

그렇다면 사회 구성원 모두가 만족할 만한 국가를 어떻게 만들어 갈 수 있을까? 루소는 모든 구성원이 공감할 수 있는 공통된 '일반의지'가 분명히 존재한다고 말한다. 일반의지는 개개인의 개별 의지를 더하기만 한 '전체의지'와 전혀 다르다. 전체의지의 경우, 단순히 다수의 의견을 반영한 의지에 그친다. 반면에 일반의지는 모든 이의 공통된 이익으로, 의지의 최대공약수를 의미한다.

공통 분모가 되는 일반의지를 찾아내려면 구성원 간의 토론을 거쳐야 한다. 이 때문에 필연적으로 직접 민주주의가 필요하다. 직접 민주주의가 실현될 때, 일반의지에 기초해서 모든 국민이 정치에 참여할 수 있다. 이때 국민은 주권자로서 입법권을 갖고, 일반의지를 법의 형태로 표명한다. 한편 일반의지를 실현하기 위해서는 집행권자로서의 정부가 필요하다. 루소가 생각하는 정부는 국민이 고용한 일꾼에 지나지 않는다. 실권은 없고, 그저 국민의 의지를 집행하는 일만 성실하게 수행해 주면 된다.

이와 같은 방법대로 한다면, 이론적으로는 모든 국민이 만족할 만한 공통 의지를 간추릴 수 있다. 만약 공통 분모가 될 만한 보편적인 의지를 찾을 수만 있다면, 국가를 운영하는 데 큰 도움이 될 것이다.

문명사회

문명사회는 좋은 사회일까?

흔히 문명사회라고 하면 미개사회에 비해 바람직한 현대 사회의 모습이라고 생각한다. 오늘날 우리는 사회 시스템을 정비하고 기술력을

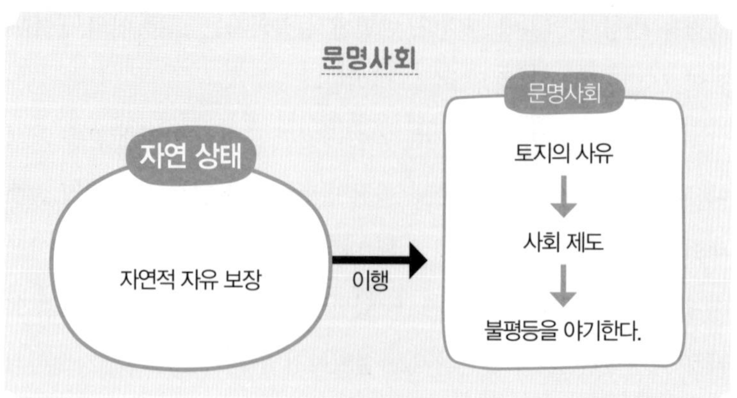

키우는 등 문명사회를 발전시키기 위해 노력한다. 그런데 문명사회의 허와 실을 꼬집는 사상가가 있었으니, 바로 루소다.

루소는 자연 상태에서 문명사회로 이행하는 것을 곱지 않은 시선으로 바라보았다. 이러한 생각은 그의 저서 『인간 불평등 기원론』에 분명히 드러난다. 루소에 따르면 자연 상태에서는 인간이 소박하게 자연을 이용함으로써 자연적 자유가 보장되었다. 그런데 문명사회가 되면서 토지가 사유제로 바뀌고 그 소유권을 둘러싼 다툼이 시작되었다. 때때로 전쟁까지 발발하는 처참한 상황에 내몰리기도 한다.

전쟁에 승리해서 토지를 획득한 자는 부자가 되고, 부자는 자신의 소유권을 유지하기 위해 법률 등의 사회 제도를 만들어 빈부의 격차를 고착화한다. 이 때문에 루소는 문명사회야말로 불평등을 야기한다고 보았다.

루소가 바라보는 문명사회는 불합리와 위선, 허위로 가득 차 있다. 자연 상태에서 문명사회로의 이행을 인간이 타락한 역사로 묘사하고 있는 셈이다.

루소가 보기에 자연 상태에서는 인간 그 자체가 훌륭한 존재였다. 루소는 자연 상태에 있는 인간이 모두 선인은 아니었지만, 그렇다고 악인도 아니었다고 말한다. 자연 상태에 살던 인간은 미개하고 자기 보존을 지향할 뿐, 타인을 향해 연민의 감정을 품고 있었다고 한다. 그러니 서로서로 도우며 살아갈 수 있었다. 하지만 문명사회에 사는 인간은 상부상조하는 마음을 잃어버렸다.

루소가 품은 문명사회에 대한 불만은 사회 계약설로 이어졌다. 그의 저작 『사회계약론』은 태어날 때부터 자유를 보장받아야 마땅한 인간이 왜 자유를 잃어버리게 되었는지에 대한 의문에서 출발했다. 이 책은 평등한 사회를 실현하고 싶은 수많은 사람의 가슴속에 확고한 지침으로 깊이 남았다.

확실히 문명사회 이전의 원시적인 상태에서 불평등은 적었을 것이다. 문명의 발달은 오늘날 우리의 숨통을 죄어 오고 있다. 이는 루소가 지적한 바 그대로다. 하지만 그렇다고 해서 자연 상태로 되돌아갈 수는 없다. 따라서 루소는 새로운 평등 사회를 만드는 방법을 제안했다.

그의 제안은 단순하면서도 어렵다. 루소는 직접 민주주의를 통해서 이끌어 낼 수 있는, 사회 구성원 모두가 공감하는 '일반의지'에 바탕을 둔 이상향의 정치가 해결책이라고 보았다.

18

몽테스키외

계몽 사상

정체 구분론

정부의 바람직한 형태는?

국가의 통치 형태 가운데 가장 바람직한 유형은 무엇일까? 대부분의 사람들이 입을 모아 민주정이라고 대답할 것이다. 그런데 민주정과 다른 정치 체제는 무엇이 다를까?

샤를 몽테스키외는 이미 18세기에 정부 형태의 특징을 분석, 정리해 『법의 정신』이라는 책을 출간했다. 몽테스키외는 이 책에서 정치 체제를 공화정, 군주정, 폭군에 의한 전제정, 이렇게 세 가지로 구분했다. 그리고 각각의 정치 체제를 '본성'과 '원리'라는 두 가지 측면에서 분석했다. 여기서 본성이란 정치 체제의 본질을 의미하고, 원리란 그 체제를 관통하는 정신이라고 생각하면 된다.

지금부터 세 가지의 정치 체제에 대해 자세히 알아보자.

몽테스키외에 따르면 '공화정'의 본성은 국민 전체 또는 일부가 주권을 행사하는 것이다. 공화정은 세부적으로 민주정과 귀족정으로 구분할 수 있다. 국민 전체가 주권을 행사하는 형태는 '민주정', 소수가 주권을 갖는 형태는 '귀족정'이다. 민주정에서는 국민이 통치하고 법을 만든다. 또한 국민이 대리인을 정하고 그 대리인의 결정을 존중한다. 반면 귀족정의 경우 귀족이 전지전능한 통치자가 된다.

공화정의 통치 원리는 정치적인 '덕'이라고 할 수 있다. 다수가 주권을 행사하기 때문에, 개인의 이익보다 공공의 이익을 중시하는 공공성이나 조국애 등 정치적인 '덕'을 추구한다.

'군주정'의 본성은 모든 권력의 원천인 군주 한 사람이 지배하는 것이다. 하지만 법에 따라 통치하며, 법의 지배를 관철하기 위해 군주로부터 독립되어 기본법을 지키고 실행하는 고등 법원이 존재한다.

정체 구분론

정체	공화정		군주정	전제정
	민주정	귀족정		
권력	국민 전체	일부	한 사람	한 사람
원리	공공성과 조국애		명예	공포

이러한 군주정의 통치 원리는 야심에 기반을 둔 '명예'에 있다. 군주의 지배를 견제하는 중간 권력 집단으로 다양한 직위를 지닌 귀족이 존재하는데 이들은 엄격한 위계질서 속에서 명예를 갈망하며 야심 차게 활동한다. 결과적으로 이것이 공동의 이익을 실현하는 데 기여한다. 명예심이 저절로 사회 질서를 낳는 것이다.

마지막으로 '전제정' 역시 한 사람의 군주가 권력을 독점하는 것이 본성이다. 그러나 군주정과 다르게 법에 기초한 지배가 성립하지 않는다. 따라서 전제정의 통치 원리는 공포가 된다. 전제정의 군주는 사람들을 위협해서 공포를 조장하며 질서를 유지하는 것이다.

정치 체제에 대한 몽테스키외의 주장을 따라가다 보면 보편적인 세 정치 체제의 차이점을 명확히 알 수 있다. 놀라운 것은, 지금으로부터 300여 년 전에 이루어진 연구가 오늘날의 현실과도 통하는 지점이 있다는 사실이다.

삼권분립설

권력은 누가 장악해야 하는가?

누가 권력을 장악하는 것이 옳은가? 이 질문에 많은 사람이 국민의 대표로 구성된 입법 기관, 국회를 떠올릴 것이다. 하지만 한곳에 권력이 집중되는 양상은 그다지 바람직하지 않다. 그래서 오늘날 대부분의 나라에서는 국가 권력을 입법, 사법, 행정으로 분리한다. 권력의 남용을 막고, 국민에게 정치적 자유를 보장하기 위함이다. 이른바 '삼권분립' 원리에 따른 것이다.

이 삼권분립의 개념을 확립한 정치철학자가 바로 몽테스키외다. 여기에서는 그의 삼권분립 원리가 어떠한 사회적 배경에서 체계화되었는지 살펴보려고 한다.

몽테스키외는 자신의 대표 저서인 『법의 정신』에서 정치 체제를 공화정, 군주정, 전제정 세 가지로 분류했다. 이 책에서 그는 프랑스의 정치 형태를 비판했다. 당시 프랑스는 절대 왕정의 시기였는데, 절대 왕정은 전제정으로 나아갈 가능성이 높기 때문이었다. 하지만 그렇다고 몽테스키외가 절대 왕정을 버리고 곧바로 공화정으로 나아가야 한

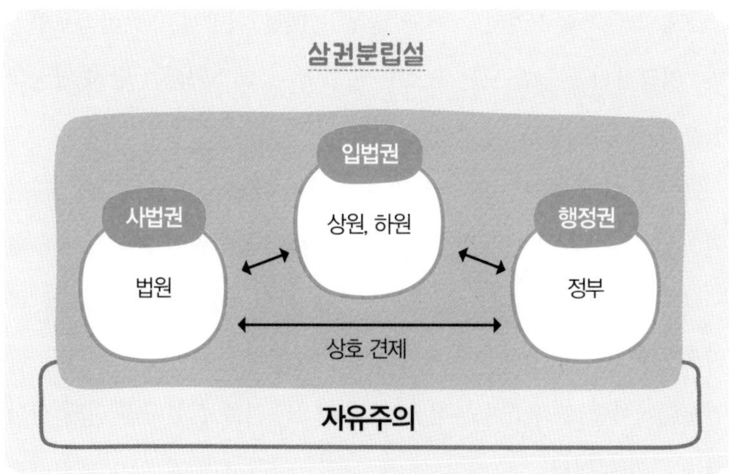

다고 주장한 것은 아니다.

그가 보기에 공화정의 실현보다 더 시급한 문제가 있었다. 바로 국민이 그들의 중요한 권리인 자유를 지키기 위해 권력을 제한하려는 의식이 부족하다는 것이었다. 이는 곧 권력을 제한하는 데 필요한 법이 제대로 역할을 하지 못하고 있다는 것을 뜻한다.

공화정에서 누릴 수 있는 정치적 자유는 어디까지나 법의 지배가 관철됨으로써 가능해진다. 몽테스키외는 공화정의 통치 원리인 덕이 아무리 가치 있다고 해도, 법을 통한 권력의 제한이 반드시 필요하다고 강조했다. 법의 제약이 없다면 자유를 침범하는 일이 횡행할 수 있기 때문이다. 또한 그는 아리스토텔레스의 정치학을 높이 평가했다. 아리스토텔레스가 설법한 '중용'의 정신이 법에서도 요구된다고 생각했고 따라서 법이 어느 한 극단으로 치우치지 않도록 세심한 주의를 기울여야 한다고 주장했다.

그렇다면 몽테스키외는 어떤 정부 형태를 이상적으로 바라보았을까? 지금까지 언급한 모든 요소를 종합해, 몽테스키외는 당시 영국의 정부가 이상적이라고 생각했다.

그는 우선 군주가 가진 행정권과 의회가 가진 입법권의 균형, 사법권의 중심인 배심원에 대해 논했다. 그다음 세 권력이 균형을 이루며 서로를 견제해야 한다고 강조하며 입법, 행정, 사법의 삼권분립을 바탕으로 하는 입헌군주정이 최선의 정부 형태라는 결론에 도달했다. 삼권분립이야말로 폭군의 등장을 막고 자유주의를 실현하기 위해 성립된 이론인 것이다.

이처럼 몽테스키외의 정치 제도 이론은 권력의 집중을 제한하고 자유를 보장하는 일에 중점을 두었다. 그의 사상은 이후 미국을 비롯한 근대 국가의 형성에 지대한 영향을 끼쳤으며, 현대 민주주의의 정치 원리로 자리 잡게 되었다.

19

칸트

독일 관념론

물자체

인간은 무엇이든지 알 수 있을까?

흔히 인간의 이성을 완벽한 그 무엇이라고 생각하기 쉽다. 그런데 정말 이성은 전지전능한 힘을 갖고 있을까? 과연 우리는 무엇이든지 알아낼 수 있을까? 이성의 한계는 없는 것일까? 임마누엘 칸트는 이러한 질문을 던지며 겸허한 자세로 앎에 대해 고찰했다.

인간이 무엇을 어떻게 인식하고 있는지의 문제를 진중하게 생각하는 철학 영역을 '인식론'이라고 한다. 인식론을 깊이 탐구한 칸트는 우리가 사물을 인식하는 과정을 명확히 규명했는데, 지금부터 그가 생각한 앎에 이르는 과정을 자세히 살펴보자.

칸트의 주장에 따르면 모든 사고는 '직관'을 통해 생겨난다. 직관이란 대상이 부여하는 한계에서 생긴다. 달리 표현하면 대상이 없으면 직관이 탄생할 수 없다. 대상이 어떤 방식으로든 의식을 촉발함으로써 직관이 가능해지는 것이기 때문이다.

그다음으로 대상이 마음속에서 형태를 드러내는 것, 즉 표상을 받아들이는 능력을 '감성'이라고 한다. 대상은 감성을 통해 우리에게 일차적으로 전해진다. 즉 감성이 우리에게 직관을 부여하는 셈이다. 그리고 감성이 받아들인 대상에 개념을 부여하는 능력을 '오성(悟性)'이라고 한다.

오성이란 감성이 부여한 감각 자료를 바탕으로 대상을 구성하는

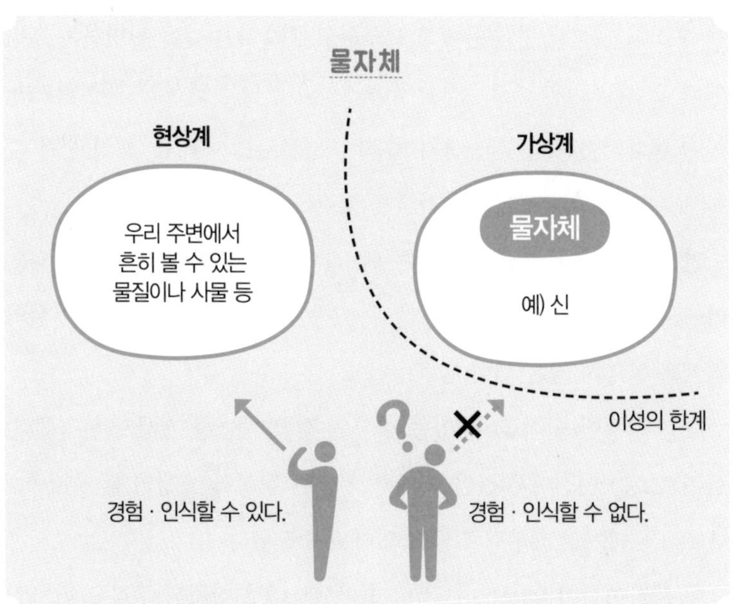

힘, 즉 사물을 이해하고 사고하는 능력을 일컫는다. 대상에 대한 개념은 오성의 작용으로 탄생하는 것이다. 정리하자면 감성은 공간과 시간에 따라 사물을 직관하고 오성은 카테고리, 즉 범주라고 부르는 분류표에 따라 사물을 파악한다. 인간은 감성과 오성, 두 가지 능력을 통해 사물을 인식한다.

같은 맥락에서 우리가 인식할 수 있는 것은 경험 가능한 세계로 한정된다. 즉 시간적, 공간적으로 규정된 물질이나 사물에 한해서만 인식할 수 있다. 이처럼 인간이 인식할 수 있는 세계를 칸트는 '현상계'라고 지칭했다.

반면에 우주처럼 경험할 수 없는 것은 사물 자체, 즉 '물자체(物自體)'라고 지칭했으며, 이는 우리가 인식할 수 없다고 결론 내렸다. '물자체'는 우리가 인식할 수 없음에도 불구하고 존재하는 것을 설명하는 개념이다. 그 대표적인 예로 '신'을 꼽을 수 있다. 신을 인식할 수는 없지만, 신이 존재하는 것은 가능하기 때문이다. 칸트는 이러한 '물자체'가 속한 세계를 가상의 세계 즉, '가상계' 혹은 '예지계'라고 불렀다.

칸트의 인식론은 물자체의 존재를 명확히 인정했다는 사실에 의의가 있다. '인간은 무엇이든지 알 수 있는가?'라는 물음에 인간 이성의 한계를 분명히 짚은 셈이다.

그는 이성이 인식할 수 있는 대상을 경험 가능한 세계로 한정했다. 한편으로는 인간이 사물을 파악하기 위한 감성과 오성의 틀(시간, 공간과 범주)은 태어날 때부터 갖추고 있다고 주장했다.

이로써 이성이 앞서느냐, 경험이 앞서느냐로 상반된 주장을 펼치던 대륙 합리론과 영국 경험론의 지루한 논쟁이 끝났다. 칸트에 이르러 두 이론은 통합되었고, 독일 관념론이라는 새 시대가 시작되었다.

선의지

옳고 그름의 판단은 무엇에 기초하는가?

이번에는 옳은 일을 하고, 올바른 판단을 내리고 싶은 현대인에게 도움이 될 만한 칸트의 윤리학을 자세히 알아보자.

칸트는 무엇보다 자율적인 의지를 강조했다. 올바른 판단을 내리고

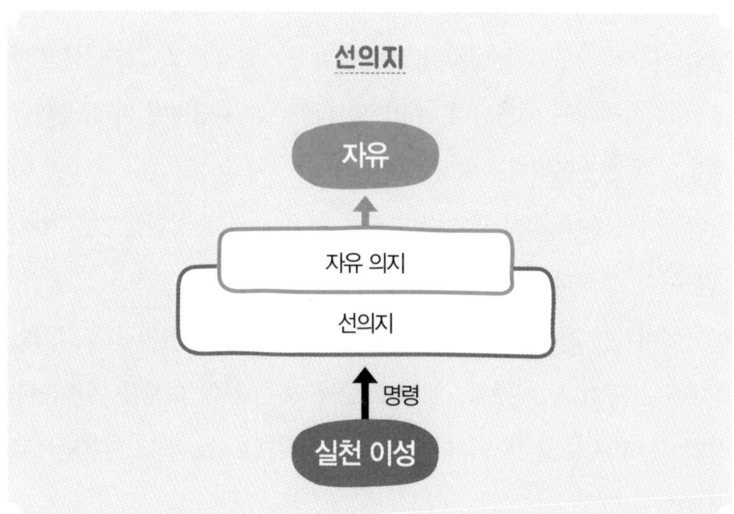

참된 삶을 살기 위해서는 자유로운 인격이 보장되어야 한다고 믿었기 때문이다. 그렇다면 옳은 일, 선을 행한다는 것은 무엇일까? 그는 옳은 일은 '~해야 마땅하다'와 같이 무조건적인 의무에서 비롯된다고 강조했다. 이는 조건을 붙이지 않고 '~하라'고 확정해서 말하는 '정언(定言) 명령'이다. 이와 달리 '가언(假言) 명령'은 '만약 ~하고 싶다면 ~해라'와 같이 조건에 따라 행동이 좌우되는 조건부 명령이다. 이는 정언 명령과는 정반대의 태도이다.

칸트는 정언 명령에 대해 "자신이 생각하는 기준이 항상 모든 사람에게 타당한 보편적인 원칙이 되게끔 행동하라"라고 이야기했다. 그도 그럴 것이 참된 도덕은 조건에 따라 시시각각 달라져서는 안 되기 때문이다. 예를 들어 돈을 많이 모았다고 해서 도덕의 기준이 바뀐다는 것은 말도 안 된다. 또한 거짓말을 해서는 안 되는 것, 어려운 사람은 반드시 도와야 한다는 것과 같은 도덕적 행위는 항상 실천해야 마땅한 인간의 의무이다. 이것이 칸트가 말하는 옳음으로, 그가 '실천 이성'이라고 부르는 개념이다. 우리는 실천 이성의 명령에 따라 올바른 행동을 실천에 옮긴다.

인간이 실천 이성의 명령에 따르는 이유는 자유 의지를 갖고 있기 때문이다. 그렇다면 자유 의지의 밑바탕에는 무엇이 흐르고 있을까? 여기에서 칸트는 '선의지'라는 개념을 소개한다. 선의지란 도덕적인 의무를 존중하고, 자주적으로 따르고자 하는 선한 의지를 일컫는다. 선의지는 아무 조건도 없이 선한 유일한 것으로, 오직 그 자체만으로 선하다.

칸트는 선의지를 바탕으로 자유 의지가 갖추어졌을 때 인간이 진정한 자유를 얻을 수 있다고 말한다. 스스로 자기 자신을 통제하고 조율하는 일이야말로 참된 자유로 이어지기 때문이다.

또한 칸트는 실천 이성에 기초한 선의지를 전제로 할 때, 인류가 끊임없이 노력해야 할 도덕적 실천 과제로 '영구 평화론'을 주장했다. 그는 전 세계가 민주공화국이 되어 전쟁이 없는 평화의 의무를 영구히 실현할 때, 비로소 인간이 참된 자유를 쟁취할 수 있다고 말하고 싶었으리라.

20

피히테

독일 관념론

사 행

내가 먼저인가, 사물이 먼저인가?

과연 우리가 사물을 보는 것일까, 사물이 우리를 보는 것일까? 내가 먼저 앞장서서 사물을 보거나 사물을 작동시키는 것일까, 아니면 반대로 나보다 사물이 더 앞서는 것일까? 내가 먼저일까, 사물이 먼저일까?

다소 뚱딴지같은 질문처럼 들릴지도 모르지만 실제로 이런 질문을 던진 철학자가 있었다. 바로 칸트 철학을 계승한 요한 피히테다.

피히테는 인간의 모든 인식과 행위를 체계화하는 일에 힘쓴 철학자다. 그는 이성의 구조를 논리화하려고 했다는 점에서 자신의 학문이 모든 학문의 학문이 된다고 생각했다. 그래서 피히테는 자신의 철학을

'지식학'이라고 불렀다. 이 지식학의 근간을 이루는 이론이 '사행(事行, Tathandlung)'이라는 개념이다. 피히테는 사행을 다음과 같이 정의한다.

"어떤 객체도 전제하지 않고 객체 그 자체를 낳는 행동, 즉 행위가 그대로 소산이 되는 활동이다."

즉 자아를 통한 활동과 객체의 출현이 동시에 나타나는 사태를 '사행'이라고 불렀던 것이다. 원래 피히테는 'A는 A다'라는 명제를 생각하다가, 판단하는 자아와 존재하는 자아가 같다는 결론을 이끌어 낸다. 여기에서 자아의 행위(行)와 그 행위에서 비롯된 일(事)이 동일하다는 생각이 탄생했는데 이런 발상을 표현하기 위해 '사행(事行)'이라는 단어를 만들어 냈다.

보통 우리는 자아가 앞선다고 본다. 또한 그 자아를 바탕으로 활동한 결과, 어떤 객체가 생겨난다고 생각한다. 하지만 피히테의 생각은 달랐다. 그의 주장에 따르면 자아가 먼저 존재하는 것은 아니다.

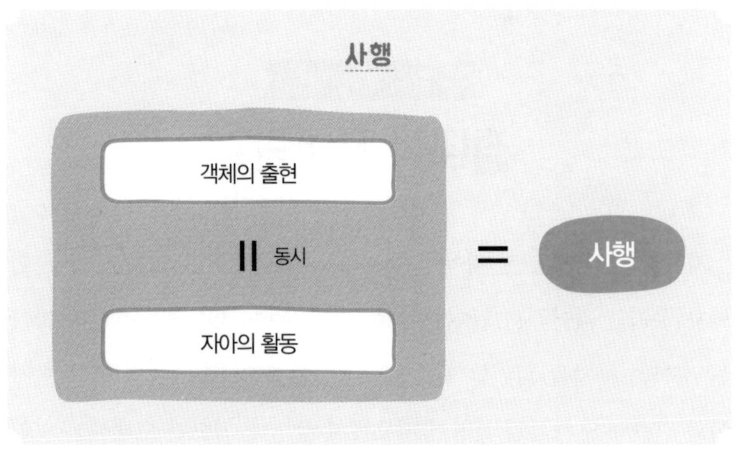

피히테는 자아, 즉 '나'라는 개념의 특수성에서 사행이라는 개념을 떠올렸다. '나'라는 개념은 다른 사물과 달리 가리켜 드러낼 수 없다. 내가 나를 가리키는 그 순간 나는 더 이상 내가 아니라, '그것'에 해당하는 객체가 되기 때문이다. 이른바 나를 지칭하는 행위가 나를 '그것'이 되도록 만든다.

같은 맥락에서 사행은 주관과 객관이 하나가 되는, 경험 이전의 일종의 근원적인 개념이라고 말할 수 있다. 피히테가 주장하는 이 개념은 존재 원인이 자신에게 있는, 신에 대한 발상과 얼핏 흡사해 보인다. 그러나 피히테는 어디까지나 사행을 인간 의식의 문제로 포착했다.

이제 사물과 나, 이 중에서 어느 것이 먼저인지에 대한 답이 나왔다. 피히테의 사행 개념을 전제로 한다면, 나와 사물은 어느 쪽이 먼저가 아니라, 동시에 발생한다고 말할 수 있으리라.

자아와 비아

절대적 자아란?

자아가 강하다는 말, 자아를 찾는다는 말을 들어 보았을 것이다. 이렇듯 우리는 자아라는 단어를 자주 듣고 흔히 언급한다. 그런데 자아는 정확히 무엇을 의미할까? '자기 자신을 의미한다'는 것 말고는 자아와 관련해 구체적인 설명이 떠오르지 않는다. 자아란 도대체 무엇일

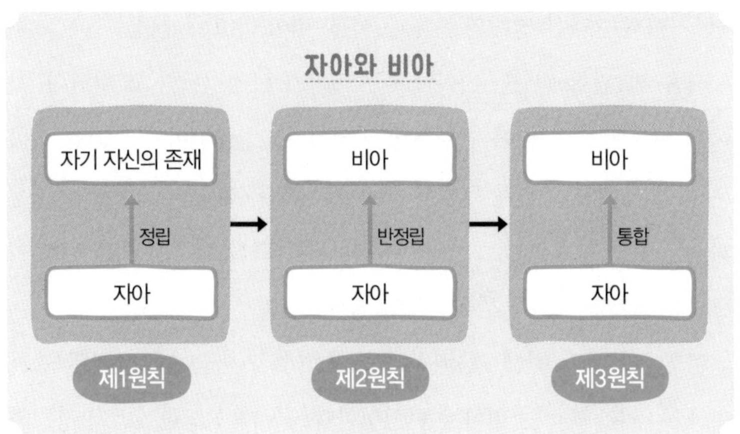

까? 이 질문에 답할 때 피히테의 '자아(自我)', 그리고 자아와 대립하는 '비아(非我)' 개념을 떠올리면 도움을 받을 수 있다.

앞에서 이야기했듯 피히테는 지식을 기초로 삼으며 '지식학'이라는 자신의 독자적인 철학을 발전시켰다. 이 지식학에서 그는 세 가지 원칙을 세웠다. 이 세 가지 원칙은 자아와 비아라는 개념을 바탕으로 논리를 전개해 나간다. 이 때문에 세 원칙을 통해 자아와 비아에 대해 더욱 확실하게 알 수 있다.

지금부터 피히테가 말한 세 가지 원칙을 살펴보자. 먼저 제1원칙에 따르면 '자아는 자기 자신을 정립한다'고 한다. 즉 자아가 자기 자신의 존재를 낳는다는 의미다.

인간은 사물과 달리 자신 자신이 누구인지 끄집어내서 자신을 객관적으로 바라볼 수 있다. 객관적으로 바라볼 수 있다는 것은 다른 말로 하면, 자기 자신과는 또 다른 영역이 있다는 것이다. 이는 자아가 아닌, 자아와는 다른 별개의 존재다. 이를 '비아'라고 부른다.

다음 제2원칙에서는 '자아에게는 비아가 반정립된다'고 말한다. 자아의 활동에 따라 비아가 생성되는 셈이다. 그런데 이렇게 되면 자아와 비아 사이에 모순과 갈등이 생겨나고 만다. 자아는 모든 것을 대상화해 나가는 행위인데, 그 자아의 행위가 비아를 낳았기 때문이다. 이 모순된 관계를 어떻게 받아들여야 할까?

이를 극복하기 위해 제3원칙이 등장한다. '자아는 나눌 수 있는 자아에게 나눌 수 있는 비아를 반정립한다.' 즉 자아를 한꺼번에 정립하는 것이 아니라, 부분적으로만 정립해 나간다는 뜻이다. 나머지 부분은 비아로서 대립한다. 이렇게 자아와 비아가 섞여 있기 때문에 자아와 비아를 서로 통합하는 과정이 필요하다. 피히테는 자기 자신만을 정립하는 유한한 자아가 비아의 저항과 부정을 제거하고, 절대적인 자아로 나아간다고 주장했다.

바로 이것이 피히테가 명확히 밝힌 자아의 개념이다. 사실 피히테는 자아와 비아의 관계를 통해 역사 속에서 인류가 자유를 획득해 나가는 과정을 표현하기도 했다. 따라서 그가 발전시킨 지식학은 인간 정신의 실용적 역사라고도 일컬어진다.

세 가지 원칙을 통해 '절대적 자아'를 주장하며 '자아'를 중심으로 논지를 진개한 피히테의 사상은 객관보다 주관을 우위에 둔 주관적 관념론에 가깝다고 평가받는다. 이후 피히테의 사상은 헤겔의 절대적 관념론으로 계승되며 독일 관념론의 초석을 닦았다.

21

셸링

독일 관념론

자연

자연이란 무엇인가?

자연이란 무엇일까? 아마 울창한 숲과 드넓은 바다를 떠올리는 사람이 많을 것이다. 하지만 이것은 자연을 작은 관점에서 바라본 것이다. 자연을 큰 관점으로 바라보면, 자연에는 커다란 힘이 존재함을 알 수 있다. 자연의 위대한 힘을 깨닫고, 자연을 철학으로 승화시킨 선구적인 철학자가 있다. 바로 프리드리히 셸링이다.

'조숙한 천재'로 불린 셸링은 이미 20대 중반에 대학교수가 되어 새로운 사상을 개척해 나갔다. 그는 칸트에서 촉발되고 헤겔에 이르러 정점을 이룬 독일 관념론의 한 축을 담당했던 사람이다. 특히 독일 관념론자 가운데 피히테의 철학을 비판적으로 계승한 철학자로 널리 알려져 있다. 셸링은 피히테가 말하는 '자아'가 세상의 모든 것을 너무 넓게 포괄하고 있다면서, 그것은 자아가 아니라고 비판했다. 그는 피히테가 주장한 자아를 자아가 아닌, 자연이라고 불렀다.

여기에서 셸링이 말하는 자연이란 역학적인 관점에서 바라본 자연이 아니라 유기적인 힘이었다. 셸링은 자연을 역학적, 기계적으로 바라보는 관점에 대해 부정적이었다. 이러한 관점에서는 자신을 자연에서 떼 내어, 마치 자연이 자신과 관계없다고 생각해 버리기 때문이다.

셸링이 보기에 인간의 정신과 자연은 원래 일치하는 존재였다. 그는 정신이란 '눈에 보이지 않는 자연'이라고 생각했다. 그는 인간의 정신과 자연의 공통적 근원인 '생명'을 탐구했고, 이런 셸링의 사상은 훗날 생태학적 관점으로 발전되기도 했다.

당시에는 과학 분야에서 유기체에 대한 연구가 활발하게 진행되고

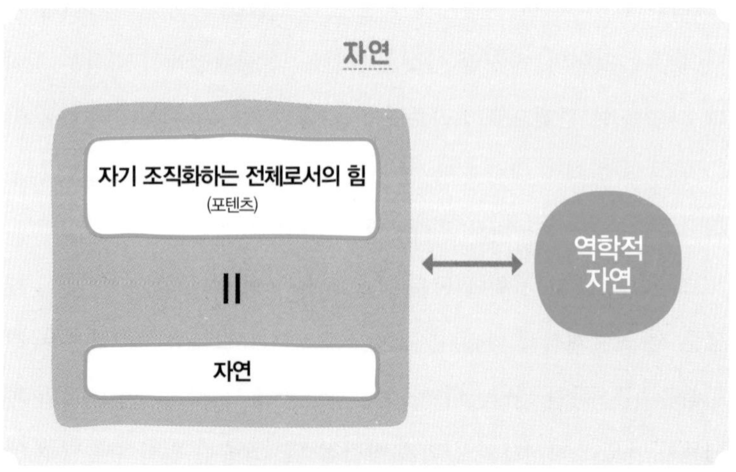

있었다. 셸링도 이때 과학의 영향을 강하게 받았던 것으로 추측된다. 그래서 셸링은 자연을 '거대한 유기체를 방불케 하는 소용돌이'와 같다고 말했다. 커다란 소용돌이가 물질을 흡수해서 새로운 형태로 변모하는 모습으로 자연 현상을 포착한 것이다.

셸링은 이렇게 생성되는 현상에서의 힘의 계층을 '포텐츠(Potenz)'라고 불렀다. 포텐츠란 원래 '힘'을 뜻하는 독일어인데 셸링이 말하는 포텐츠란 자기 조직화(스스로 조직화하는)하는 전체로서의 힘, 즉 잠재력을 지칭한다. 이 포텐츠에서 물질, 유기체, 정신 등 다양한 존재자가 생겨나는 것이다. 자연을 유기적으로 파악하는 이러한 이론을 바탕으로 셸링은 자연철학이라는 새로운 분야를 구축하게 되었다.

우리는 종종 자연의 힘이 위대하다고 느낀다. 셸링처럼 자연을 세상을 움직이는 근원적인 힘이라고 생각한다면, 자연이 조금 더 의미 있는 존재로 다가올 것이다. 또한 자연을 색다른 시각으로 바라볼 수 있을 것이다.

동일철학

주관과 객관은 별개인가?

'주관적으로 말하자면', '객관적으로 보면' 하는 식으로 주관과 객관은 우리가 친숙하게 사용하는 단어다. 이 단어들은 일상생활 속에서

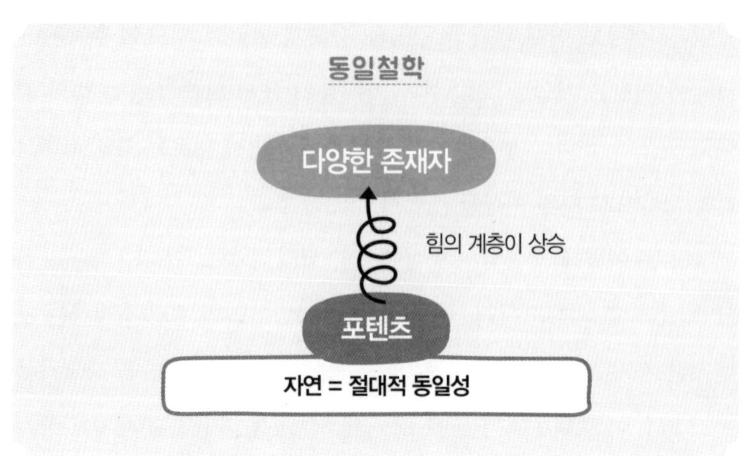

명확하게 구분해 사용되고 있다. 그런데 주관과 객관은 정말 전혀 다른 존재일까?

이런 의문점에 셸링의 '동일철학' 개념이 똑 부러지는 힌트를 준다. 앞서 살펴보았던 피히테의 철학이 자아의 의식을 강조한 '주관적 관념론'에 가깝다면, 셸링의 철학은 자연에 바탕을 둔 '객관적 관념론'으로 볼 수 있다. 셸링은 무엇보다 자연을 중요시했다. 그는 모든 차이의 근원에는 만물을 생산하는 자연이 있다고 주장했다.

그런 의미에서 자연이란 주관과 객관, 주체와 객체를 하나로 모으고, 자아와 자연을 동일시하는 '절대적인 동일성'이라고 말할 수 있다. 이것이 바로 셸링의 철학을 '동일철학'이라고 부르는 이유다. 셸링에 따르면, 자연에 내재된 힘인 포텐츠의 계층이 상승하면서 다양한 개별 존재자가 생겨난다고 한다.

이와 같은 발상은 셸링 스스로 "절대적인 동일성(자연)은 우주의 원인이 아닌, 우주 그 자신이다"라고 말하듯이, 범신론적 세계관과 연결된다. 또한 그는 절대적인 동일성 안에서는 질적인 차이가 생겨나지 않는다고 보았다. 그는 차이가 있는 개별 존재자는 절대자의 외부에서 생겨난다고 생각했다. 그런데 이런 관점에서는 어떻게 개별적인 존재자가 탄생하는지 구체적으로 알 수 없다는 모순이 생긴다. 훗날 헤겔은 '모든 황소가 검은 소로 변하는 캄캄한 밤'이라고 야유하며 셸링의 동일철학을 비판했다.

한편 셸링은 절대적인 동일성에서 질적 차이가 생겨나는 게 아니라, 양적 차이로서 개별적인 존재자가 나타날 수 있다는 설명을 곁들였다. 하지만 누구나 고개를 끄덕일 만큼 솔깃한 반론은 아닌 것 같다. 무한한 절대적인 존재가 일부러 차이가 나는 상태로 변화할 이유가 있겠느냐의 문제를 제대로 설명하지 못하기 때문이다.

그렇다고 해서 셸링의 동일철학이 전혀 의미 없는 이론은 아니다. 예술의 영역에서 주관과 객관이 동일해진다고 생각해 보자. 주관과 객관의 동일성을 예술 작품에서 표현할 수 있다면 위대한 작품이 탄생할 수 있지 않을까? 주관적인 평가와 객관적인 수준이 일치하는 예술 작품은 그야말로 환상적일 것이다.

실제로 셸링은 자연의 무의식적인 활동과 인간의 의식적인 활동이 하나가 되어서 천재적인 예술 작품이 탄생한다고 말했다. 이와 같은 셸링의 예술관은 독일 낭만주의에 지대한 영향을 끼쳤다. 그의 주장에 따르면, 주관과 객관이 하나로 포개진 상태를 우린 예술에서 확인할 수 있을 것이다.

22

헤겔

독일 관념론

변증법

문제를 어떻게 해결할 것인가?

인생을 살다 보면 크고 작은 문제에 부닥뜨린다. 당장은 괴롭지만, 당면한 문제를 해결해야 인생의 새로운 장을 맞이할 수 있다. 거창한 일이 아니더라도 우리는 하루하루 수많은 고민거리로 골머리를 앓고 있다. 완벽하게, 일사천리로 진행되는 일 따위는 이 세상에 없다. 일시적으로는 문제가 없어 보이더라도 그런 상태가 영원히 지속될 리 없는 것이다. 그렇다면 필연적으로 만나게 되는 문젯거리를 어떻게 받아들이고, 어떻게 대처해야 할까?

가장 손쉬운 방법은 문제가 생길 때마다 싹둑 도려내는 것이다. 하지만 이는 진정한 문제 해결 방식이 아니다. 그저 뒤로 미루거나 회피할 따름이다. 어떻게 해야 문제를 제대로 해결할 수 있을까? 독일의 철학자 게오르크 헤겔이 주장한 '변증법'을 통해 그 실마리를 찾아보자.

헤겔 철학의 중심 개념인 변증법의 기원은 고대 그리스 시대까지 거슬러 올라간다. 대화를 통해 진리를 이끌어 내는 소크라테스의 문답법도 변증법에 속하기 때문이다. 다만 이 시기의 변증법은 질문을 되풀이함으로써 상대방의 주장에서 논리적인 모순을 찾아내는 대화의 기술에 불과했다. 소극적인 사고의 도구로 사용된 것이다. 하지만 헤겔에 이르러 변증법은 생산적인 사고법으로 승화했고, 오늘날 변증법이라고 하면 일반적으로 헤겔의 변증법을 지칭하게 되었다.

헤겔이 주장하는 변증법이란, 문제가 생겼을 때 이를 극복하고 한 단계 더 발전시키기 위한 사고법이다. 결과적으로 변증법을 통해 절대

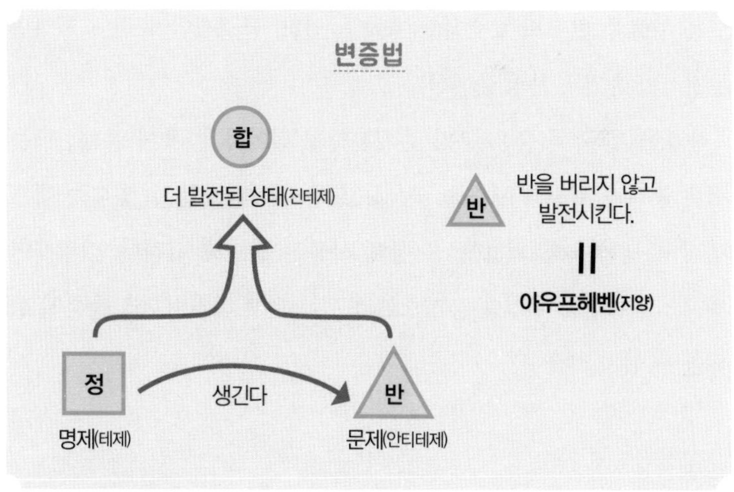

양립할 수 없는, 대립하는 두 가지 문제를 어느 한쪽도 버리지 않고 두 가지 모두를 아우르며 더 나은 해결법을 찾아낼 수 있다. 변증법은 제3의 길을 창조하기 위한 묘책인 셈이다.

헤겔의 변증법을 간단하게 도식화해보면, '정(正) → 반(反) → 합(合)'으로 나타낼 수 있다. 독일어로는 '테제(These) → 안티테제(Antithese) → 진테제(Synthese)'로 표현한다. 이 운동 전체를 '아우프헤벤(Aufheben, 지양)'이라고 부르는데, 이 아우프헤벤이라는 단어에는 '부정하다'와 '보존하다'라는 긍정과 부정의 뜻이 동시에 담겨 있다.

정리해 보자. 변증법이란, 어떤 사물(테제)에 대해 이에 모순되는 사물이나 문제점(안티테제)이 존재할 때 이를 통합해서 모순을 극복하고 더 발전된, 완벽한 해결법(진테제)으로 나아가는 방법을 말한다.

헤겔의 변증법은 단순히 양자택일에 따른 타협이나 절충안과는 전혀 다르다. 두 가지의 모순점을 절대 버리거나 외면하지 않는다. 사실 모든 사물은 반드시 모순을 내포하고 있다. 긍정적인 측면이 있다면 부정적인 측면도 분명 존재한다.

중요한 것은, 사물은 분명 존재한다는 점이다. 사물이 존재한다는 것은 긍정과 부정의 모순을 극복하고 문제를 해결할 수 있다는 뜻으로, '정 → 반 → 합'의 반복을 통해 사물은 발전해 나간다. 그렇다면 우리는 변증법을 부정을 긍정으로 바꾸는 문제 해결법으로 충분히 활용할 수 있지 않을까?

절대지

우리는 어디까지 똑똑해질 수 있을까?

과연 인간은 얼마나 더 똑똑해지고 명석해질 수 있을까? 그 한계는 존재할까? 근대 철학의 완성자로 일컬어지는 헤겔은 이러한 물음에 답을 주었다.

헤겔은 자신의 주요 저서인 『정신 현상학』에서 의식이 다양한 경험을 통해 발전하고, 궁극적으로 '절대지(絕對知)'라는 최고의 상태에 이르는 과정을 묘사했다. 그렇다면 우리의 의식이 어떤 여행을 하고 있는지 그 과정을 자세히 살펴보자.

우선 헤겔은 정신을 (A)의식, (B)자기의식, (C)이성으로 크게 구분한다. 여기서 다시 (C)이성은 (AA)이성, (BB)정신, (CC)종교, (DD)절대지의

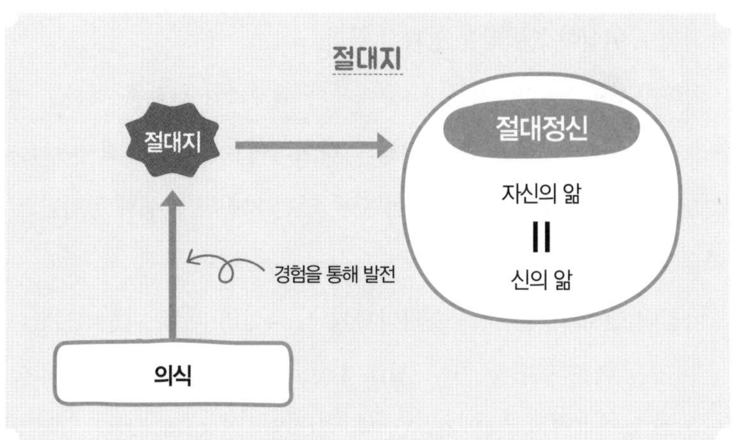

네 갈래로 나누어진다.

(A)의식이란 앎의 가장 낮은 단계를 지칭한다. 헤겔에 따르면 (A)의식 단계에서는 순수하게 해당 대상만 진리로 간주하고, 의식 자체는 그 대상을 일방적으로 바라보고 있는 것에 그친다고 믿는다. 그런데 실제로 객관적인 진리와 주관적인 대상을 서로 연결하는 것은 자기 자신의 의식이다. 이런 사실을 깨달았다면 (A)의식에서 (B)자기의식 단계로 이행한다.

(B)자기의식의 단계에서는 스스로 진리임을 증명하기 위해서는 대상의 존재가 불가피하다는 사실을 자각한다. 그런데 그 대상은 자신 밖에 있는 것이 아닌, 자기 자신이다. 이와 같은 경험을 통해 자기의식은 자신과 대상과의 의식의 통일체인 (C)이성으로 발전한다.

여기서부터는 이성이 세계의 본질임을 스스로 증명해 나가는 과정이다. 처음에는 (AA)이성 안에서 자연적인 세계에서도 이성이 가장 본질적인 것임을 설명해 나간다. 마찬가지로 (BB)정신에서 역사적인 세계에서도 이성이 본질임을 명확히 한다.

이어지는 (CC)종교에서는 신이 이성과 세계와의 화해를 청하는 것으로 묘사된다. 그리고 증명 과정의 하이라이트인 (DD)절대지에서는 (CC)종교에서 묘사한 신의 본성이 실은 인간 자신의 본성과 동일한 것임을 인식하기에 이른다.

마침내 신조차 개념적으로 파악하게 된 자신의 의식, 이것이야말로 모든 것을 꿰뚫어 볼 수 있는 '절대지'가 아닐까? 절대지는 자신의 앎을 신의 앎으로까지 승화시킴으로써 '절대정신'을 탄생시킨다.

이렇게 해서 헤겔은 인간의 정신이 절대적일 수 있음을 만천하에 선언했다. 인간의 정신, 이성, 철학적 지식이 최고조에 도달한 근대라는 시대에서, 다른 누구도 아닌 헤겔이 근대를 대표하는 철학자로 일컬어지는 것은 바로 이런 이유 때문이다.

칼럼

★

이성의 의미와 한계

이성은 절대적일까?

3챕터에서는 철학의 최고 전성기라고 일컬어지는 근대 철학의 대표 철학자들을 소개했다.

'이성의 한계를 규명하다'라는 3챕터의 제목처럼 이 시기 철학자들은 인간 이성의 실체를 철저하게 탐구했다. 그런데 이성은 도대체 무엇을 의미하는 걸까?

사전을 찾아보면 이성이란 '논리적, 개념적으로 사고하는 능력'이라고 적혀 있다. 좀 더 쉽게 말하자면 인간이 사물을 생각하는 능력이라고 할 수 있다. 본능이나 감정이라는 단어와 대비된다는 사실에서 이성이 논리적으로 생각하는 능력을 가리키는 것만은 확실하다.

따라서 이성은 철학의 대명사가 되기도 한다. 철학이란 합당한 논리를 구사해 사물의 본질을 탐구하는 행위다. 그런 의미에서 이성의 한계는 철학의 한계라고도 말할 수 있다. 그렇다면 당연히 많은 철학자들이 이성의 전지전능함을 주장할 수밖에 없을 것이다. 절대지와 절대정신을 강조한 헤겔처럼 말이다.

하지만 개중에는 본능이나 감정, 정념의 의미를 통찰하고 이성과 감정이 두루 필요하다고 주장한 철학자도 있고, 오히려 인간은 이성보다 정념의 지배를 받는다며 감각적인 경험을 강조한 철학자도 있다. 혹은 칸트처럼 인간으로서는 알 수 없는 영역이 분명 존재한다고 밝히며 글자 그대로 이성의 한계를 토로한 철학자도 있었다.

과연 이성은 절대적일까? 근대 이후에 출현한 철학과 사상은 근대가 던진 이 어려운 질문에서 새로운 사유를 시작했다.

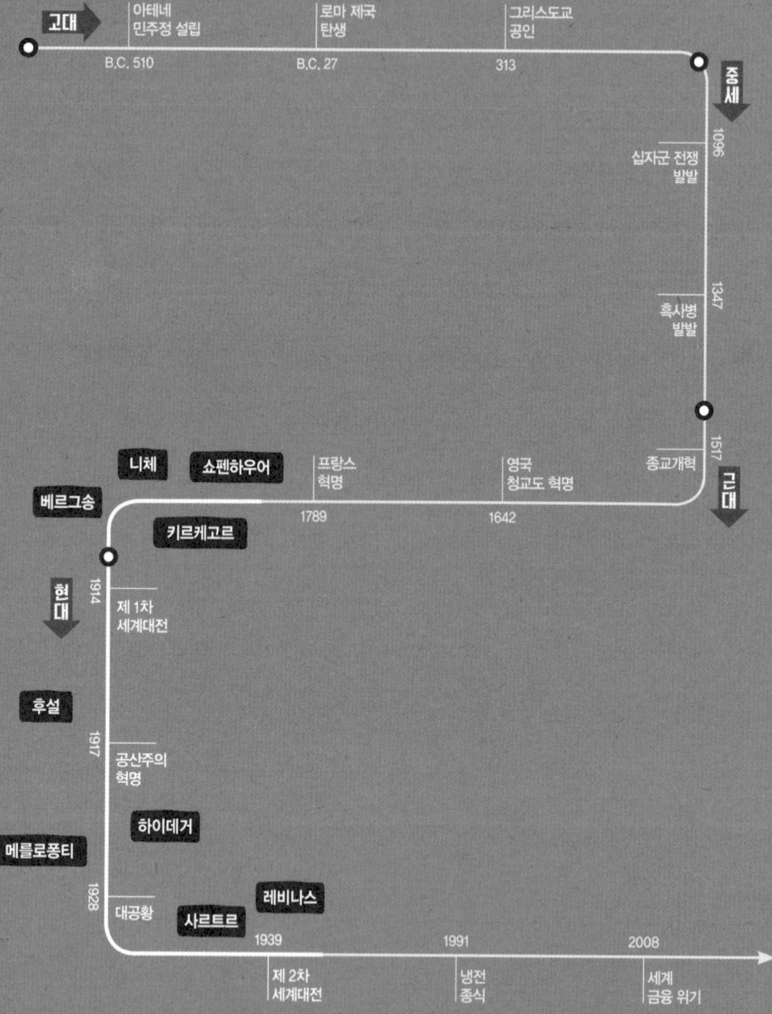

고대
아테네 민주정 설립
B.C. 510
로마 제국 탄생
B.C. 27
그리스도교 공인
313
중세
1096
십자군 전쟁 발발
1347
흑사병 발발
1517
종교개혁
근대
1642
영국 청교도 혁명
1789
프랑스 혁명
니체
쇼펜하우어
베르그송
키르케고르
현대
1914
제 1차 세계대전
후설
1917
공산주의 혁명
하이데거
메를로퐁티
1928
대공황
레비나스
사르트르
1939
제 2차 세계대전
1991
냉전 종식
2008
세계 금융 위기

나의 존재란 무엇인가?

19 ~ 20세기,

현상학과 실존철학

'생(生)의 의지'는 이성적인 의지가 아닌, 근거도 목적도 없는 맹목적인 의지다.

쇼펜하우어

1788 ~ 1860

독일의 철학자. 이성주의 철학의 흐름에 반기를 들고, 세계의 본질은 지성보다 맹목적인 생의 의지에 있다고 주장했다. 맹목적인 의지에서 벗어나 자율성을 회복하기 위한 방법으로 금욕주의와 불교 등의 동양 사상을 도입했다는 점이 특징이다.

주체성을 상실한 상태가 바로 절망이며, 절망은 죽음에 이르는 병이다.

키르케고르

1813 ~ 1855

덴마크의 철학자로 실존적 자각이라는 문제에 천착한 실존주의 철학의 선구자로 손꼽힌다. 인간의 현실 존재는 객관적인 이성을 통해 파악할 수 없다는 사실을 강조하면서, 현실의 생을 직시하고 자신의 의지와 실존적 결단으로 살아가는 적극적인 삶을 추구했다.

강인하게 살아가고자 하는 간절한 의지만 있다면, 누구나 초인이 될 수 있다.

니체

1844 ~ 1900

그리스도교를 노예 도덕이라고 비판하고, 실존주의 관점에서 인생의 고통을 위버멘쉬 사상으로 극복할 수 있다고 강조한 독일의 철학자이다. 실존철학의 선구자로서 포스트모더니즘 철학에 절대적인 영향을 끼치며 현대 철학을 뒤흔들었다.

베르그송

1859 ~ 1941

프랑스 출신의 철학자로, 근대 자연과학적인 시간 관념을 비판하고, '순수 지속'이라는 내적, 질적인 시간관에 기초한 '생철학'을 전개했다. 더욱이 다윈의 진화론을 비판하며 생명 진화의 근원적인 힘으로써, '엘랑 비탈생명의 비약'을 주장했다.

후설

1859 ~ 1938

오스트리아 출신의 철학자로, 여러 학문의 기초를 다지기 위해 의식의 현상을 있는 그대로 기술하는 현상학을 창시했다. 이후 현상학은 20세기를 주도한 철학 사조 가운데 하나로 자리 잡았고 하이데거, 사르트르 등의 실존철학에도 지대한 영향을 끼쳤다.

하이데거

1889 ~ 1976

20세기 독일의 대표 철학자로, 스승인 후설의 현상학을 바탕으로 인간의 존재 현상에 관한 실존주의적 존재론을 전개했다. 존재의 의미에 대한 물음을 밝히기 위한 그의 사유는 실존주의 철학뿐 아니라, 탈근대 사상의 조류에도 지대한 영향을 끼쳤다.

> 인간이란 고정된 존재가 아니라, 스스로 삶을 개척해 나가는 실존적 존재다.

사르트르

1905 ~ 1980

프랑스의 철학자이자 소설가로, 후설의 현상학을 토대로 '자유'의 개념을 철학적 주제로 사유했다. 아울러 자유를 앗아 가는 사회 현실에 맞서 싸우면서 다양한 경로를 통해 사회 운동에 적극적으로 참가하는 앙가주망을 실천했다.

> 몸이란 단순히 기계가 아닌, 세계와 한 개인을 연결해 주는 유일한 수단이다.

메를로퐁티

1908 ~ 1961

프랑스의 철학자로, 철학 역사상 최초로 '몸'을 철학의 주제로 삼았다. 후설의 현상학을 프랑스에 본격적으로 소개했고, 소쉬르의 언어학, 레비스트로스의 구조주의를 도입하는 등 현대 사상 구축에 폭넓게 활동했다. 그런 의미에서 프랑스 현대 사상의 초창기를 짊어진 인물이라는 평가를 받고 있다.

> 인간은 타인의 얼굴을 응시함으로써 자신의 존재를 의식하고 자신에게 부과된 책임감을 느낀다.

레비나스

1906 ~ 1995

리투아니아 태생의 유대계 프랑스 철학자로, 제2차 세계대전 당시 아우슈비츠 수용소에 감금 당해 겪은 끔찍한 체험을 통해 '타자성의 철학'이라는 독창적인 사상을 낳았다. 자아보다 타인의 존재를 먼저 생각함으로써, 자기중심적인 서구 문명에 반성의 계기를 마련했다.

23

쇼펜하우어

실존철학

의지와 표상

번뇌에서 벗어나려면 어떻게 해야 할까?

인간은 고통과 번뇌를 안고 살아가야 할 숙명에 처해 있다. 성공의 여신은 너무나 멀리 있다. 행복하게 살고 싶지만 정작 행복은 자신을 외면한다. 지옥 같은 삶에서 벗어나는 방법은 없을까? 아르투르 쇼펜하우어가 주장한 '의지' 개념은, 이 어두운 질문에 한 줄기 빛이 될 것이다.

쇼펜하우어가 말하는 의지란, 우리가 흔히 생각하는 이성적인 의지와는 다르다. 쇼펜하우어의 의지는 이성과는 전혀 관계없이 신체 활동으로 드러나는 '생(生)의 의지'를 뜻한다. 그는 생을 향한 의지가 세계를 실현하고, 그 세계는 주관적인 '표상(마음에 떠오르는 외적 대상의 이미지)'에 지나지 않는다고 말했다.

쇼펜하우어는 인간을 포함한 모든 '생'의 바탕에는 근거도 목적도 없는 맹목적인 의지가 있다고 말했다. 따라서 인간의 욕구는 채워도 채워지지 않을뿐더러, 채워지지 않는 만큼 생은 고통으로 가득 차게 된다. 대체 이 고통에서 벗어나려면 어떻게 해야 할까?

쇼펜하우어는 고통에서 벗어나기 위한 처방전으로 먼저 이데아와 예술의 관계를 논한다. 이데아란 플라톤이 말한 이상 세계로, 쇼펜하우어는 예술은 시간이나 공간, 인과관계를 초월해 이데아를 직관할 수 있다고 말한다. 특히 음악은 이데아를 넘어 세계를 실현하는 '의지' 그 자체를 모사하고 있기 때문에 예술의 최고 형태라고 말할 수 있다. 이처럼 예술은 인간으로부터 주관 혹은 객관이라는 요소를 제거해 주

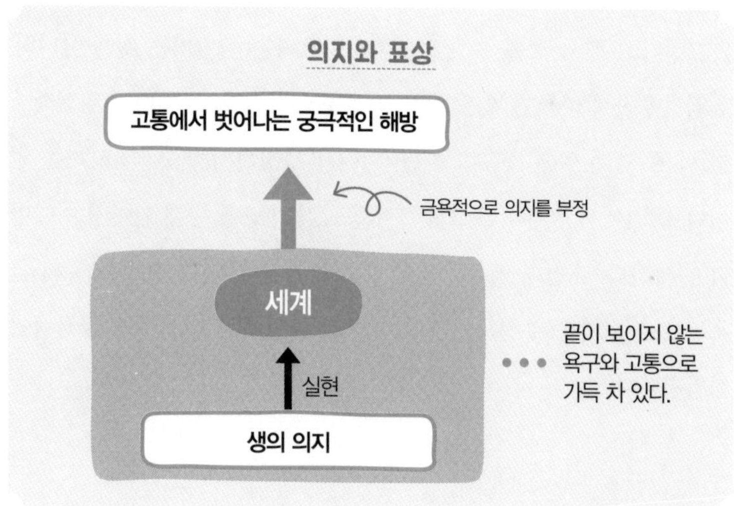

고, 의지와 욕망에서 비롯된 모든 고통에서 인간이 해방되도록 이끌어 준다. 그런데 문제는 예술을 통한 해탈이 아주 짧은 일시적인 해방이라는 사실이다.

쇼펜하우어는 그다음으로 '도덕'을 통한 해탈을 이야기한다. 그는 도덕을 통해 일시적인 해소가 아닌, 영구적인 해방을 이룰 수 있다고 말했다. 인생 자체가 고통이라면, 나와 다른 타인의 인생도 늘 고통스러울 것이다. 이 사실을 마음에 깊이 새기고 고통에 공감하고 동정함으로써, 인간은 타인의 고통을 이해할 수 있다.

물론 타인의 고통을 함께하더라도 실제 타인을 위해 할 수 있는 일은 많지 않다. 그런 의미에서 타인을 향한 일방적인 동정은 생존의 고통에서 궁극적으로 벗어나게 해 주는 해탈이 아니다. 근본적인 해결책은 타인의 고통을 자발적으로 함께함으로써 자신의 의지, 생을 향한 의지를 버리는 것이다.

그렇다고 해서 죽을 수도 없고, 또 죽으라는 이야기는 절대 아니다. 쇼펜하우어에 따르면 생을 향한 의지를 버리기 위해 우리가 현실적으로 할 수 있는 일은 죽음이 아닌, 의지를 부정하기 위해 '금욕'하는 일이다. 여기에서 금욕이란 불교에서 종교적 체념을 통해 얻어지는 열반과 흡사하다. 요컨대 맹목적인 삶의 의지를 단념하고, 도덕을 통해 금욕적으로 의지를 부정하는 일이야말로 고통에서 벗어나는 궁극적인 처방전이다.

동정

동정이란 무엇인가?

동정, 연민이란 과연 어떤 감정일까? 철학의 세계에서 '동정'이라고 하면, 애덤 스미스의 사상을 짚고 넘어가지 않을 수 없다. 현대 경제학의 창시자로 일컬어지는 애덤 스미스(Adam Smith, 1723~1790)의 동정 개념은 무척 유명하다. 그는 자신의 주요 저서 가운데 하나인 『도덕감정론』에서 동감, 혹은 공감을 언급했는데 타인의 마음을 살피고 공감하는 능력을 도덕적 행위의 근거로 삼았다. 애덤 스미스는 결과적으로 많은 사람이 동정에 따라 행동함으로써 자연스럽게 사회 질서가 형성된다고 주장했다.

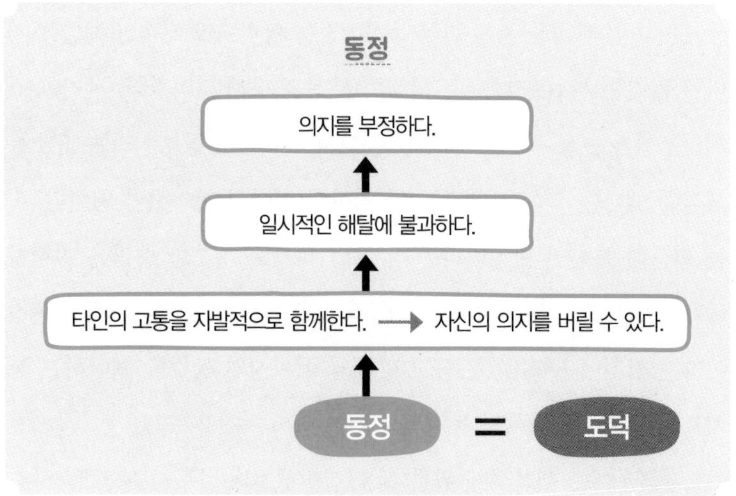

반면에 쇼펜하우어가 이야기한 동정은 타인에 대한 공감 중에서도 특히 고통에 공감하는 '동고(同苦)'의 의미로, 타인의 고통을 함께한다는 뜻이다.

쇼펜하우어가 제시한 인생의 고통에서 벗어나는 방법에서 타인의 고통에 대한 동정은 그가 궁극적으로 지향한 맹목적인 의지의 부정, 바로 전 단계로 자리매김하고 있다.

그는 고통에서 벗어나기 위해 도덕에 바탕을 둔 해탈을 언급했다. 동정을 통해 타인의 고통을 함께하며 의지를 버릴 수 있다고 생각했기 때문이다. 그래서 쇼펜하우어의 동정은 공감이 아닌 동고라고 번역될 때도 있다. 말하자면 나와 타인이 고통을 함께 나눈다는 뜻이다. 다만 이 과정에서 나와 타인의 구별이 사라지면서 너무 쉽게 동정을 버리는 결과를 초래하기도 한다. 그래서 쇼펜하우어는 고통을 부여하는 주체와 고통을 떠맡게 되는 객체를 동일시하려고도 했다.

그는 이런 과정을 통해 결국 동정이라는 방법도 일시적인 해탈에 지나지 않다는 사실을 깨닫고 의지의 부정을 향해 나아간다. 하지만 쇼펜하우어가 고통을 서로 나누는 동고의 의미에서 동정이라는 요소를 생각해 냈다는 사실 자체가 철학 역사에 있어서 획기적인 일이다. 이는 단순히 특이한 발상이라든가, 훗날 니체를 비롯한 수많은 철학자들에게 영향을 끼쳤다는 표면적인 평가에 그치지 않는다. 오히려 동정이라는 감정에 뿌리내린, 동고의 개념이 이성의 독주를 제어하는 장치로 기능한다는 점에서 동정의 진정한 의미를 찾을 수 있다.

쇼펜하우어는 행복론에 관한 책도 집필했는데 아무리 돈을 많이 갖고 있어도 행복을 얻을 수 있는 것은 아니라고 말했다. 돈보다 정신적인 교양이 없으면 행복해질 수 없다는 것이다. 이와 같은 사실에서도 쇼펜하우어가 감정적인 요소를 중시했음을 짐작할 수 있다. 그렇다고 해서 쇼펜하우어가 이성을 무시한 것은 아니니, 감정과 이성을 두루두루 살펴본 것이 쇼펜하우어의 높은 업적이라고 말할 수 있으리라.

24

키르케고르

실존철학

절망

절망이란 무엇인가?

혹시 절망의 구렁텅이에 빠져 본 적 있는가? 심한 절망감에 휩싸여 이 세상이 끝날 것 같은, 꺼져 가는 느낌……. 물론 아무리 절망스러운 상황에 부닥쳐도 세상은 끝나지 않고 땅이 꺼지지도 않는다. 단지 인생의 막다른 골목에 몰린 것처럼 지독하게 절망스럽다고 느낄 따름이다. 그렇다면 절망이란 과연 무엇일까?

절망을 철학의 주제로 논한 철학자가 있었으니, 『죽음에 이르는 병』이라는 책을 쓴 쇠렌 키르케고르다. 그의 생애는 평생 불안과 함께했다. 언제나 절망감을 느끼며 자신의 존재에 대해 끊임없이 고민했던 그에게 있어서 절망은 그야말로 죽음에 이르는 병이었다.

키르케고르는 인간은 절망에서 벗어날 수 없다고 잘라 말한다. 그렇다고 해서 그저 가만히 앉아서 죽음을 받아들이라는 이야기는 물론 아니다. 오히려 절망의 고통은 죽을 수도 없다는 사실에 있다. 죽을 만큼 힘든 고통을 맛보면서도 결코 죽을 수 없다. 인간은 무시무시한 죽음을 인지한 순간, 그 어느 때보다 강렬히 생을 갈구하기 때문이다.

그렇다면 인간은 왜 절망할까? 키르케고르는 이렇게 말한다.

"만약 인간의 내면에 영원한 존재가 없었다면 인간은 절망할 수도 없었을 것이다."

이 이야기는 '절망의 공식'이라고 불리는 키르케고르 이론과 곧바로 연결된다.

우선 인간은 자기 자신에게 절망한다. 그러면 절망하는 자신이 싫어서 절망의 소굴에서 벗어나려고 발버둥질한다. 죽으려고 하는 것이다.

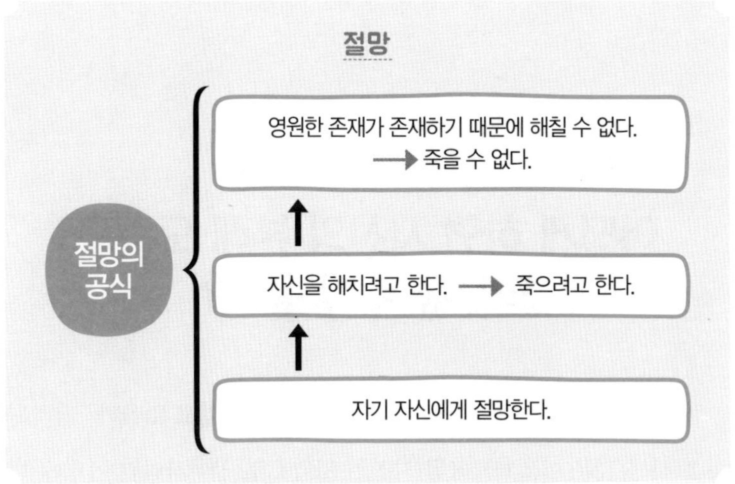

하지만 인간은 자신을 해칠 수 없다. 이는 인간의 마음속에 영원한 존재가 존재하고 있음을 증명한다. 인간에게는 영원의 이상향이 있기 때문에 절대 죽지 않는 것이다. 그런데 아이러니한 것은, 만약 인간의 내면에 영원한 존재가 없었다면 애초에 인간은 절망 따위 하지 않았을 것이라는 점이다. 인간은 이상이 있기 때문에 절망한다.

키르케고르는 절망을 죽음에 이르는 병이라고 표현했다. 하지만 이 병은 죽고 싶어도 죽을 수 없는 병이다. 그런 의미에서 키르케고르는 죽음이 아닌 삶에 집착했다. 오히려 적극적인 자세로 주체적인 삶을 모색한 것이다.

키르케고르는 자신의 인생을 스스로 개척하는 주체성이 곧 진리라고 선언함으로써 실존주의 철학의 서막을 열었다. 주체성을 상실한 상태가 바로 절망이다. 키르케고르는 절망에서 벗어나기 위해서는 주체적인 삶을 살아야 한다고 목소리를 높였다.

실존의 세 가지 단계

어떻게 하면 자신의 본래 모습을 되찾을 수 있을까?

일상생활을 영위하는 우리는 진정한 자신으로 살고 있을까? 거짓된 삶을 사는 것은 아닐까? 참된 자신의 모습으로 살아가려면 어떻게 해

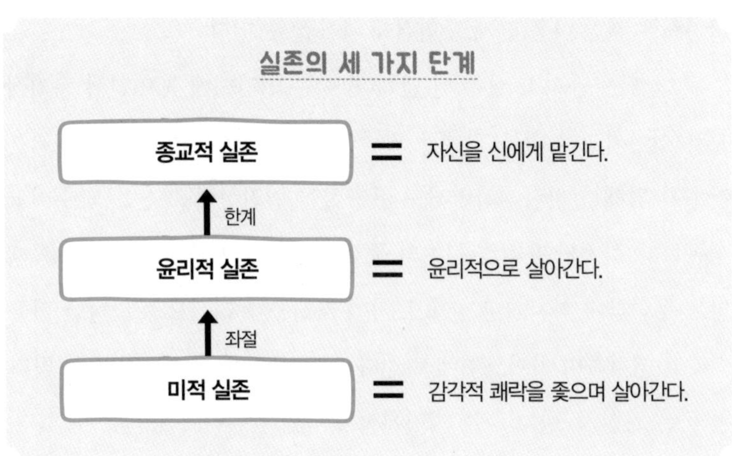

야 할까? 키르케고르는 이러한 철학적 질문들에 답을 준다.

키르케고르는 현대 실존주의 철학의 선구자로 꼽힌다. 그가 말하는 실존이란 '본래의 자기 자신'이고, 실존한다는 것은 본래의 자기 자신이 되기 위해 끊임없이 노력한다는 뜻이다. 이때 본래 자신의 모습을 상실한 상태를 절망이라고 볼 수 있다. 그럼 자신의 참모습을 되찾으려면 어떻게 해야 할까?

키르케고르는 주체성을 되찾기 위해 세 가지 단계를 제시한다. 바로 '실존의 세 가지 단계'다.

첫 번째는 '미적 실존'의 단계다. 이는 행동이나 선택의 근거가 감각적 쾌락에 머무르는 단계를 말한다. 미적 단계에서는 감각적인 삶을 살아갈 따름이다. 그런데 감각적인 쾌락을 손에 넣을수록 인간은 지독한 권태감을 맛본다. 반대로, 바라는 것을 얻지 못했을 때는 자기혐오에 빠지고 좌절이라는 이름의 절망을 맛본다. 이런 권태감과 좌절의 끝자락에 서면 다음 단계로 힘겹게 나아갈 수 있다.

두 번째는 '윤리적 실존'의 단계다. 이는 인간성에 눈뜨면서 윤리적으로 살아가고자 하는 단계를 말한다. 이 단계에서는 고매한 인격을 갖추기 위해서 바람직하면서도 윤리적인 인간상에 자신을 맞추려고 행동한다. 하지만 윤리적 실존의 종착역에 이르면 자신의 부족함을 깨닫고 무력감에 빠지거나 반대로 자기 자신을 윤리적으로 완벽한 인물이라고 생각하며 자아도취에 빠진다. 어느 쪽이든 윤리적 실존의 막다른 곳은 자신의 '한계'라는 의미에서 절망의 늪이라고 표현할 수 있다. 인간은 이런 불안과 절망을 통해 마지막 단계로 나아간다.

세 번째 단계는 '종교적 실존'의 단계다. 거듭되는 절망의 끝자락에서 자신을 신에게 맡기는 단계다. 일반적으로 인간은 자기 부정을 통해 자신의 죄를 뉘우친다. 그리고 자신의 내면에 신의 존재를 받아들인다. 이때 인간과 신은 너무나 동떨어진 실존의 격차가 있음을 알고 다시 심한 죄책감에 휩싸인다.

이 과정을 통해 마침내 인간은 자신과 전혀 다른 존재인 '신의 실존'을 받아들인다. 죄 많은 인간이 고결한 신의 실존 앞에서 '단독자'로 서게 되는 것, 이른바 '신 앞에 선 단독자'가 되는 것이다. 이때 인간의 두 다리를 지탱하는 것은 이성을 초월한 비합리적인 '신앙'뿐이다.

이처럼 인간은 신을 앞에 두고 가까스로 본래 자신의 참모습을 자각한다. 신앙을 바탕으로 주체적인 삶에 대해 고민하기 시작하는 것이다. 이것이 바야흐로 '실존'의 서막이다.

25

니체

실존철학

위버멘쉬

강하게 살아가려면 어떻게 해야 할까?

인간은 참으로 나약한 존재다. 하지만 약하다고 해서 마냥 숨어 지내거나 삶 자체를 회피할 순 없다. 어떻게 해서든 살아가야 하기 때문이다.

자신의 나약함을 인정하면서도, 그것을 딛고 강하게 살아가기 위해서는 어떻게 해야 할까? 프리드리히 니체가 주장하는'위버멘쉬(Übermensch, 초인)' 사상은 강인한 삶을 원하는 현대인에게 하나의 지침이 된다.

니체의 철학을 한마디로 표현하라면, 대부분의 사람은 "신은 죽었

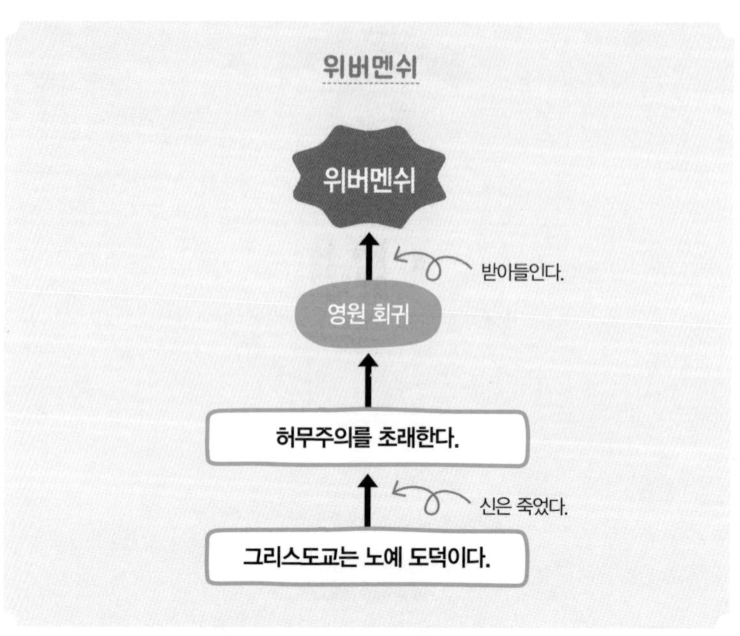

다"라는 선언을 떠올릴 것이다. 하지만 이 말은 신이 죽었음을 의미하는 말이 아니다. 이른바 그리스도교 비판을 일컫는다.

그리스도교는 나약한 인간을 보듬어 주고 따스한 손을 내밀어 주는 '사랑의 종교'다. 인간은 보잘것없는 존재이기에, '신'은 인간을 구원해 주는 존재로 등장한다. 그리하여 인간들은 자신의 나약함을 인정하고 신이라는 존재에 삶을 송두리째 맡기고 의지하게 되었다.

니체는 이런 관계 속 인간은 노예와 마찬가지라고 신랄하게 비판했다. 심지어 니체는 그리스도교를 '노예 도덕'이라고 불렀다. 그리고 노예 도덕을 벗어나는 과정에서 '니힐리즘(nihilism, 허무주의)'을 만나게 되지만, 이를 극복하려면 노예 도덕에 기대지 않고 강하게 살아야 한다고 호소했다. 이것이 니체 사상의 핵심으로, 이런 연유에서 '신은 죽었다'고 선언한 것이다.

한편 니체는 인간의 삶이 끊임없이 되풀이된다고 생각했다. 바로 '영원 회귀'다. 덧없는 삶이 똑같이, 더욱이 영원히 계속되는 영원 회귀는 누구에게나 끔찍한 일이다. 똑같은 일이 이번 생뿐만 아니라 다음 생, 그다음 생에도 되풀이된다면 상상만 해도 지긋지긋하다. 하물며 그것이 괴롭고 고통스러운 일이라면 더더욱!

하지만 주어진 생을 강인하게 살아 내려면 이 영원 회귀를 이해하고 받아들여야 한다. 노예 도덕에 기대 천국과 이상향을 찾으며 삶을 회피하는 것이 아닌, '다시 한 번 부딪쳐 보자!'는 마음으로 주어진 생을 받아들이고 열심히 살아가야 하는 것이다.

니체는 이처럼 노예 도덕에 기대지 않고 영원 회귀를 받아들일 수 있는 존재를 '위버멘쉬'라고 불렀다. 영원히 반복되는 삶을 받아들이고 누군가에게 기대지 않은 채 스스로 생을 긍정할 수 있는 존재라면 이는 영화에 나오는 슈퍼맨과는 차원이 다른, 인류의 상식을 초월한 존재일 테니까.

그렇다고 해서 위버멘쉬를 영원히 다다를 수 없는 존재라고만 생각하면 안 된다. 니체는 강인하게 살아가고자 하는 간절한 의지만 있다면 누구나 위버멘쉬가 될 수 있다고 주장했다.

이처럼 니체는 사람들이 주체적으로 자신의 삶을 구성하고 꾸려 가야 한다고 주장한, 삶을 긍정한 철학자였다.

힘을 향한 의지

인간을 움직이는 힘은?

혹시 살면서 뭔가 커다란 힘에 이끌려 결정을 내리거나 판단을 내린 적은 없는가?

분명 우리는 매 순간을 또렷하게 의식하며, 냉철하게 행동하는 듯하다. 하지만 모든 일이 자신이 생각한 대로 착착 진행되는 것은 아니다. 분명 이성으로 파악하기 힘든 무의식적이고 맹목적인 힘이 작용하고 있다. 이런 위대한 힘의 정체를 니체는 예리하게 통찰했다.

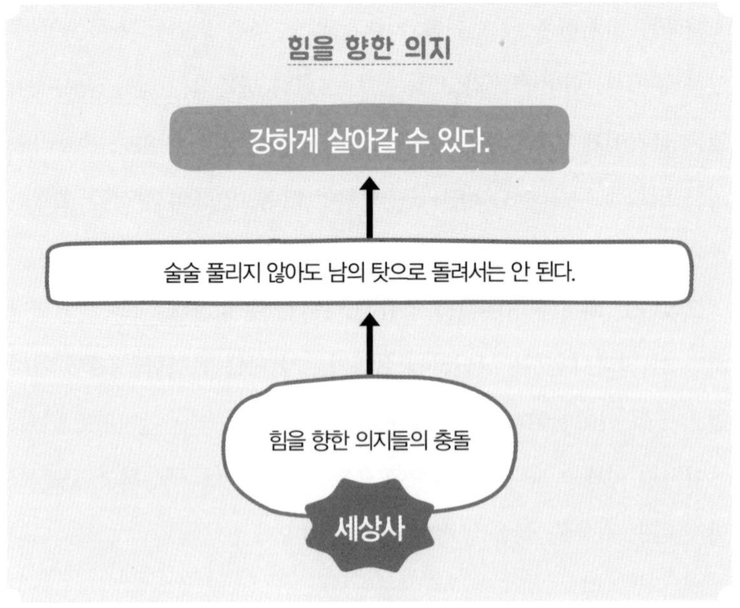

니체는 모든 인간의 행위에는 '힘을 향한 의지'가 작용한다고 말했다. 어떤 상황에서도 다양한 힘이 엎치락뒤치락하면서 결과가 정해지기 때문이다. 이는 사회를 면밀히 들여다보면 단박에 알 수 있으리라.

항상 온갖 문제가 일어나고 세상이 떠들썩하지만, 온 세상을 발칵 뒤집은 사건과 사고도 서서히 수습되기 마련이다. 다양한 견해나 주장이 넘쳐 나도, 여러 목소리들이 부딪침으로써 최종적으로 결말이 나오고 차츰 안정을 찾아간다. 하지만 이 결과는 우리의 능력 밖이다. 세상사는 냉철한 이성으로 해결되지 않는다는 뜻이다. 따라서 우리 인간이 할 수 있는 일은 힘을 향한 의지를 갖는 일뿐이다.

인간은 이렇게 하고 싶다, 저렇게 되고 싶다는 생각을 가지고 앞으로 나아간다. 하지만 실제 현실에서 보면 자기 생각대로 일이 풀리지 않을 때가 훨씬 더 많다. 이렇게 일이 술술 풀리지 않을 때 우리는 남을 탓하거나 바깥에서 원인을 찾는다. 그러나 그런 태도는 잘못된 것이다. 그도 그럴 것이 모든 것은 힘을 향한 의지의 소행이기 때문이다.

이 세상 모든 일은 자신이 무엇인가를 갈망하는 마음에 따라 생겨나는 허구에 불과하다. 그러니 생각대로 일이 진행되지 않더라도 실망하거나 남 탓을 해서는 안 된다. 다른 사람을 원망하는 순간, 그리스도교의 노예 도덕에 의지해서 살아가는 것이나 다름없는 처지가 되기 때문이다. 자신이 만들어 낸 허구인 이상, 그 허구를 받아들여야만 한다.

이 과정을 통해 결국 인간은 '힘을 향한 의지'를 갖는다. 이 힘은 모든 것을 움직인다. 나아가 이 힘은 과학, 종교 등등 인간의 모든 행동을 탄생시켰다. 특히 니체가 주목한 분야는 예술이었다. 그는 가장 이상적인 힘의 활동을 창조하는 힘이 작용하는 예술적 활동이라고 보았기 때문이다.

니체가 주장한 '힘을 향한 의지'는 생명과 삶을 적극적으로 모색하며 긍정한 개념이었다. 이는 지금까지 근대 철학에서 중시한 합리적인 이성을 비판하고 비합리적인 생의 의미를 고찰하는 철학인 생철학으로 발전하며 후대 철학가들에게 큰 영향을 주었다.

26

베르그송

생철학

순수 지속

시간이란 무엇인가?

우리는 "벌써 8시네" 하며 구체적인 시간을 항상 의식한다. 시계를 가까이하며 언제나 시간 속을 살아가고 있는 것이다. 그런데 시간이란 무엇일까?

시계는 시간의 경과를 바늘 사이의 거리로 수치화시킨다. 그렇다면 시간은 '시계'일까? 안타깝게도 시계는 시간이 아니다. 1분, 1시를 가리키는 시계는 생활의 편의를 도모하기 위해 우리가 만들어 낸 도구에 지나지 않는다.

시간은 무엇이고, 우리는 시간을 어떻게 받아들여야 할까? 앙리 베르그송의 '순수 지속'은 이러한 물음에 답을 준다.

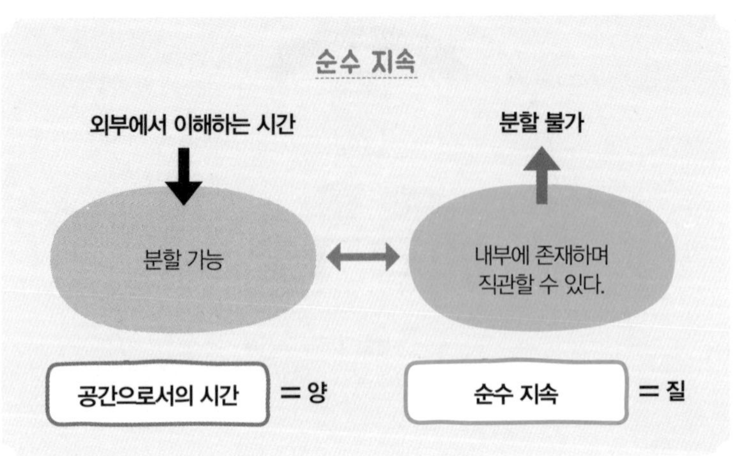

우리는 보통 시간을 양적으로 잴 수 있는 개념이라고 생각한다. 예컨대 한 시간, 두 시간 식으로 시간을 세는 것은 시간이 분할 가능한 성질을 가진 양적 개념이라고 이해한 것이다. 그러나 베르그송이 주장한 시간이란 인간의 내면에 존재하는 직관적인 개념이다. 이를테면 마음속의 시간이라고 할 수 있다.

마음속 시간은 낱개로 쪼갤 수 없다. 달리 표현하면 순간순간의 시각은 각각 따로따로 독립적으로 존재하지만 실제로 시간은 자신의 내면에서 서로 이어져서 일부의 시간이 전체를 비추는 형태로 존재한다는 것이다. 요컨대 각각의 음이 끊어지지 않고 부드럽게 이어지는 멜로디처럼 시간도 내면으로 직관하면 전체적으로 이어져 흘러가는 것이다.

그럼에도 불구하고 우리는 숫자를 더하듯이 시간을 단편적으로 인식한다. 베르그송은 이처럼 분할된 시간 개념은 공간 개념에 익숙한 사람들이 시간을 공간적으로 파악하려는 데 그 원인이 있다고 말한다. 시간은 공간과 다르다. 공간은 양으로 측정할 수 있다. 1제곱미터를 추가하면 그만큼 방의 크기는 더 커진다. 하지만 시간은 늘어나지 않는다. 시간은 양과 대비되는 질적 존재이다. '순수 지속'은 이렇게 직관을 통해 파악하는 질적 존재로서의 시간, 의식의 흐름처럼 지속해서 이어지는 시간을 뜻한다.

일상생활에서 시간을 양으로 계산하지 않고 생명과 관련된 직관적인 개념으로 포착하면, 우리가 겪은 과거도 단순히 지난 시간에 머무르지 않는다. 우리가 기억을 떠올렸을 때 과거는 분절된 사건에서 벗어나, 생생하게 되살아난다. 이때 기억은 머릿속에 잠자고 있던 것을 단순히 끄집어내는 것이 아니다. 우리의 머릿속에 과거 그대로 존재하고 있는 것이다.

우리의 일상은 째깍째깍 돌아가는 시곗바늘에 따라 움직이기 때문에 시간을 보는 관점이 달라지면 인생의 의미부터 사회 상황, 사회의 의미도 달라질 수 있다.

더 이상 시간을 양으로 잴 수 있는 물리적 관점이 아닌 인간 내면에서 끊임없이 지속하는 '순수 지속'의 개념으로 받아들여 보자. 그러면 우리는 시간을 더욱 소중하게 받아들일 수 있으리라.

엘랑 비탈

인간은 어떻게 진화하는가?

인간은 어떻게 진화했을까? 찰스 다윈(Charles Darwin, 1809~1882)이 『종의 기원』에서 제시한 진화론은 인간의 진화를 이론적으로 규명해 준 획기적인 이론이었다. 단순하게 이야기하자면, 자연계의 생활 조건에 적응한 생물체만 살아남는 자연선택으로 인해 다른 영장류들과 분리되어 차츰차츰 인간으로 진화했다는 주장이다.

이 이론을 처음 접한 철학자들은 복잡다단한 생명의 역동성을 설명하기에는 자연선택이 지나치게 단선적인 이론이라고 생각했다. 그렇

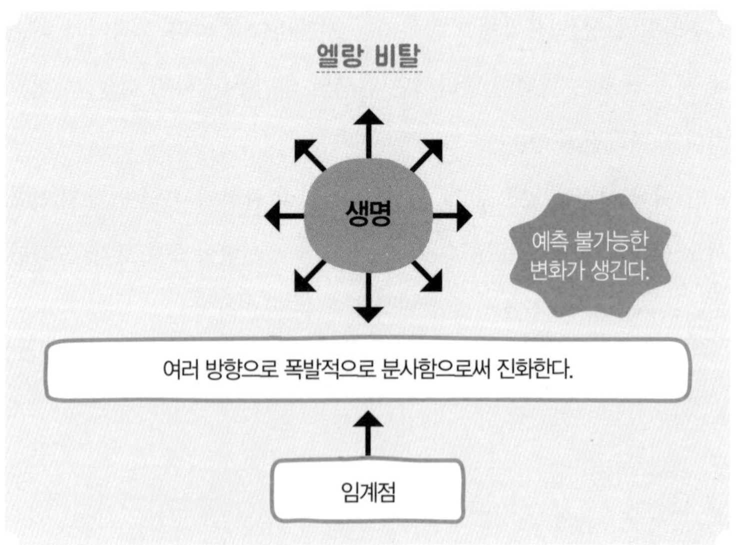

다면 철학자들은 진화의 개념을 어떻게 통찰했을까?

여기에서는 베르그송의 독자적인 진화론을 소개하고자 한다. 바로 '엘랑 비탈(élan vital)'이라는 개념이다. '엘랑(élan)'이란 '도약', '비약'이라는 뜻의 프랑스어로, '엘랑 비탈'은 '생명의 비약'이라는 의미다. 즉 생명은 결코 일원화된 진화로 탄생한 것이 아니라, 오히려 여러 방향으로 폭발적으로 분산됨으로써 비약적으로 진화했다는 이야기다.

생명이 일정한 시점에서 식물과 동물로 갈라졌지만, 식물에도 동물의 흔적이, 동물에도 식물의 흔적이 남아 있다. 식물 가운데 식충식물이나 움직이는 식물이 있다는 사실에서도 이를 짐작할 수 있다. 이처럼 생명은 여러 갈래의 흐름으로 분화해 나가며 진화하는데, 이 진화의 원동력이 바로 엘랑 비탈이다.

엘랑 비탈의 존재를 증명하기 위해 베르그송은 서로 다른 진화 라인에 속해 있지만 유사한 구조를 갖추고 있는 기관에 주목했다. 예를 들면 '연체동물과 척추동물이라는 전혀 다른 진화 라인에 속한 생물이 모두 눈이라는 복잡한 기관을 가진 이유는 무엇일까?'와 같은 문제를 고민한 것이다. 실제로 연체동물과 척추동물의 눈은 화학적 구성이나 유래하는 배아(胚芽)가 전혀 다른데도 비슷한 형태와 기능을 갖추고 있다.

베르그송은 이 문제를 다음과 같이 생각했다. 신체 조직에서 발생한 어떠한 문제가 임계점에 도달하면, 예측 불가능한 생명의 변화가 생겨난다. 즉 '본다'는 강력한 갈망이 에너지로 작용해 임계점에 도달했고 그것이 마침내 눈이라는 기관으로 형성되었다고 생각한 것이다.

더욱이 베르그송은 생명의 진화 과정을 기계론적으로 이해하려는 발상을 거부했다. 기계론적 사고에서는 자연계 전체를 수학적인 법칙에 지배당하는 거대한 기계로 포착한다. 기계론은 미래의 진화까지도 계산하려고 덤비는데 이렇게 되면 생명의 모든 움직임은 이미 결정되고 주어진 것에 불과하다는 결론에 이른다. 예측 가능한 물질에만 적용할 수 있는 법칙을, 전혀 예측 불가능한 사태가 발생할 수 있는 생명의 세계로까지 부당하게 확대하려고 한 것이다. 베르그송은 이러한 기계론적 사고를 강력하게 비난했다.

우리는 베르그송을 통해 생명은 정지된 물질과는 엄연히 다르며, 쉼 없이 운동하는, 말 그대로 살아 있는 생명 그 자체로 바라봐야 한다는 것을 알 수 있다.

27

후설

현상학

현상학적 환원

세계를 다른 관점에서 보는 방법은?

대부분의 사람은 고정된 시선으로 사물을 보고 세상을 바라본다. 하지만 이렇게 사고하는 것은 좋은 방법이 아니다. 늘 같은 시각으로 사물을 바라보고 내린 결론이 진실이 아님을 알게 되었을 때, 큰 충격에 휩싸이기 때문이다. 그렇다면 세계를 전혀 다른 관점으로 볼 방법은 없을까? 좀 더 색다른 관점에서 세계를 보고 싶다면 에드문드 후설의 '현상학적 환원' 개념이 훌륭한 길잡이가 되어 줄 것이다.

후설은 우리가 사물이나 세계의 존재를 미리 확신하고 있다고 말한다. 이는 평소의 경험이 초래하는 습관과 같은 것으로 지극히 단순

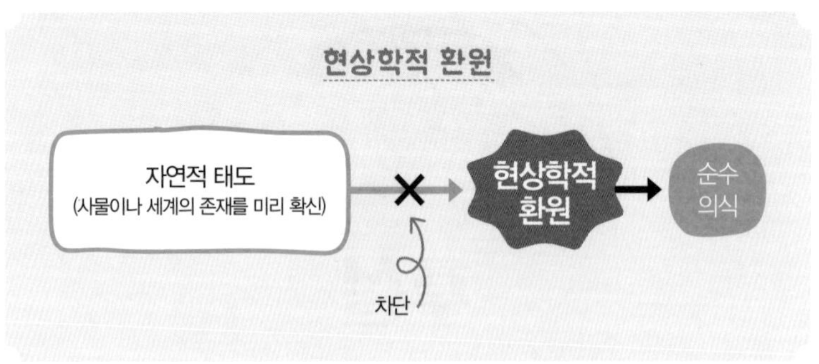

한 '자연적 태도'라고 표현한다. 하지만 참된 진리를 구하기 위해서는 이런 자연적 태도로는 부족하다고 주장한다. 여기에서 필요한 관점이 '초월적 태도'다. 이는 철학적 반성을 덧붙여서 의심의 여지가 없는 근원적인 것을 추구하려는 자세다.

애초에 사물에 대한 개념 등 추상적인 관념과 관련해서는 자연적 태도와 같이 습관에 기인한 판단을 내려서는 안 된다. 따라서 후설은 이와 같은 타성에 젖은 태도를 차단하라고 주장한다. 그래야만 의식이 순수하게 받아들인 그대로 사물의 본질이 드러난다고 생각했기 때문이다. 이처럼 자연적 태도에서 초월적 태도로 이행하는 태도의 변화가 바로 '현상학적 환원'이다. 더 나아가 현상학적 환원에 따라 모든 경험적인 것을 배제하고서도 남는 것은 '순수 의식(초월론적 주관성)'이라고 부르는 영역이다.

이처럼 현상학은 의식의 본질에 관한 학문이자, 의식 전체 영역의 본질 분석을 철학 과제로 삼고 있다. 이때 본질은 보편성을 갖추고 있다. 일반적으로 사실과 본질은 불가분의 관계로 맺어져 있지만, 본질은 특정한 사실에만 연결된 필연성이 아니다. 따라서 의식은 개별적, 우연적인 특성이 아닌 보편적인 성질로 해명된다.

후설은 의식에 주어지는 다양한 체험들의 본질을 있는 그대로 파악하기 위한 작용을 '본질 직관'이라고 말한다. 여기에서 경험적인 사실과 관련된 '경험적 직관'과 본질 직관은 분명 구분할 필요가 있다. 본질 직관을 통해 파악한 본질이 결코 완벽하다고는 볼 수 없겠지만, 본질 직관의 중요성을 부각했다는 점에서 후설이 제창한 현상학은 학문으로서 의의가 있다.

현상학적 환원을 통한 본질 직관에 힘입어 우리는 색다른 시각으로 세계를 바라볼 수 있다. 자, 이제 경험과 습관에 의존하는 시각에서 벗어나 사물의 본질에 접근해 보는 것은 어떨까?

에포케

판단을 멈춘다는 것은 어떤 의미일까?

현상학적 환원에 따라 상식을 의심하고 진리를 추구하기 위해서는 판단을 멈출 필요가 있다. 하지만 어떻게 하면 판단에 일시 멈춤이라는 버튼을 누를 수 있을까?

인간의 머릿속은 일단 사물을 떠올리면 생각에 생각이 꼬리를 물어

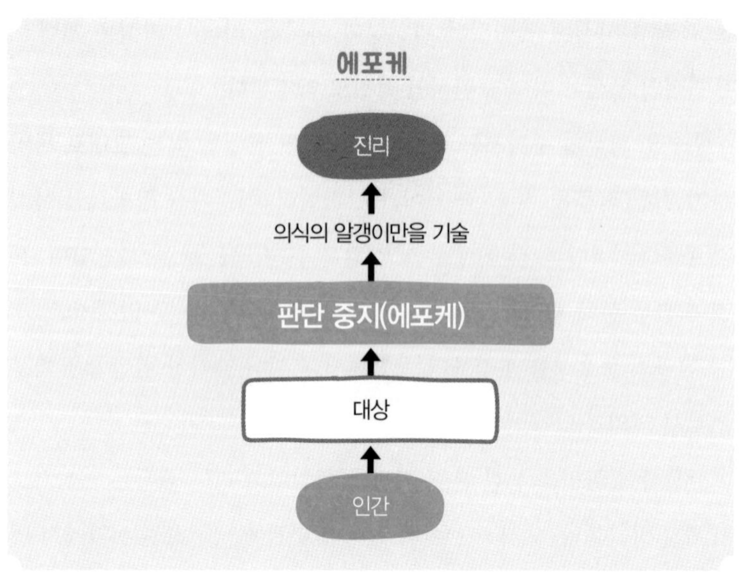

서 판단을 멈추는 일이 그리 간단하지 않다. 더군다나 '이것이다!' 하고 마음을 먹으면 어지간해서는 결심을 바꾸려고 하지도 않는다. 이처럼 딱딱하게 굳은 생각에 멈춤 버튼을 누르고 리셋하고 싶다면, 후설의 '에포케(epochē)'라는 개념에 귀 기울여 보자.

에포케란 '중지'를 뜻하는 그리스어에서 유래하는 말로, 고대 그리스의 철학자인 피론(Pyrrhon, B.C.360?~B.C.270?)이 처음으로 쓴 말이다. 피론은 진리를 탐구하기 위해서는 단정을 피하고 일단 판단을 멈추어야 한다고 했는데 후설은 이 발상을 자신이 주창한 현상학에 응용했다.

후설은 에포케를 현상학이라는 학문의 탐구 방법으로 사용했다. 그는 개념 등의 추상적인 존재에 대해 생각할 때, 단순히 습관에 바탕을 두고 판단을 내린다면 참된 본질을 알 수 없다고 강조했다. 그래서 필요한 것이 '판단 중지', 즉 '에포케'다. 요컨대 우리가 일상생활에서 '거기에 있다'고 확신하는 세계의 존재를 자연적 태도가 초래한 이미지에 불과하다고 여기고, 그 부분에 일단 '괄호를 치고' 보는 것이다.

순수 의식으로 본질을 탐구하기 위해 상식을 의심하는 것, 바로 이것이 판단을 중지한다는 의미다. 이후에는 의식의 내면에 자연스럽게 나타나는 것만 표현하게 된다. 이른바 의식의 알갱이만을 기술하는 것이다. 이것이 바로 '현상학적 환원'이라고 부르는 개념의 구체적인 사고 과정이다. 후설은 이런 과정을 거쳐서 자신의 의식과 외부의 세계가 이어지고 마침내 진리를 볼 수 있게 된다고 주장했다.

물론 에포케와 관련해 몇 가지 비판도 존재한다. 예를 들면 객관적인 진리를 괄호에 넣는 바람에 주관적인 진리만 기술하게 되는 것은 아니냐는 비판이다. 이른바 이중 진리 상태에 빠질 수도 있다는 것이다. 이와 관련해 후설은 에포케 상태에서는 결코 객관적인 진리 대신 주관적인 진리를 기술할 수 없고, 오히려 객관적 진리의 근원적 의미를 묻는 방법이 에포케라고 대답한다.

요컨대 에포케는 판단의 멈춤이지, 판단의 포기가 아니라는 뜻이다. 에포케는 더 깊이, 더 근원적으로 통찰하기 위한 실천적 연구 방법임을 유념하도록 하자.

28

하이데거

실존철학

세계-내-존재

인간의 근원적인 삶이란?

인간이 인간답게 살아가려면 어떻게 해야 할까? 인간의 근원적인 삶이란 도대체 무엇일까? 바쁘게 돌아가는 현대 사회를 살아가는 대부분의 사람들은 이런 물음의 답을 생각하기 어렵다. 그저 하루하루를 정신없이 보내고 있을 뿐이다. 하지만 인간인 이상 '내가 과연 제대로 살고 있는 걸까?' 하는 철학적인 질문을 때때로 자신에게 던진다. 그런 의미에서 인간은 살아가는 의미나 근원적인 삶에 대한, 답이 보이지 않는 물음을 평생 가슴에 안고 사는지도 모른다.

마르틴 하이데거의 '세계-내(안)-존재'는 우리가 인간의 근원을 탐구할 때 훌륭한 지침이 되는 철학 개념이다.

하이데거가 표현한 '세계-내-존재'란 세계라는 테두리 안에서 다양한 사물과 관련을 맺고 서로 배려하면서 살아가는 인간의 모습을 표현한 것이다. 예를 들면 우리는 아침에 일어나서 칫솔을 이용해서 이를 닦고, 아침 식사를 할 때는 식기를 사용한다. 출근길에 차를 이용하고, 회사 업무를 볼 때는 컴퓨터를 활용하며, 잠자리에 들 때는 침대에 누워 잠을 청한다. 이 모든 사물은 우리에게 도구이며, 우리는 그 도구에 둘러싸여 생활한다. 하이데거는 이처럼 세계와 함께하는 인간 존재의 특성을 포착해 인간을 '현존재'라고 불렀는데, 그런 의미에서 '현존재'가 곧 '세계-내-존재'인 것이다.

다만 인간이 사물과 관련을 맺고 살아간다는 것은 단순히 사물에 둘러싸여 의식주를 해결하며 살아가는 삶을 뜻하지 않는다. 그런 식으로 사물에 휩싸여 의미 없이 아침 식사를 되풀이하는 존재였다면 나라는 존재는 누가 되어도 상관없다. 하이데거는 이런 존재를 그저 인간, 곧

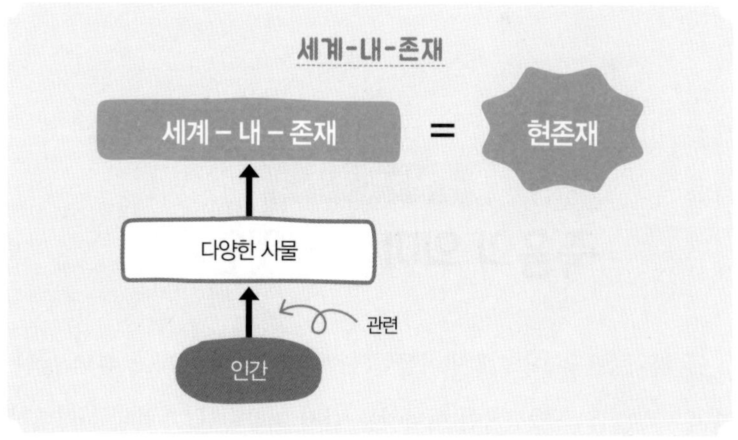

익명의 '세상 사람(das Man)'이라고 불렀다. 문제는 이럴 경우 궁극의 목적이어야 할 인간이 교환 가능한, 대체 가능한 존재로 전락한다는 사실이다. 만약 인간이 도구적 목적에 그친다면, 반드시 '나'일 필요는 없다. 따라서 하이데거는 교환 가능한 인간의 삶을 비본질적인 존재 방식으로 파악하고, 본질적인 삶을 강조했다.

원래 하이데거는 세계－내－존재라는 개념을 생각해 낼 때, 생물학에서 환경세계라는 개념을 참고했다고 한다. 모든 생물은 환경세계를 갖고 있지만, 이 환경세계가 모두 동일한 것은 아니다. 우선 무생물의 경우, 살아 있지 않기에 세계를 갖지 않는다. 그리고 동물의 경우, 본능에 의해 살아가기에 세계에 고착된다. 반면에 인간의 세계는 형성적이다. 즉 인간은 스스로 세계를 만들어 내는 생물이라는 것이다.

정작 하이데거 본인은 자신의 사상이 실존주의로 일컬어지는 것을 부정했지만, 그의 철학이 스스로 인생을 개척하는 실존철학으로 분류되는 것은 바로 이런 이유 때문이다.

선구적 결단

죽음의 의미는 무엇인가?

인간은 죽음을 어떻게 받아들일까? 대체로 죽음이라고 하면 상실, 슬픔, 공포 등등 부정적인 이미지를 먼저 떠올린다. 그런데 하이데거는 죽음이라는 인생의 가장 무거운 주제에 긍정적인 해답을 제시했다.

인간의 내면에는 근원적인 불안이 똬리를 틀고 있다. 누구나 품고 있는 죽음에 대한 불안이다. 그럼에도 불구하고 하이데거는 이 불안을 '선구적 결단'이라는 긍정적인 마음가짐으로 전환하려고 한다. 간단하게 말하자면 선구적 결단이란, 미래에 닥칠 죽음의 가능성을 미리 앞질러서 각오하고 받아들인다는 의미다. 이를 통해 하이데거는 현존재를 시간성 안에 자리매김했다. '탄생과 죽음' 사이에 낀 존재의 유한성을 자각하게끔 한 것이다.

현존재는 선구적 결단으로 말미암아 자신의 죽음을 직시함으로써 산산이 부서지는 고통을 맛본다. 한편으로는 이미 던져진 현실로 되돌아와서, 자신의 고유한 가능성에 집중하며 죽음을 적극적으로 받아들일 각오를 한다. 요컨대 죽음을 향한 존재로서 대체 불가능한, 주체적인 삶을 살아갈 수 있는 것이다.

누구나 죽음을 의식하면 진심을 다해 살아가려는 마음이 샘솟는다. 하이데거는 바로 그런 진지한 자세로 삶에 임하는 모습이 본질적인 현존재라고 주장했다. 이처럼 하이데거는 유한한 삶을 의식하기 위해

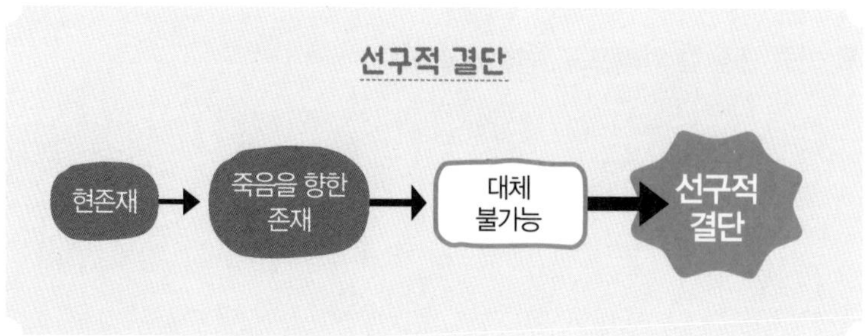

죽음을 긍정적으로 포착했다. 이것이 그가 죽음의 철학자로 일컬어지는 이유이기도 하다.

죽음을 향한 존재는 하이데거의 시간 개념에서도 또렷이 드러난다. 요컨대 하이데거는 죽음을 자각하는 일이 '선구적 결단'을 낳고, 선구적 결단을 통해 비로소 지금 이 순간을 의식한다고 말한다. 이것이 그가 말하는 근원적 시간, 즉 '본래적 시간성'이다.

반면에 미래를 막연하게 받아들이고, 현재라는 시간을 허투루 살아간다면 '비본래적 시간성'만 보게 된다. 결과적으로 죽음을 망각하고 그저 하루하루 의미 없이 시간을 흘려보내는 '그저 인간'으로 살아간다. 이와 같은 맥락에서 하이데거는 통속적인 시간 개념을 극복해야 한다고 호소한다.

하이데거는 말년에 히틀러와 나치를 지지한 행동으로 대학에서 추방당하고 많은 비난을 받았다. 그가 적극적 협력자가 아니었다는 의견도 있지만, 제2차 세계대전의 원인이자 극심한 인종차별주의를 주장한 나치에 협력했다는 것은 비판받아 마땅하다.

하지만 죽음의 의미를 긍정적으로 포착하고 인간 존재의 의미를 끊임없이 모색한 하이데거의 철학만큼은, 오늘날까지도 깊이 있게 연구될 만큼 훌륭한 업적으로 추앙받고 있다.

29

사르트르

실존철학

실존주의

운명을 바꿀 수 있을까?

과연 운명을 바꿀 수 있을까? 아니, 운명은 바뀔 수 있을까?

운명을 부정하고 좀 더 적극적으로 자신의 미래를 개척하고 싶은가? 만약 "그렇다"라고 대답했다면, 장 폴 사르트르의 '실존주의' 사상이 훌륭한 길잡이가 되어 줄 것이다.

실존주의는 자신의 인생을 개척해 나가는 주체적 삶을 강조한 철학이다. 사르트르 역시 인간이란 어떤 본질에 지배를 받는 고정된 존재가 아니라, 스스로 삶을 개척해 나가는 실존적 존재라고 힘주어 말했다.

키르케고르와 니체, 하이데거를 비롯한 많은 철학자들이 실존주의의 중요성을 설파했는데, 사르트르는 이를 체계적으로 정리해 실존철

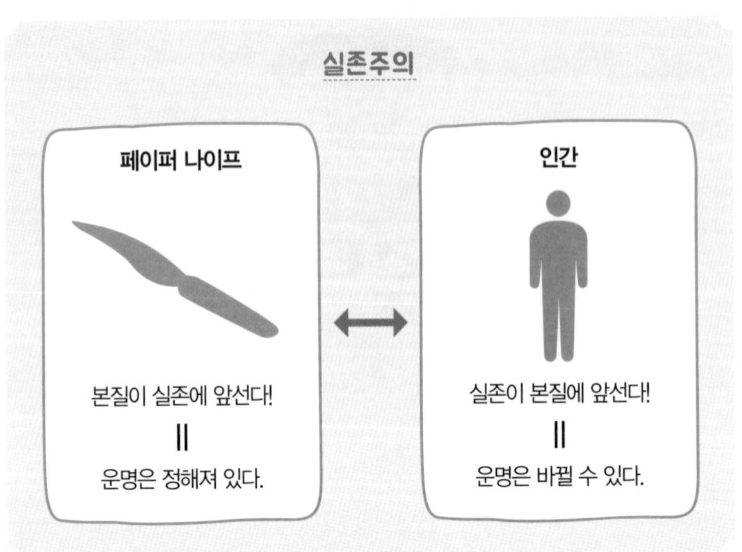

학의 중심에 섰다.

실존주의를 본격적으로 소개한 사르트르의 저서 『실존주의는 휴머니즘이다』는 제2차 세계대전 직후인 1945년 10월, 그가 파리에서 한 강연을 담은 책이다.

당시 강연장은 수많은 청중들로 가득 차 있었다고 한다. 그도 그럴 것이 이 시기는 사람들이 실존주의를 삐딱한 시선으로 보고 있었던 터라, 실존주의가 무엇인지 직접 확인하고 싶은 사람들이 강연장에 우르르 몰려온 것이다. 사르트르는 이와 같은 거센 반발 속에서 시대를 뚫고 앞으로 나아갔다.

강연회 자리에서 그는 실존주의를 "실존은 본질에 앞선다"라고 간명하게 표현했다. 여기서 '실존'이라는 것은 현실 존재를 뜻하고, '본질'이라는 것은 정해진 운명과 같은 것이다.

사르트르는 종이 자르는 칼인 페이퍼 나이프(paper knife)를 예로 들어 설명했다. 페이퍼 나이프는 어떤 방식으로 만들어진 물체이자, 동시에 종이를 자르는 일정한 용도, 즉 본질을 갖추고 있다. 그렇기에 페이퍼 나이프는 본질(용도, 구실)이 앞서야 비로소 존재한다고(실존) 말할 수 있다. 본질에 따라 존재가 한정되어 있기 때문이다. 따라서 페이퍼 나이프처럼 제작 방식이나 용도가 미리 정해져 있는 존재는 본질이 실존에 앞선다. 달리 표현하면 운명이 이미 정해져 있는 셈이다.

인간은 이와 반대로 '실존이 본질에 앞선다'. 인간은 태어난 직후에는 아무것도 할 수 없는 존재다. 하지만 조금씩 성장해 가며, 스스로 자신의 삶을 만들어 나간다. 인간의 운명은 본질이 결정된 페이퍼 나이프와는 달리 바뀔 수 있는 것이다.

사르트르는 이처럼 자신의 인생을 자유롭게 선택할 수 있는 상태를, "인간에게 자유형이 선고되었다"라고 이야기했다. 이는 스스로 무엇인가를 선택하지 않고서는 한 걸음도 앞으로 나아갈 수 없는 인간의 자유로운 삶을 가장 적절하게 표현한 말이다.

우리는 "알아서 하세요. 뭘 해도 좋습니다"라는 말을 들으면 오히려 혼란스러워한다. 하지만 다르게 생각해 보자. 사르트르의 말을 통해 우리는, 인간만이 자신의 선택으로 인생을 만들어 나갈 수 있다는 자랑스러운 진실을 깨달을 수 있다.

앙가주망

사회 개혁은 어떻게 실현할 수 있을까?

더 나은 사회를 만들기 위해 사회 개혁을 외치더라도 하루아침에 가시적인 변화나 변혁은 이루기 힘들다. 어찌해 볼 수 없는 현실적인 문제, 넘을 수 없는 벽이 분명 존재하기 때문이다. 그럼에도 불구하고 개혁을 향해 돈키호테처럼 무모하게 돌진해야 하는가? 아니면 안주하는 삶을 살아야 하는가?

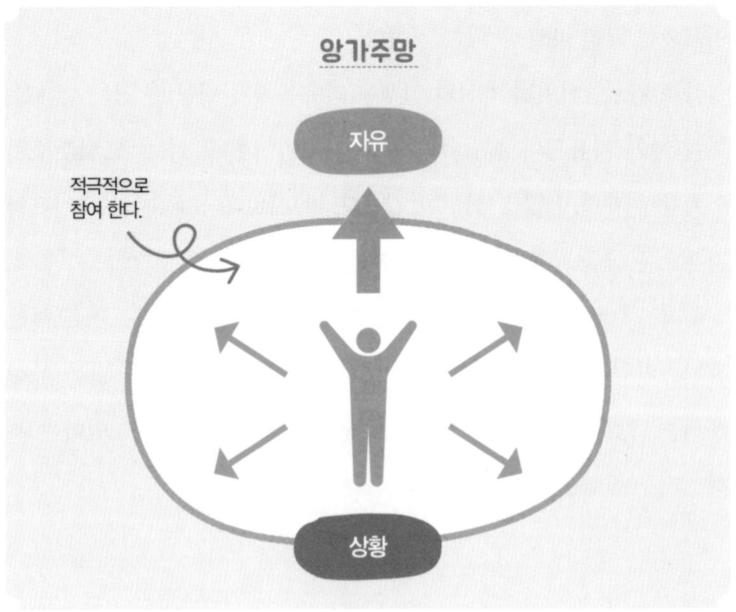

사르트르가 주장한 '앙가주망(engagement)'은 이런 물음에 진취적인 답을 준다.

사르트르는 전쟁을 직접 겪은 세대다. 실제로 제2차 세계대전 당시 독일군의 포로로 붙잡혔다가 가까스로 탈출하기도 했다. 이 때문에 그의 사상은 전쟁의 극한 상황에 영향을 받았다. 전쟁이라는 피할 수 없는 억압 속에서, 결국 '자유'란 주어진 '상황' 속에서만 가능하다는 사실을 뼈저리게 실감했던 것이다.

주어진 상황 속에서 자유를 실현하려면 어떻게 해야 할까? 상황을 피할 수 없다면 직접 뛰어드는 수밖에 없다. 이것이 사르트르가 찾아낸 답이었다. 바로 프랑스어로 '적극적인 사회 참여'를 뜻하는 '앙가주망'이다.

'앙가주망'을 바탕으로 하는 저돌적인 자세는 꿈쩍도 하지 않는 현실을 어쩔 수 없이 받아들이는 소극적인 태도와는 180도 다르다. 오히려 적극적인 사회 참여를 통해 상황을 변화시킬 수 있다는 대단히 진취적인 태도다. 그러니 결과는 나중 문제다. 멍하니 벽만 쳐다보고 있으면 아무것도 달라지지 않는다. 힘껏 맞서 싸워야 한다. 자유는 그 벽 너머에 있을 테니까.

사르트르가 주장한 용감무쌍한 앙가주망의 이면에는 책임감이 뿌리를 내리고 있다. 그 책임감이란 자신이 내린 자유로운 선택에 따른 책임이자, 인류에 대한 책임이다. 사르트르는 나의 행위가 나의 실존을 결정할 뿐만 아니라 전 인류의 실존을 결정하는 일이라고 생각했던 것이다. 이처럼 실존주의는 자기 자신만 좋으면 그만이라는 편협한 사고가 아니라, 인류와 사회를 위한 사상이다.

마침내 사르트르의 실존주의는 개인의 행동을 통해 사회 변혁을 실현하는 이론으로 발전해 나갔다. 실제로 사르트르는 베트남 전쟁에 반대하는 반전 운동을 펼쳤고, 알제리 독립운동에 참여하는 등, 앙가주망을 실천하며 행동하는 지식인으로 살았다. 물론 스스로 선택해서 말이다. 이것이야말로 사르트르가 모색한 실존주의적 자유의 실현 방법이었다.

30

메를로퐁티

신체론

신체 도식

몸을 통제할 수 있을까?

과연 인간은 자신의 몸을 완벽하게 통제하고 제어할 수 있을까? 모리스 메를로퐁티의 '신체론'은 이런 궁금증에 훌륭한 답을 준다.

메를로퐁티는 인간의 몸을 현상학적으로 연구함으로써 데카르트가 주장한 정신과 물질의 이원론을 극복하고자 했다. 즉 자신의 신체가 경험하는 바는 물질도 정신도 아닌, '애매한 존재 방식'이라는 것이다.

이런 신체의 애매성은 인간이 신체를 매개로 지각한다는 사실에서 그 원인을 찾을 수 있다. 신체는 지각의 대상인 동시에 지각의 주체인 것이다. 이로 인해 우리는 신체 일부를 영원히 지각할 수 없고, 일반적으로 자신의 몸을 다른 사물처럼 자유롭게 관찰할 수도 없다. 또한

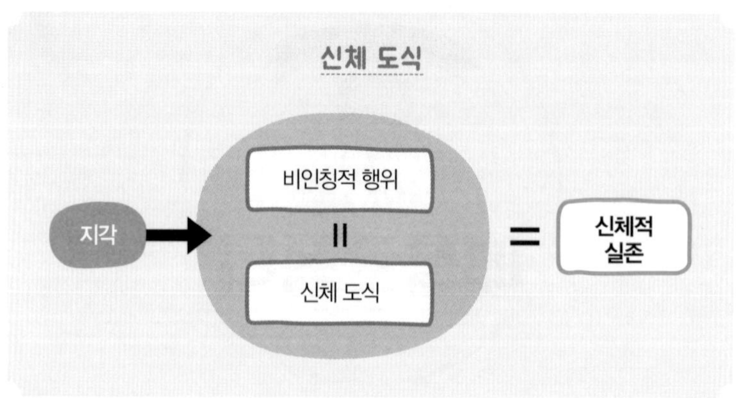

'내' 몸이지만 내 몸 구석구석을 자유롭게 들여다볼 수 없는 것처럼, '나'는 내 몸이 행하는 의식 아래의 활동을 의식으로 포착할 수 없다. 요컨대 지각을 통해 무의식적으로, 달리 표현하면 비인칭적인 행위로 우리의 몸은 제멋대로 움직이고 있는 것이다.

이렇게 신체는 다양한 감각과 운동을 서로 연결해 거기에서 하나의 구조와 의미를 연상하게 하는 기능을 갖추고 있다. 이처럼 상황에 적응하는 신체의 대응 능력을 '신체 도식(schéma corporel)'이라고 말한다.

인간의 몸은 감각을 즉석에서 근육 운동으로 바꾸거나, 어떤 신체 부위의 근육 운동을 다른 신체 부위의 근육 운동으로 순식간에 변환할 수 있다. 또는 서로 다른 두 감각이 순간적으로 교류할 수도 있다. 우리는 이런 '신체 도식' 덕분에 복잡한 세상 속에서도 자연스럽게 지각하고 행동할 수 있다. 이는 자신의 의식을 중심으로 인간 존재의 본질을 파악하고자 했던 종래 실존의 발상과는 차이가 난다. 오히려 신체를 중심으로 한 '신체적 실존'이라고 부를 수 있다.

신체 도식 덕분에 인간은 세계 안에서 순조롭게 지각하거나 행동할 수 있다. 어떻게 이런 일이 가능할까? 신체의 감각과 운동이 사물을 하나의 상(像)으로 통합하는 '게슈탈트(Gestalt)', 즉 형태적 특성이나 구조로 포착해 주기 때문이다.

신체가 세계 안에서 행위를 할 때 떠오르는 게슈탈트는 대체로 무의식의 영역에 속한다. 신체 도식을 통해 드러나는 대부분의 게슈탈트는 개체로서의 개인이 탄생하기 훨씬 전부터 유전적으로 계승되어 온 것이다. 그런 의미에서 신체적인 실존은 개인을 초월한 전통의 반복이라고 말할 수 있으리라.

살

몸과 세계는 어떤 관계를 맺고 있을까?

인간의 몸과 세계는 어떤 관계를 맺고 있을까?

물론 몸, 즉 신체는 세계 안에 존재하지만 그런 수동적인 의미를 초월해 좀 더 적극적인 신체의 의미를 모색한 철학자가 몸의 현상학자로 일컬어지는 메를로퐁티다.

메를로퐁티는 기존의 상식과는 전혀 다른 관점에서 몸과 마음의 관계를 논했다. 신체를 대상물과 인간 지각과의 매개체로 포착한 것이

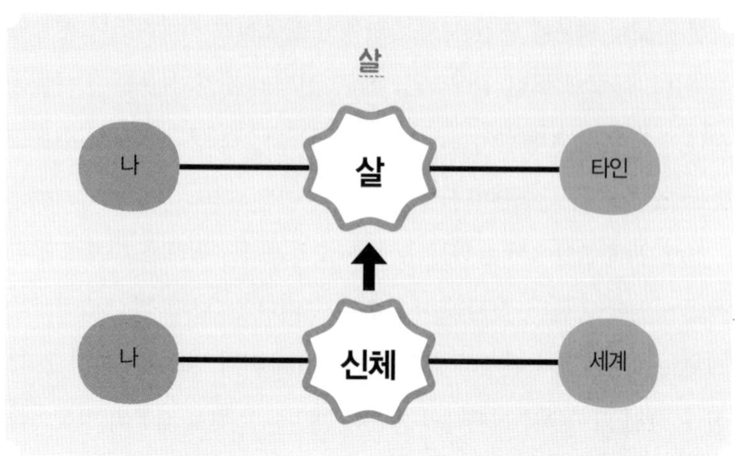

다. 이는 우리가 사물을 보거나 만지며 지각하는 일은 항상 신체를 통한다는 사실에 주목했기 때문이다. 메를로퐁티는 신체야말로 우리 인간의 세계, 그리고 인간의 의식을 구체적인 형태로 빚어 준다고 생각했다. 대표적인 예로 '환각지'를 들 수 있다.

'환각지'란 수술이나 사고로 손발을 잃었음에도 마치 건강한 손발이 존재하는 것처럼 생생하게 느끼는 현상을 말한다. 불의의 사고를 당해 오른손을 잃었지만, 무의식적으로 오른손을 뻗어서 사물을 쥐려고 하는 것이 바로 환각지다. 이 현상은 사고를 당한 사람의 세계가 사고 이전의 몸이 지각했던 예전 상태에 머물러 있을 때 일어난다. 하지만 오른손이 없는 세계에 조금씩 익숙해지면서 그 사람의 세계는 변모하기 시작한다.

이 사례에서도 알 수 있듯이, 몸이란 단순히 기계가 아닌, 세계와 한 개인을 연결해 주는 유일한 수단이라고 규정할 수 있다. 이런 면에서 몸은 '세계로 향하는 지향성'이라고 표현해도 좋을 것이다. 이처럼 '세계의 몸'은 타인과 공감하기 위한 공통 인터페이스로서의 '살(la chair)'이라고 말할 수 있다. 요컨대 나와 마찬가지로 타인도 몸을 갖고 있다는 사실이 타인을 이해하는 결정적인 계기가 되는 것이다. 즉 오른손이 왼손에 닿았을 때, 우리는 오른손이 왼손에 접촉했다는 감각과 왼손이 오른손에 접촉당했다는 감각을 모두 가질 수 있는 것처럼 이런 쌍방향의 소통은 자신의 신체뿐 아니라 타인이나 사물에 대해서도 느낄 수 있다는 것이다.

결과적으로 세계는 '하나'로 형성되고 연결된다고 생각할 수 있다. 그리고 여기서 '하나'는 '살'이다. 덧붙이자면 『성서』에서는 인간이 살을 나누어 갖는다는 취지로, 살이라는 표현이 종종 등장하기도 한다.

결국 세계의 모든 것은 똑같은 하나를 다른 형태로 표현한 것에 불과하다. 이때 세계에 존재하는 개별 사물의 차이를 인식하려면 인간은 몸을 매개로 지각할 수밖에 없다. 이와 같은 사실은 몸의 의미가 더욱 깊어지고 더욱 넓어지도록 한다.

앞서도 지적했듯이, 자신의 몸은 단순히 '나'의 몸이라는 사실을 뛰어넘어 세계와 자신을 이어 주는 매개체로 자리매김할 수 있다. 말하자면 우리의 신체는 마음의 알갱이를 결정하는 존재이자, 세계와 연결된 소중한 존재인 것이다.

31

레비나스

타자론

얼굴

왜 타인의 시선에 신경이 쓰일까?

정도의 차이는 있겠지만 대체로 사람들은 타인을 의식하고 또 타인의 시선에 신경을 쓴다. 자신도 모르는 사이에 다른 사람의 존재를 의식하고 있는 것이다. 과연 타인의 시선에서 자유롭지 못한 이유는 무엇일까? 나와 타인을 철학적으로 사유한 에마뉘엘 레비나스의 사상을 통해 이러한 궁금증을 풀어 보기로 하자.

레비나스에 따르면 본디 인간은 사물의 형태를 명확히 규정하고 싶어 하는 존재라고 한다. 이는 사물을 확실하게 규정해서 소유하기 위함이다. 이때 사물을 소유한다는 것은 자신과 다른 외부의 세계가 자

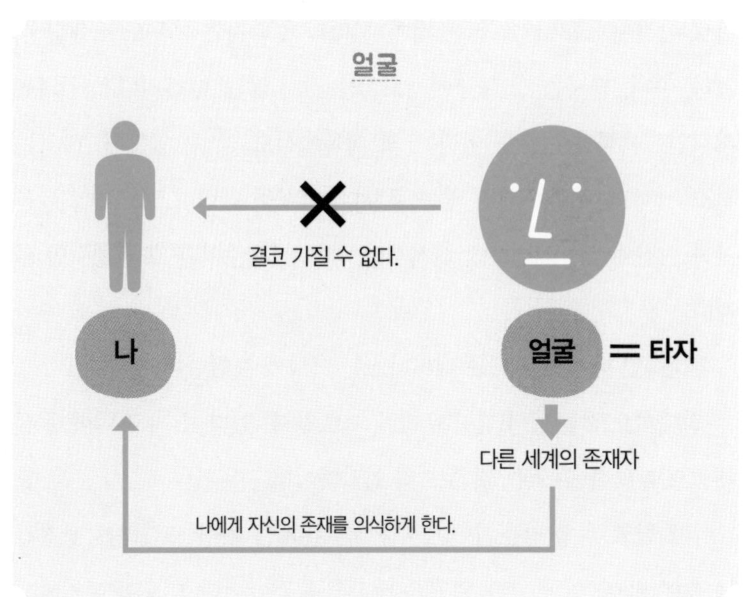

신의 세계로 편입되어 하나가 된다는 것을 뜻한다.

이렇듯 인간은 욕구로 똘똘 뭉친 욕구의 덩어리다. 달리 표현하면 인간은 결핍의 덩어리다. 부족하니까 끊임없이 갈구한다. 그리고 그 욕구를 충족시키면 세계의 일부는 자신의 것이 된다.

그렇다면 자신의 세계로 절대 흡수되지 않는, '자신과 다른 절대적인 세계가 존재하지 않을까' 하는 의문을 가질 법하다. 바로 이것이 레비나스 철학의 주제다.

끊임없이 찾고 있지만 결코 채워지지 않는 것, 레비나스는 이를 '욕망되는 것'이라고 불렀다. 말하자면 '욕구'와 '욕망'을 구별한 것이다.

욕망의 대상은 절대 충족되지 않으면서 무한하게 추구할 수 있다.

바로 이것이 '타자(他者)'라는 것이다. 따라서 타자는 아무도 소유할 수 없다. 아니, 타자는 그 누구에게도 소유되지 않는다. 레비나스의 대표 저서인 『전체성과 무한』이라는 책 제목에서도 알 수 있듯이, 타자는 결코 전체 속에 흡수되지 않는 존재다. 이렇듯 레비나스는 개성을 몰살하는 전체라는 개념을 적대시했다. 특히 전체주의가 그 전형적인 사례다.

절대적인 타자의 존재를 레비나스는 이렇게 표현한다.

"절대적으로 낯선 것만이 우리를 가르칠 수 있다. 그리고 나에게 절대적으로 낯설 수 있는 것은 오직 인간뿐이다."

이때 결코 손에 넣을 수 없는 타자의 존재를 가장 또렷하게 상징하는 것이 바로 '얼굴'이다. 얼굴은 타자의 드러남이다. 더욱이 여기에서 말하는 얼굴은 일반적인 얼굴이 아닌, 당장 대면하고 있는 타인의 얼굴을 뜻한다.

좀 더 쉽게 표현한다면, 인간은 타인의 얼굴을 응시함으로써 비로소 자신의 존재를 의식하고 자신에게 부과된 책임감을 느낀다. 얼굴은 한 사람 한 사람 모두 다를 뿐 아니라, 타인의 시선은 나에게 결코 흡수될 수 없는 다른 세계의 존재이기 때문이다. 바로 이것이 우리가 타인의 시선을 의식하는 진실한 이유일 것이다.

윤리

윤리란 무엇인가?

우리는 흔히 사회의 윤리 의식이 중요하다고 생각한다. 그래서 윤리 의식을 고취하고자 학교에서 윤리 과목을 가르치고 배운다. 하지만 윤리의 실체를 제대로 아는 사람은 많지 않은 것 같다. 만약 '사람으로서 마땅히 행하거나 지켜야 할 도리'라는 사전적인 정의를 훌쩍 뛰어넘어 윤리의 참모습을 확인하고 싶다면, 레비나스의 '타자 윤리학'이 올바른 길로 안내해 줄 것이다.

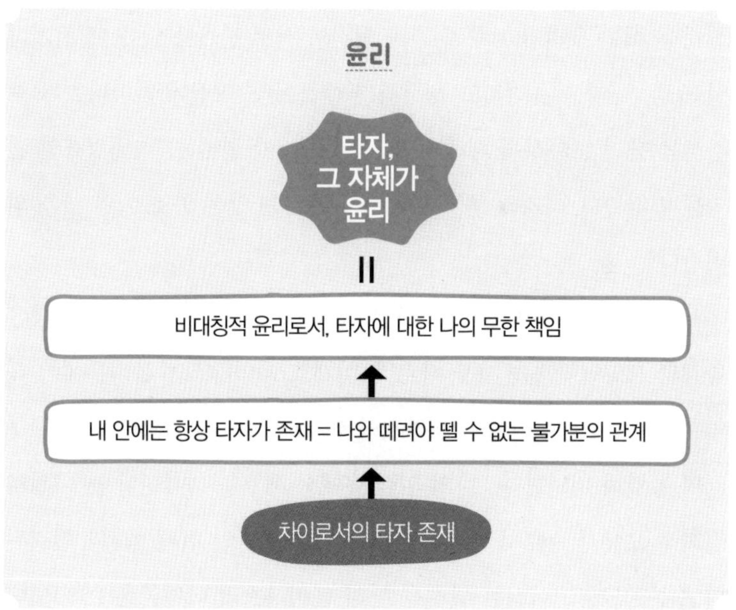

'타자'란 나와는 근본적으로 다른 존재를 일컫는다. 자신과 전혀 다른 세계에서 온 '차이'를 가진 존재다. 그런데도 차이로 존재하는 타자는 내 마음속 깊은 곳으로 파고든다. 바로 이 점이 문제다. 항상 차이로서 존재하는 타자가 자신의 마음을 점거하고 있기 때문에 타자와 나는 떼려야 뗄 수 없는 관계이자, 불가분의 관계가 된다. 타자를 책임져야 할 의무가 생기는 것이다.

어쩌면 현대인들은 일방적인 책임을 져야 한다는 사실에 뭔가 불공평한 게임이라고 못마땅하게 여길지도 모른다. 하지만 레비나스는 타자의 존재 자체를 '윤리'라고 생각한다. 타자 덕분에 나라는 존재가 성립한다고 보는 것이다.

보통 윤리라고 하면 자신과 타인 사이의 대등한 관계로 포착하기 마련이다. 이는 우리가 보통 인간과 인간이 서로 관계를 맺을 때 지켜야 할 규범, 규칙을 윤리라고 생각하기 때문이다. 그런데 레비나스가 주장하는 윤리는 타자에 대해 무한 책임을 져야 한다는, 비대칭적인 관계를 일컫는다. 타자의 존재 자체가 윤리라는 것은 바로 이런 것을 의미한다.

자기 자신보다 타인을 먼저 생각한다는 점에서 레비나스의 사상은 종래의 서양철학과는 사뭇 다르다. 실제로 레비나스는 플라톤에서 데카르트, 헤겔로 이어지는 서양철학을 '전체성의 형이상학'이라고 부르며 통렬히 비난한다. '나의 의식 속에서 세계를 파악한다'는 이전의 철학적 토대가, 제2차 세계대전을 일으킨 사상인 전체주의와 연결된다고 본 것이다. 이러한 관점을 통해 레비나스의 타자론은 1980년대 이후 데리다 등의 탈근대 사상에 지대한 영향을 끼쳤다.

레비나스의 타자 개념은 자기중심적으로 사물을 바라보는 현대인들에게 자아 중심이 아닌 타인 중심의 시각으로 생각할 것을 제안했다. 자아 중심의 현대 사회를 되돌아보는 반성의 계기를 선사한 것이다.

현대 사회에서는 윤리조차 자신을 위해 해야 할 일이라는 자아 중심의 관점에서 포착한다. 하지만 타인을 위해 자신이 해야 할 마땅한 일이라고 윤리를 새롭게 정의한다면 어떻게 될까? 분명 지금보다 훨씬 타인을 배려하는, 폭력 없는 평화로운 사회를 만들 수 있지 않을까?

칼럼

★

전쟁의 세기와 철학

20세기는 어떤 시대였을까?

4챕터에서는 주로 20세기에 살았던 철학자들을 중심으로 그들의 사상을 살펴보았다.

바야흐로 격동의 세기로 일컬어지는 1900년대! 이 시기는 두 차례의 세계대전이 있었고, 인류를 멸망시킬 위력을 지닌 핵무기가 개발되었다. 인간의 행동 반경이 우주로까지 확장되기도 했다.

철학자도 시대와 함께 살아가고, 또 사유한다. 따라서 당시의 시대 상황에 크게 영향을 받는다. 이 시대의 많은 철학자들이 다양한 형태로 전쟁에 휘말린 것도 바로 이런 이유에서였다.

사르트르나 레비나스는 전쟁의 희생양이었고, 하이데거는 가해자 편에 선 사람이었다. 하지만 결과적으로 어느 편이었는지와 상관없이 그들은 전쟁을 겪으며 기존의 이성 중심의 철학과는 다른 인간의 본질에 주목할 수밖에 없었다.

어떤 관점에서 어떤 이론을 주창했든, 적어도 20세기에 살았던 철학자들은 모두 인간의 부정적인 측면을 극복하고자 부단히 노력했다.

또한 그들은 인생을 주체적으로 개척해 나갈 것을 주장했다는 측면에서 실존주의와 가깝다는 공통점을 가지고 있다.

이 시대는 어떻게 해볼 수 없는 커다란 힘을 앞에 두고, 그래도 현실을 개선해 보려고 끊임없이 발버둥질한 시대라고 표현할 수 있을 것이다. 바로 이 점이 전쟁의 시대임에도 불구하고 많은 사람이 20세기를 동경하는 진짜 이유인지도 모른다.

그렇다면 21세기는 과연 어떨까? 지금 우리가 사는 21세기는 20세기와는 정반대로 체념의 시대로 비친다. 우리가 20세기의 철학을 새롭게 공부해야 하는 까닭이 여기에 있다.

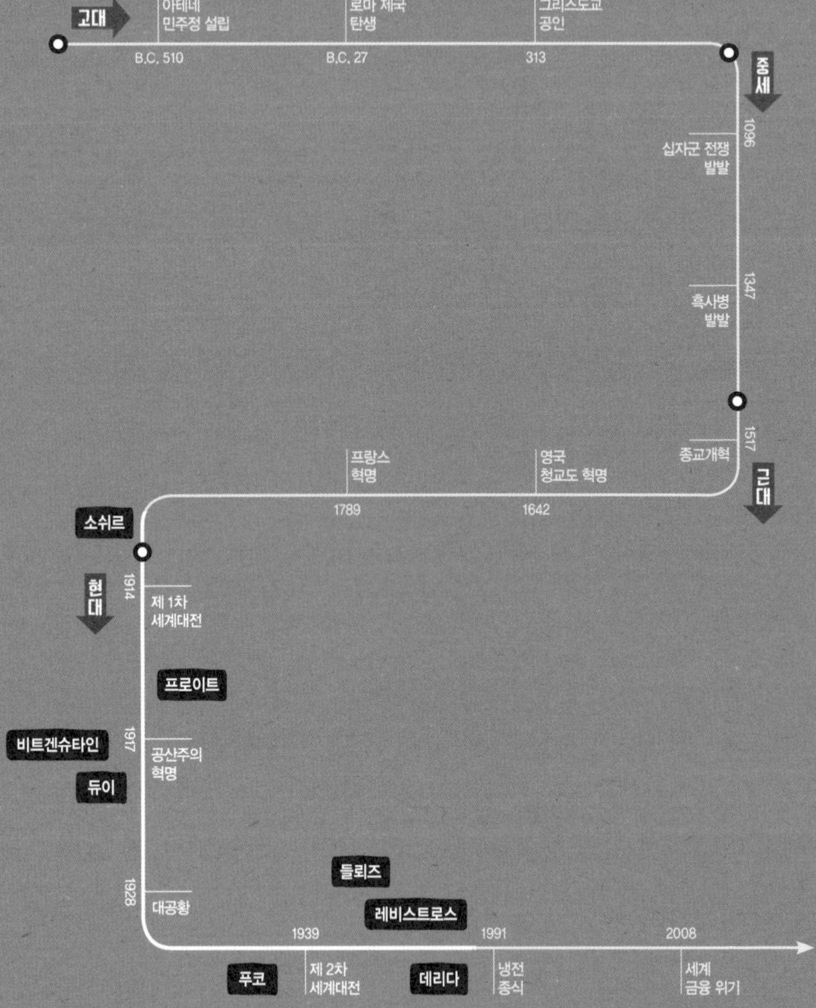
고대
아테네 민주정 설립
B.C. 510
로마 제국 탄생
B.C. 27
그리스도교 공인
313
중세
1096
십자군 전쟁 발발
1347
흑사병 발발
1517
종교개혁
근대
영국 청교도 혁명
1642
프랑스 혁명
1789
소쉬르
현대
1914
제 1차 세계대전
프로이트
1917
공산주의 혁명
비트겐슈타인
듀이
1928
대공황
1939
제 2차 세계대전
푸코
들뢰즈
레비스트로스
데리다
1991
냉전 종식
2008
세계 금융 위기

세계를 움직이는 새로운 규칙

현대 사상

32

듀이

1859 ~ 1952

사상이나 지식은 그 자체로 가치가 있는 것이 아니라, 인간이 환경에 대응하기 위한 수단으로 가치가 있다.

미국의 철학자이자 교육사상가로, 기능주의 심리학을 개척했다. 또한 실용주의를 집대성해 지식과 개념은 인간 생활의 문제를 해결하기 위한 도구임을 설법하는 도구주의를 강조했다. 진보주의 교육운동가로 미국의 학교 제도에 지대한 영향을 끼쳤고, 민주주의의 철학적 기초를 세우는 데 앞장섰다.

33

프로이트

1856 ~ 1939

인간의 정신 영역은 이드, 자아, 초자아의 3층 구조로 구분된다.

오스트리아의 정신과 의사이자 정신분석학의 창시자로, 인간의 마음속에 무의식의 영역이 있음을 발견했다. 무의식의 발견을 통해 정신의학, 심리학뿐 아니라, 철학, 사회학, 교육학, 문예 비평 등 현대 사상 전반에 지대한 영향을 끼친 사상가다.

34

비트겐슈타인

1889 ~ 1951

말할 수 없는 것에 관해서는 침묵해야 하며, 언어의 한계가 바로 세계의 한계다.

오스트리아에서 태어나 영국에서 주로 활동한 철학자로 논리 실증주의와 현대 분석철학의 형성에 기여한 20세기 대표 철학자다. '그림 이론'으로 대표되는 전기 사상은 논리 실증주의로 계승되었고, '언어 게임'으로 대표되는 후기 사상은 언어 분석철학에 크게 영향을 끼쳤다.

언어는 다른 언어와
서로 부딪치면서
그 상호 관계 안에서
존재한다.

소쉬르

1857 ~ 1913

스위스의 언어학자로, 언어가 성립하는 구조를 분석하는 구조주의 언어학을 창시하고, 공시 언어학과 통시 언어학을 구별해 언어 연구 방법을 혁신했다. 구조주의라는 20세기 철학 사조의 선구자로 일컬어지며, 언어학자이지만 현대 철학사에서 중요한 위치를 차지한다.

사물의 본질을 탐구하기 위해서는
다른 사물과 관련된 전체구조에
주목해야 한다.

레비스트로스

1908 ~ 2009

프랑스의 인류학자이자 구조주의의 대표 사상가로, 문명의 구조적인 이해와 관계성에 주목함으로써 서구 중심주의를 근본적으로 비판하며 구조주의적 사유 방식이라는 새로운 사상의 지평을 열었다. 101세로 세상을 떠날 때까지 20세기 인문학에 결정적인 영향을 끼친 세계적 석학으로 추앙을 받았다.

앎이라고 하는 것은
공통된 관점에서 보지 않으면
하나의 정리된 지식으로
파악할 수 없다.

푸코

1926 ~ 1984

프랑스의 현대 사상가로, 권력과 지식의 연계론을 통해 끊임없이 권력의 구조를 분석하고 권력 비판을 전개했다. 또한 이론과 실천을 겸비한 지성인으로서 정치 이념에 휘둘리지 않고 사회적 약자에 대한 핍박에 거세게 저항했다. 사상 측면에서는 구조주의를 비판적으로 계승한 포스트구조주의 철학자로 일컬어진다.

이 세상에는
유일무이한 가치 따위
존재하지 않는다.

38

Jacques Derrida

데리다

1930 ~ 2004

프랑스의 현대 사상가로 포스트구조주의를 대표하는 철학자다. '탈구축' 또는 '해체' 개념을 통해 서양철학의 기본 개념을 재정립하고자 했다. '해체주의'는 철학뿐 아니라, 건축, 문학, 예술, 정신분석, 사회 이론 등 다양한 분야에서 다채롭게 응용되며 20세기 사상사의 한 획을 그었다. 아울러 국제철학학교를 설립해 초대 교장을 역임하기도 했다.

중심에서 퍼져 나가는
수직적 사고와 반대로, 다각도로
퍼져 가는 수평적인 발상은
현대 사상의 특징이다.

39

Gilles Deleuze

들뢰즈

1925 ~ 1995

프랑스의 현대 사상가로 중심의 존재를 의심하고 동일성의 풍조를 거듭 부정하면서 탈근대를 구축하고자 했다는 점에서 포스트구조주의 철학자로 일컬어진다. 프랑스의 정신분석학자인 펠릭스 가타리와의 공동 연구를 통해 여러 권의 저서를 공저로 출간했다.

32

듀이

도구주의

실용주의

지식을 어떻게 활용할 것인가?

학창 시절, 아니 유치원 시절부터 우리가 배우고 익힌 지식의 양은 엄청나다. 그런데 그 지식을 어떻게 활용해야 하는지는 제대로 배운 적이 없다. 과연 지식을 어떻게 활용하는 것이 바람직할까?

자신이 공부한 내용을 쓸모 있게 써먹고 싶다면, 존 듀이의 '실용주의'가 확실한 방법을 가르쳐 줄 것이다.

실용주의, 즉 '프래그머티즘(pragmatism)'이란 '행위', '실천'을 뜻하는 그리스어인 '프라그마(pragma)'에서 유래한 단어로 19세기 후반 미국을 중심으로 발전한 철학 사상이다. 실용주의를 논한 주요 철학자는

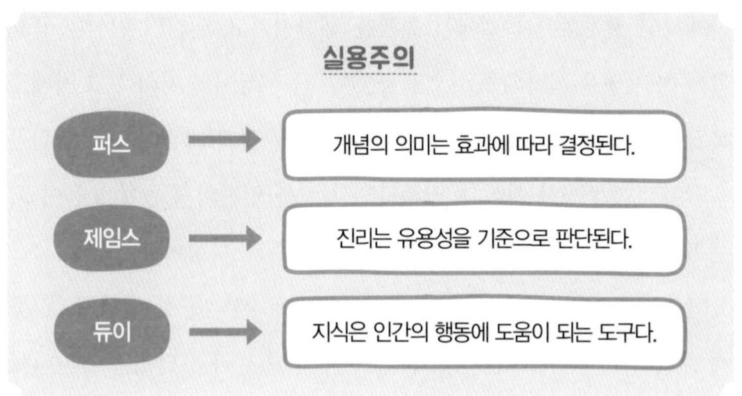

세 명 정도 꼽을 수 있는데 실용주의의 내용도 철학자를 거치면서 조금씩 변모했다.

먼저 실용주의의 창시자로 손꼽히는 찰스 샌더스 퍼스(Charles Sanders Peirce, 1839~1914)는 철학자, 수학자, 물리학자로 다방면에서 활동했는데 개념의 의미를 명확히 밝히려는 방법으로 실용주의라는 단어를 사용했다. 요컨대 개념을 분석할 때, 과학적 실험 방법을 이용하자는 뜻이다. 퍼스는 개념의 의미는 실험 결과가 이끌어 낸 효과에 따라 결정된다고 주장했다.

퍼스의 이론을 계승, 발전시킨 인물이 윌리엄 제임스(William James, 1842~1910)다. 제임스는 퍼스가 제시한 실용주의의 방법을 인생, 종교, 세계관 등의 진리 인식 문제에 적용했다. 제임스에 따르면, 진리란 일상생활에서 유용한 작용을 하느냐, 하지 못하느냐의 관점, 즉 유용성을 기준으로 진리를 판가름해야 한다.

듀이는 이렇게 실천적인 사상으로 발전한 실용주의를 완성했다. 그는 난해하고 전문화된 논쟁에서 철학을 해방시키고, 인간의 일상을 풍요롭게 하는 일을 철학의 목적으로 삼았다. 즉 사상이나 지식은 그 자체로 목적이나 가치가 있는 것이 아니라, 인간이 환경에 대응해 나가기 위한 수단이라고 주장한 것이다. 말하자면 지식을 인간의 행동에 도움이 되는 도구로 이해했는데, 이것이 듀이의 '도구주의' 사상이다.

더욱이 듀이는 ① 탐구의 선행 조건(불확정 상황) ② 문제 설정 ③ 문제 해결의 결정(가설 형성) ④ 추론 ⑤ 가설 테스트라는 단계를 거치면서 비로소 지식을 도구로 활용할 수 있다고 역설했다.

지식을 문제 해결의 도구로 활용하는 데 지식의 참된 의미가 있다는 듀이의 발상은 단순 지식의 암기에만 치중해 온 우리네 교육에 일침을 가하는 날카로운 주장임이 틀림없다.

창조적 지성

이노베이션을 지탱하고 있는 사상은?

요즘 비약적인 기술 혁신을 달성하자는 취지의 글을 경제지에서 심심찮게 만날 수 있다. 일반적으로 기술 혁신 즉, 이노베이션(innovation)이란 타성에 젖은 관습을 쇄신하고, 혁신을 이룩하는 일을 의미한다. 그렇다면 어떤 마음가짐과 자세를 갖춰야 이노베이션을 실현할 수 있

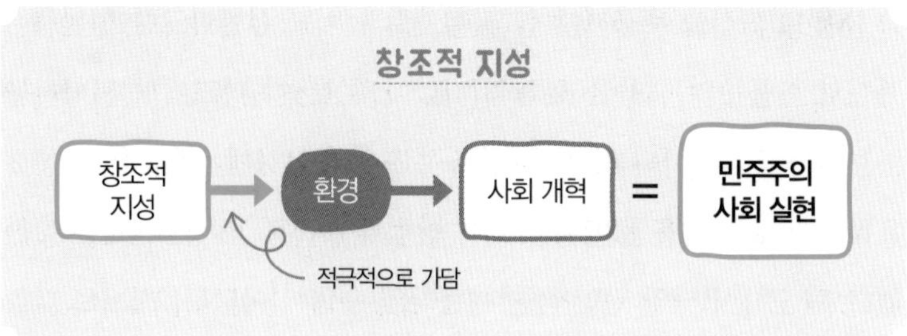

을까? 과연 이노베이션을 지탱하는 사상이 실제로 존재할까?

현대인과 친숙한 이노베이션을 철학적으로 모색할 때 도움이 되는 개념이 듀이의 '창조적 지성'이다.

지성이 주어진 환경에 적극적으로 가담함으로써 사회 개혁을 달성할 수 있을 때 듀이는 이를 창조적 지성이라고 불렀다. 말하자면 듀이의 도구주의가 주어진 환경에 능동적으로 대처하는, 창조적 지성이라는 개념과 이어지는 것이다. 아울러 창조적 지성이 사회로 시선이 향할 때, 사회는 변모해 나간다.

다만 사회 개혁이 실력 행사의 산물이어서는 안 된다. 어디까지나 서로 합의를 통한 자유로운 지성에 바탕을 두어야 한다. 그런 의미에서 듀이는 교육을 중시했다.

교육의 목적이 대화와 설득 등 자유로운 지성의 행사인 이상, 교육을 매개로 육성되는 지성 자체가 자유를 보장할 수 있어야 한다. 이를 확보하는 것이 바로 민주주의 사회다.

이렇게 해서 교육의 목적은 민주주의 사회를 구축하는 일로 좁혀진다. 듀이에 따르면 학교는 이를 위한 '작은 사회'로 자리매김하고, 교육 내용도 혁신을 추구해야 한다. 실제로 듀이는 실험학교를 설립해서 자신의 실용주의 교육을 실천해 나갔다. 물론 이 학교에서 지향하는 바는 도구주의로서의 지성, 즉 창조적 지성의 함양에 있었다.

듀이는 교육 내용뿐 아니라 교육 방법에서도 혁신적인 개혁을 추진했다. 단순히 교사의 말만 듣는 수동적인 수업이 아니라, 스스로 작업하고 생각할 수 있는 능동적인 수업으로 탈바꿈해야 한다고 강조했다. 이른바 '문제해결형' 교육이다.

구체적으로 창조적 지성은 새로운 혁신에 직면했을 때 이를 관찰하고 인식하고 미래를 예측하면서 새로운 행동 양식을 계획하는 창조적 기능으로 인식되고 있다. 달리 표현하면 창조적 지성이란 기존의 습관을 새롭게 재구성하는 기능인 셈이다.

이처럼 혁신적인 발상의 전환이 있을 때 사회 개혁, 사회 발전으로 나아갈 수 있다. 듀이의 실용주의 사상이 현대에 이르러 이노베이션 이론으로 안착하게 된 것도 바로 이런 이유에서다. 그중에서도 창조적 지성은 이노베이션을 떠받치는 정신적 지주로 자리매김하고 있다.

33

프로이트

정신분석학

오이디푸스 콤플렉스

부모를 향한 사랑이 아이에게 끼치는 영향은?

아무리 사랑은 내리사랑이라고 하지만, 부모가 자식을 사랑하듯이 자식도 부모를 사랑한다. 어머니를 향한 아들의 사랑, 아버지를 향한 딸의 사랑처럼 말이다. 하지만 그 사랑에 너무 집착하면 분명 문제가 생기기 마련이다. 부모를 향한 사랑이 아이에게 끼치는 영향은 과연 어느 정도일까? 이런 흥미로운 질문에 답을 주는 인물이 정신분석학의 아버지인 지그문트 프로이트다.

프로이트에 따르면, 인간은 '리비도(libido)'라고 부르는 성적 에너지를 갖고 있다. 이 성적 에너지는 단순한 성욕만이 아닌 삶의 충동, 그

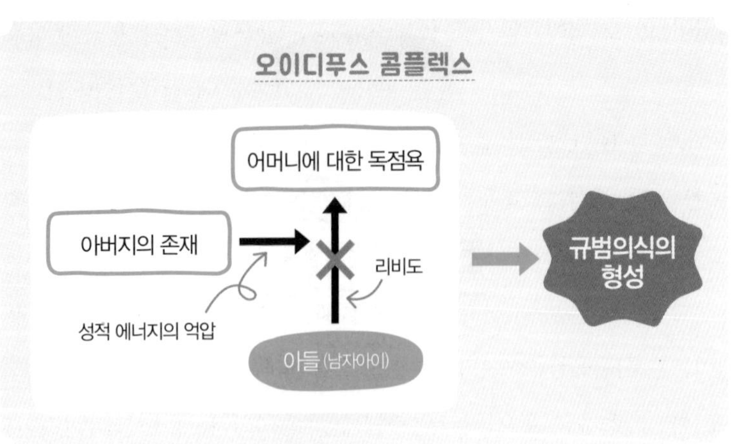

자체라고 할 수 있다. 그래서 인간은 이를 거부당하면 심각한 부작용을 겪게 된다. 프로이트는 이를 바탕으로 당시 관심을 가지고 연구하던 신경증의 원인을, 억압된 성적 에너지가 신체 증상으로 전환되어 나타난 것이라고 주장했다.

바로 여기에서 '오이디푸스 콤플렉스'라는 용어가 등장한다. 남자아이는 자신의 성기에 대한 원시적인 관심이나 쾌감이 증폭됨에 따라 가장 가까운 여성인 어머니에 대한 애착을 무의식중에 품게 된다. 동시에 어머니를 향한 애정이 깊어질수록 어머니의 배우자인 아버지를 혐오하게 된다.

이처럼 어머니와 아버지를 향한 전혀 다른 생각이 문제를 초래한다. 아들이 아무리 어머니를 사랑해도 아버지의 존재가 있는 한 어머니를 독점할 수 없다. 만약 욕망에 따라 어머니를 차지하려고 하면, 아버지가 자신의 성기를 잘라 버릴지도 모른다는 공포감에 휩싸인다. 따라서 아들은 아버지 앞에서 착한 아들이 되려고 노력하고, 이렇게 해서 규범의식이 형성된다. 이것이 바로 오이디푸스 콤플렉스다. 이 명칭은 아버지를 죽이고 어머니를 차지한 오이디푸스 왕 신화에서 유래했다.

프로이트는 오이디푸스 콤플렉스가 신경증의 원인이라고 주장했다. 요컨대 어른이 되어서도 아버지의 권위에 억압당한 상태에서 벗어나지 못하고, 나아가 자신의 리비도를 성적 대상이 되는 타인에게로 전이시키지 못한다면 결국 신경증을 앓게 된다는 것이다. 하지만 정작 본인은 유아기의 감정이 자신의 신경증에 영향을 끼치고 있다는 사실을 전혀 자각하지 못한다.

프로이트는 남자아이와 마찬가지로 여자아이도 어머니를 시기 질투하고 아버지에 대한 왜곡된 사랑을 품을 수 있으며, 남자아이든 여자아이든 형제가 생기면 부모를 독점하고 싶다는 욕구에서 가족 콤플렉스가 생겨날 수도 있다고 주장했다.

이드

마음은 어떻게 이루어져 있을까?

마음은 어떤 짜임새로 이루어져 있을까? 심장의 구조는 인체 도감을 통해 훤히 꿰뚫어 볼 수 있지만, 마음의 얼개는 눈으로 확인할 수 없다. 눈으로 볼 수 없는 마음을 들여다보게끔 이끌어 주는 정신과 의사가 바로 프로이트다.

프로이트의 최고 업적이라고 하면 마음의 메커니즘을 규명했다는 점이다. 그는 인간의 정신 영역을 이드, 자아, 초자아의 3층 구조로 구분했다.

먼저 인간 정신의 가장 밑바닥에 있는, 리비도를 관장하는 이드! 라틴어인 '이드(id)'를 독일어로 표현하면 '에스(es)'가 되는데, 이는 영어의 'it(그것)'과 뜻이 일치한다. '그것'에서도 유추할 수 있듯이 이드는 원시적, 본능적인 부분으로 무의식의 성적 에너지를 지칭한다.

아버지의 존재로 상징되는 규범의식은 이드의 본능적 욕구와 대립한다. 이것을 '초자아'라고 하는데 정신 영역에서 가장 고차원적인 인격을 담당한다. 초자아의 형성에는 오이디푸스 콤플렉스가 지대한 영

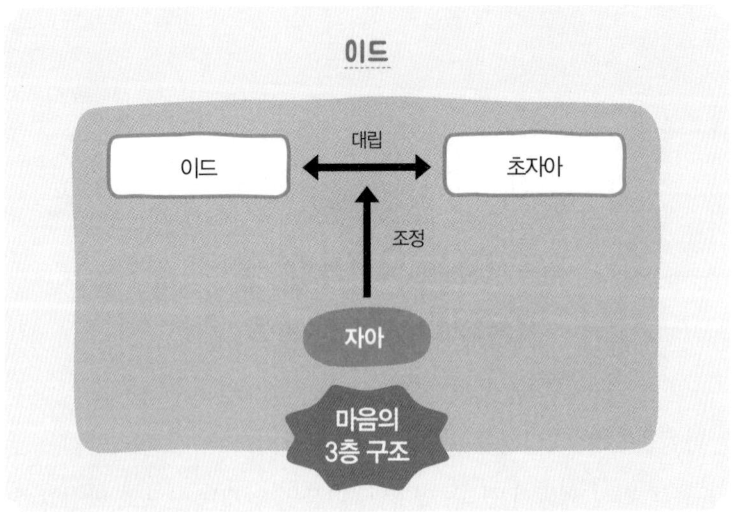

향을 끼친다.

'자아'는 욕구로 대표되는 이드와 규범의식으로 대표되는 초자아가 서로 대립하는 상태를 가운데서 조정한다. 이렇게 해서 이드, 자아, 초자아의 3층 구조가 갖추어진다.

프로이트에 따르면, 초자아는 오이디푸스 콤플렉스에 사로잡힌 시기에 부모의 도덕적 측면이 아이의 정신적 장치 속에 내재된 것이라고 한다. 이른바 어린 시절 부모로부터 받은 억압이 자기 안에 내면화된 것이다. 이것이 초자아의 형성 과정이다. 따라서 초자아의 기능은 부모를 받아들이고 이를 동일시하는 결과를 낳는다. 이른바 선악을 가르치는 기능이다. 대개 '~해서는 안 된다'는 금지형을 취하고, 양심과 도덕에 어긋나지 않게끔 이끈다.

한편 자아는 이드와 초자아 사이에서 대립을 적절하게 통제하거나 억제하는 작용을 통해 서서히 발달해 나간다. 물론 자아가 전지전능한 존재는 아니다. 이드와 초자아 사이에서 항상 갈등해야 하기 때문에 폭발 위기에 처해 있다고 볼 수 있다. 갑작스레 마음이 폭발하는 일이 일어나도 전혀 이상한 일이 아니다. 그럼에도 불구하고 인간의 마음이 그리 간단하게 폭발하지 않는 이유는 '방어기제'라는 보호막 덕분이라고 프로이트는 밝힌다. '방어기제'는 간절히 갈망하는 것을 손에 넣지 못했을 때 다른 대체물로 견뎌 내는 것과 비슷하다.

인간의 마음이 정밀한 기계처럼 더할 나위 없이 훌륭한 짜임새로 구성되어 있는 것만은 분명한 것 같다. 역시 마음의 신비라고 해야 할까?

34

비트겐슈타인

분석철학

언어 게임

대화는 어떻게 성립하는가?

사람과 사람이 모였을 때 우리는 언어를 매개로 대화를 나눈다. 그런데 이 대화는 어떻게 성립할 수 있을까? 동일한 언어가 다양한 의미를 품고 있음에도 불구하고, 언어를 이용한 의사소통이 가능하다는 점은 종종 신기하게 느껴진다.

여기에서는 언어를 철학적으로 고찰한 루트비히 비트겐슈타인의 사상을 통해 우리가 즐겨 쓰는 언어의 참된 의미를 모색해 보자.

비트겐슈타인은 "언어의 도구와 사용법의 다양성, 단어와 문장 종류의 다양성을, 논리학자가 언어의 구조와 관련해 주장해 온 바와 서로 비교하는 일은 흥미롭다"라고 설파하며, 언어의 다양한 사용법을

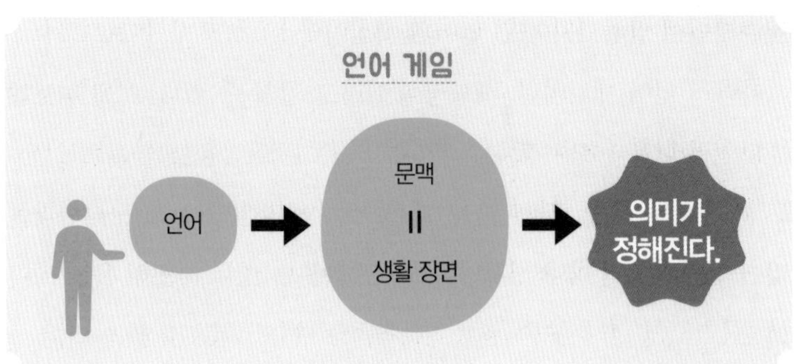

'언어 게임'이라고 명명했다.

우리는 일상생활에서 언어를 서로 교환함으로써 이른바 의미를 해석하는 게임을 하고 있다. 이 게임은 장소나 상황에 따라 규칙이 정해진다. 왜냐하면 언어 활동은 생활 속에서 우리가 처한 장면에 따라 변하기 때문이다.

비트겐슈타인은 '다섯 개의 빨간 사과'라고 쓴 메모를 남에게 건네며 이를 사 오라고 부탁하는 사례를 소개한다. 이때 우리는 메모를 본 과일 가게 주인이 먼저 사과를 찾고, 빨강이라는 색과 일치하는 물체를 찾은 다음, 다섯이라는 숫자를 헤아리는 장면을 상상한다.

'다섯 개의 빨간 사과'라는 메모를 통해 실제로 빨간 사과 다섯 개를 손에 넣기 위해서는 이런 전제가 필수적이다. 만약 과일 가게 주인이 사과를 귤이라고 보거나 빨간색을 노란색으로 생각하거나 다섯 개를 세 개로 착각한다면, 이 메모를 보고 노란색 귤 세 개를 봉지에 담아 줄 테니까 말이다. 요컨대 생활 속에서 그 언어가 어떻게 쓰이고 있느냐, 즉 언어의 쓰임새가 가장 중요하다는 것이다. 바로 이것이 비트겐슈타인이 말하고자 했던 언어의 핵심이다.

따라서 언어 게임이란 '생활양식'이라고 말할 수 있다. 이에 비트겐슈타인은 다음과 같이 말하고 있다.

"여기에서 언어 게임이라는 말을 쓰는 까닭은 언어를 구사한다는 것이 하나의 활동이나 생활양식의 일부라는 사실을 분명히 하기 위함이다."

결국 우리가 확실하게 알 수 있는 부분은 언어 활동에 국한되는 셈이다. 이때 지극히 개인적인 언어는 언어라고 말할 수 없다. 왜냐하면 개인적인 언어란 '오직 그 말을 하는 사람만 알 수 있는 직접적이고 개인적인 감각들만 지시하는 것'에 그치기 때문이다. 이는 아무도 이해할 수 없는, 의미 없는 음성과 같다. 요컨대 누군가와 의사소통을 할 수 없다면 그 언어는 언어로서 의미를 지닐 수 없다는 뜻이다. 그런 의미에서 타인과 소통할 수 있는 대화가 성립하려면 일방통행이 아닌 쌍방향의 태도가 가장 중요하지 않을까 싶다.

그림 이론

언어와 세계의 관계는?

언어와 세계는 어떤 관련을 맺고 있을까? 분명 우리는 언어를 매개로 일상생활을 영위해 나간다. 따라서 세계는 언어로 가득 채워져 있

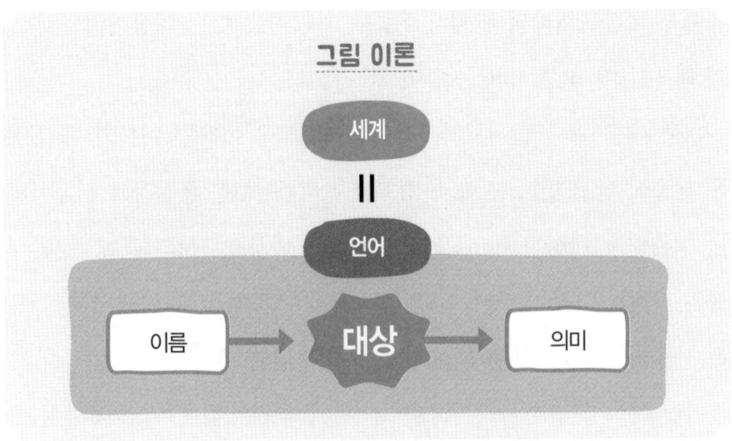

다고 말할 수 있으리라. 그런데 언어와 세계의 이런 소극적인 관계를 훌쩍 뛰어넘어 좀 더 적극적인 관계를 제기한 철학 개념이 비트겐슈타인의 '그림 이론'이다.

그림 이론을 한 마디로 표현한다면, 다음과 같다.

"언어는 세계에 대한 그림을 그린다."

언어와 세계의 구조는, 동일한 대응 관계를 갖는다는 것이다. 이는 비트겐슈타인이 『논리-철학 논고』에서 규정한 개념으로, 좀 더 쉽게 표현하자면 언어의 구조가 세계의 구조를 그대로 나타낸다는 뜻이다. 비트겐슈타인은 그림 이론을 바탕으로 언어의 가능성에서 세계의 실체를 규명하고자 했다.

애초 언어는, 이름의 결합으로 이루어진 요소 명제(더 이상 분석될 수 없는 단순한 명제)와 그 진리 함수로 구성되어 있다.

즉 이름은 어떤 대상을 가리킬 때 비로소 의미를 갖게 되고, 요소 명제에서 이름들끼리의 관계가 이름이 가리키고 있는 대상끼리의 관계와 대응할 때, 요소 명제는 참이 될 수 있다.

쉬운 예를 하나 들어보자. '홍길동'과 '서울'이라는 이름과 '홍길동은 서울에 살고 있다'는 요소 명제를 생각해 보면, 홍길동과 서울이라는 이름의 관계성과 이 이름이 가리키는 대상으로서의 홍길동 및 서울의 관계는 각각 대응하고 있다는 사실을 알 수 있다. 따라서 '홍길동은 서울에 살고 있다'는 요소 명제는 참이 되는 것이다.

이런 논리를 발전시켜 나가면 전 세계의 구조를 언어로 설명할 수 있다. 즉 이는 세계가 언어를 매개로 말할 수 있음을 의미하는 것이다. 뒤집어 말하자면 자연과학의 세계와는 달리, 도덕이나 자아, 신과 같은 철학의 형이상학적인 주제는 뚜렷한 대상을 지니지 않는 명제로 이런 명제는 언어로 규정할 수가 없다.

이와 관련해 비트겐슈타인은 "말할 수 없는 것에 관해서는 침묵해야 한다"라는 유명한 말을 남겼다. 이른바 언어의 한계가 세계의 한계가 되는 것이다.

애초 비트겐슈타인이 『논리－철학 논고』를 집필한 동기는 언어 이론의 오해에서 비롯된 다양한 철학적 과제를 해결하기 위해서였다. 따라서 그는 철학 작업은 설교가 아닌, 해명하는 일이라고 주장했다. 이에 철학은 실증을 위한 도구로 자리매김되었다.

이렇게 해서 비트겐슈타인의 전기 사상을 대표하는 그림 이론은 훗날 과학의 논리적 분석 방법을 철학에 적용하고자 하는 사상인 논리실증주의로 계승되었다.

소쉬르

언어 철학

랑그와 파롤

언어는 어떻게 이루어져 있을까?

언어가 어떻게 이루어져 있는지, 즉 언어의 구조를 탐구해 보고자 할 때 언어학자인 페르디낭 드 소쉬르는 훌륭한 길잡이가 되어 준다.

소쉬르의 사상은 그의 저서 『일반 언어학 강의』를 통해 알 수 있다. 다만 이 책은 소쉬르가 직접 집필한 책이 아니라, 그가 죽은 후 제자들이 강의록을 모아서 출간한 책이다. 최근 연구에 따르면 제자의 글이 포함되어 있다는 의혹이 제기되고 있는데, 그렇다고 해서 이 책의 의의가 훼손되지는 않을 것이다.

우선 소쉬르의 언어 이론부터 살펴보자. 그는 모든 언어 활동과 언

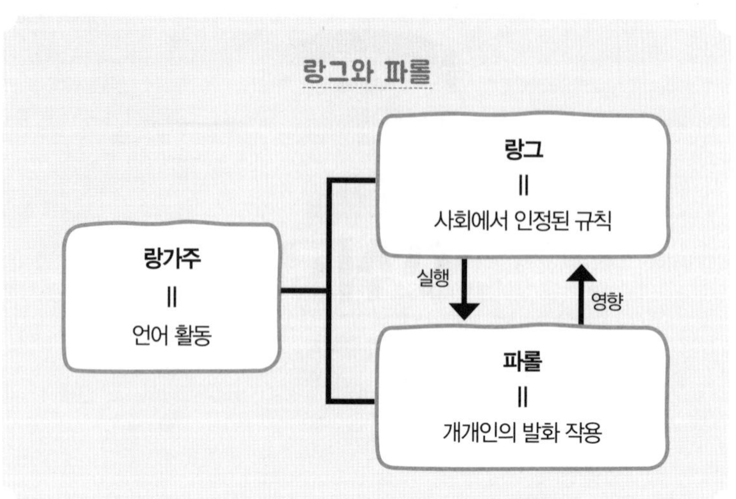

어 능력을 통틀어 '랑가주(langage)'라고 불렀다. 이 랑가주는 크게 '랑그(langue)'와 '파롤(parole)'로 나뉜다.

랑그는 각 나라의 모국어나, 공통된 문법 등 사회에서 인정된 언어 규칙을 의미한다. 하지만 언어는 생성과 소멸을 되풀이하기 때문에, 겉으로 드러나는 명확한 체계가 있는 것은 아니다. 반면에 파롤은 랑그에 바탕을 두고 개개인이 그때그때 주고받는 메시지를 지칭한다. 랑그는 언어 규칙, 파롤은 개개인의 언어 행위라고 할 수 있는 것이다.

이때 파롤은 단순히 랑그를 실행하는 것에 그치지 않고, 반대로 랑그에 영향을 끼쳐서 랑그를 변용시켜 나가는 요소를 갖추고 있다는 사실을 기억해야 한다. 일상적인 언어의 용법이 본래 언어의 규칙조차 바꿀 수 있다는 것이다. 이와 관련해 소쉬르는 이렇게 말한다.

"랑그 탄생의 바탕이 될 계약이 성립하기 위해서는 수천 명 개개인의 파롤이 필요하다."

소쉬르는 낱말이 지닐 수 있는 의미의 범위를 '가치'라고 부른다. 이 가치 체계 안에서 여러 가치가 상호 의존함으로써 한 낱말은 다른 낱말과 '차이'라는 형태로만 존재하게 된다. 요컨대 체계 안에 존재하는 낱말은 그 자체가 단독적인 의미를 갖고 존재하는 것이 아니라, 항상 다른 낱말과 서로 부딪치면서 그 상호 관계 안에서 존재하는 것이다. 그런 의미에서 낱말의 의미는 딱 하나로 규정하기도 힘들고, 또 정의할 수도 없다.

달리 표현하면 소쉬르의 체계에서는 개별보다 전체가 앞서고, 그 전체 안에서 여러 요소가 상호 가치를 서로 결정하게 된다. 따라서 개별적인 것들의 총합이 전체를 구성하는 것은 아니다. 이렇듯 소쉬르는 언어의 의미를 전체 구조에서 파악하며, 구조주의의 선구자로 자리매김했다.

언어 기호

언어의 소리와 뜻은 어떻게 연결되는가?

언어는 소리와 뜻, 즉 발음과 의미의 두 가지 요소로 이루어져 있다. 따라서 '배'라는 소리만 들었을 때는 맛있게 먹는 배인지, 인체의 배인지, 탈것으로서의 배인지 알 수가 없다. 그렇다면 도대체 언어의 소리와 뜻은 어떻게 서로 연결되는 것일까?

소쉬르는 언어를 하나의 '기호(signe, 시뉴)' 체계로 파악했다. 좀 더 구체적으로는 기호 표현인 '기표(signifiant, 시니피앙)'와 기호 내용인 '기의(signifié, 시니피에)'로 구분했다. 즉 기표란 언어의 소리 측면이고, 기의는 그 소리가 지칭하는 의미를 말한다. 예컨대 밤이라는 기표에 대해 먹는 '밤'과 캄캄한 '밤'이라는 기의가 대응하고 있는 것이다.

이렇게 언어는 기표를 매개로 소리의 영역이 확정되고, 기의를 매개로 뜻이 확정된다. 따라서 소쉬르는 언어 기호를 통해 비로소 사물의 관념은 명확해진다고 밝혔다. 새로운 현상이 나타났을 때, 그것이 언어로 표현되고 이름 붙여짐으로써 비로소 의미가 생기는 것처럼 말이다.

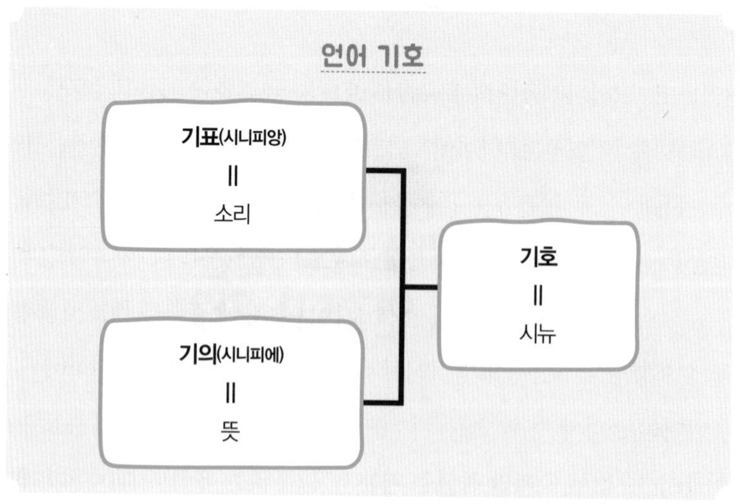

언어는 소리와 뜻의 무수한 조합 가능성이 훌륭하게 짝지어짐으로써 탄생한다. 이때 조금만 조합이 달라져도 완전히 다른 뜻이 되고 만다. 방과 빵이 전혀 단어인 것처럼 말이다. 따라서 기표와 기의의 결합이 매우 중요하다.

소쉬르는 기표와 기의의 관계를 수소 분자와 산소 분자로 이루어진 물에 비유해서 다음과 같이 말한다.

"만약 언어라는 물을 수소와 산소로 나눈다면, 그것은 이미 언어학의 차원을 넘어서게 된다. 더 이상 언어적인 실체로 존재하지 않을 테니까."

물이 수소와 산소 분자로 나누어진다면 그것이 더 이상 물이 아닌 것처럼, 언어가 기표와 기의로 나누어진다면 그것은 더 이상 언어가 아니라는 이야기리라.

소쉬르 이전까지 언어에 대한 연구는 언어의 역사와 각 언어의 차이를 비교하며, 언어의 실체를 밝히는 일에 집중되어 있었다. 하지만 소쉬르는 언어는 실체가 아닌 형식이라고 말하며, 언어는 일종의 기호라고 주장했다. 언어 기호는 본원적으로 정해진 의미가 있는 것이 아니라, 체계 내의 다른 언어 기호와의 차이에 의해 고유의 기의를 형성한다는 것이다.

실제로 어떤 기표가 특정 기의와 맺어지더라도, 이 연결에서 둘의 논리적 관련성은 전혀 찾아볼 수 없다. 우리는 타고 다니는 차를 승용차라고 부르지만, 영어권 사람들은 '카(car)'라고 부르는 것처럼 말이다. 이는 기표와 기의의 관계가 '본질적'이지 않고 '자의적'이라는 뜻이다.

이처럼 소쉬르는 언어 기호가 자의적이라고 말하며, 기표와 기의의 결합은 자연법칙에 따르는 것이 아니라 어디까지나 해당 사회에서 자의적으로 결정한 것에 불과하다고 역설한다. 언어는 특정한 실체가 있는 것 아닌, 의미를 표현하는 하나의 형식일 뿐이라고 주장한 것이다.

소쉬르는 언어의 실체를 과감히 해체하고, 언어의 구조에 주목하며 구조주의의 문을 열었다.

36

레비스트로스

구조주의

구조주의

왜 전체에 주목해야 하는가?

'나무만 보지 말고 숲을 보라'는 조언을 들을 때가 있다. 자잘한 세부보다는 넓은 안목으로 전체를 조감하는 일이 중요하다는 뜻이다. 전체에 주목해야 하는 이유는 무엇일까? 클로드 레비스트로스의 구조주의 사상은 이런 의문점에 답을 준다.

1960년대, 문화인류학자인 레비스트로스는 구조주의의 기틀을 확립했다. 그는 현상의 드러나는 부분에서 근거를 찾지 말고, 전체를 '구조'로 파악하자고 주장했다. 여기에서 말하는 '구조'란 요소와 요소의 관계로 이루어진 전체를 이르는 말로써, 구조주의란 사물의 전체 구

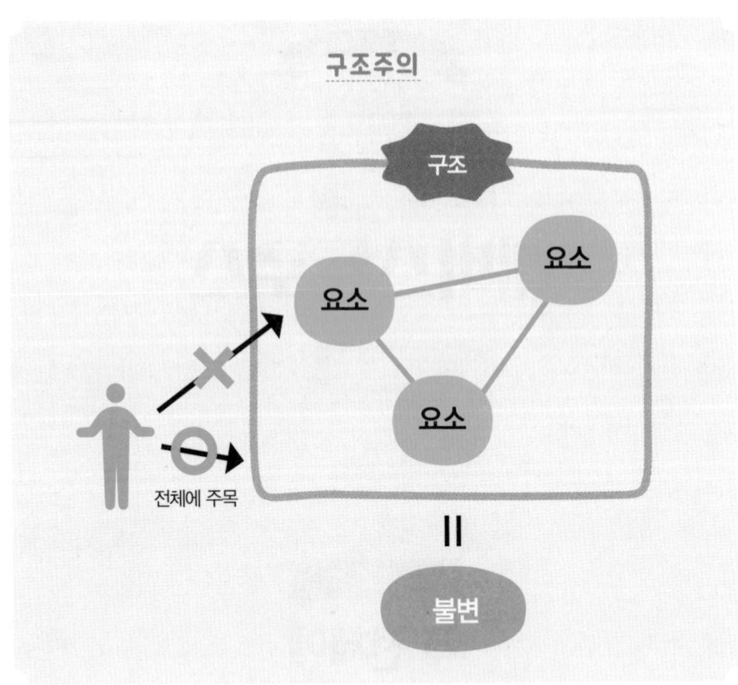

조에 주목해서 본질을 탐구하고자 하는 사상을 일컫는다. 즉 하나의 사물을 놓고 그 사물만 집중적으로 파헤치는 것이 아니라, 다른 사물과의 관련성을 고찰하자는 것이다.

레비스트로스가 전체 구조에 착안해서 밝힌 사실 가운데 가장 유명한 사례가 '교차사촌혼'이다. 교차사촌은 부모와 성별이 다른, 어머니의 남자형제나 아버지의 여자형제가 낳은 자식을 말한다. 원시 부족사회에서는 이 교차사촌들이 결혼하는 풍습이 흔하다. 바로 '교차사촌혼'이다.

서양 학자들은 '교차사촌혼'이 미개사회의 풍습에 지나지 않는다고 관심을 두지 않았다. 하지만 레비스트로스는 이 결혼 제도의 전체 구조에 주목함으로써 놀라운 사실을 발견했다. 그 발견이란, 같은 사촌이라도 남자 쪽에서 보면 어머니 쪽 외삼촌의 딸은 자신과 다른 가족 집단에 속하고 있다는 사실이다. 따라서 이 관계에 있는 남녀가 결혼한다면 서로 다른 공동체 사이에 사람의 교환이 이루어지며 교류가 증대되고, 이는 결과적으로 부족의 존속에 도움이 된다.

레비스트로스는 원시 부족사회의 풍습을 전체 구조에서 파악하자, 뜻밖에 고도의 시스템을 형성하고 있다는 사실을 발견할 수 있었다. 일부 현상만을 보고 미개하다고 폄하한 풍습이, 전체 구조로 파악했을 때 사회 체제를 형성하는 중요한 혼인 제도였음을 새롭게 규명한 셈이다. 여기에서 핵심 사항은 일부 요소의 변화에만 시선을 빼앗기면 변하지 않는 전체 구조를 보지 못한다는 점이다. 전체에 주목함으로써 전체의 틀 자체가 불변한다는 사실을 인식할 때 비로소 제대로 된 구조를 포착할 수 있다.

우리는 사물의 일부만 보고 오해할 때가 많은데 그런 의미에서도 전체 구조를 보는 넓은 안목은 반드시 갖추어야 할 사고법이다. 구조주의는 사물의 본질을 꿰뚫어 보게 하는 관점이자, 올바른 사고의 방법론이라고 말할 수 있다.

레비스트로스가 주장한 구조주의는 철학 분야에 국한되지 않고 다양한 학문으로 파급되었다. 나아가 기존의 편협한 서구 중심주의를 비판하며 서구사회에 경종을 울렸다.

야생의 사고

문명은 항상 우월한가?

문명은 항상 우월하고 뛰어나며, 문명화가 이루어지지 않은 미개는 열등하고 모자란 것일까? 문명의 상징인 도시가 천재지변으로 하루아침에 폐허가 될 때도 있는 것처럼, 문명이 언제나 우월한 것은 아니다. 따라서 우리가 당연시하는 문명과 미개의 이분법적인 사고를 바로잡을 필요가 있다. 이때 적절한 균형 감각을 잡게 해 주는 개념이 레비스트로스의 '야생의 사고'다.

우선 레비스트로스는, 우리가 흔히 미개인이라고 부르는 원시 부족 사회에 사는 사람들의 사고법에 주목했다. 그 결과 원시인의 사고는 조악하고 단순한 것이 아니라, 도시인과 발상이 다를 뿐이라는 결론을 얻었다.

동식물의 분류를 예로 든다면, 도시인은 구조나 성질 등의 차이에 주목하지만, 원시인은 토템 분류라고 해서 겉모습의 차이를 비교한다. 또한 원시인의 지식욕은 도시인보다 균형과 조화를 훨씬 중시한다고 주장했다. 따라서 문명사회는 항상 과도한 변화를 좇는 '뜨거운 사회'인데 비해, 미개사회는 거의 변화가 없는 '차가운 사회'라고 지적했다. 달리 표현하면 차가운 사회에서는 새로운 변화를 찾지 않아도 충분히 행복하게 지낼 수 있다는 것이다.

그리고 차가운 사회가 잘사는 비결을 '브리콜라주(bricolage)'라는 개

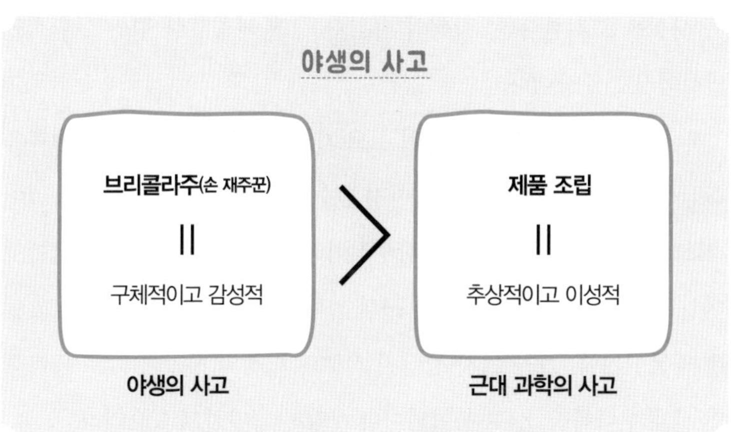

념을 이용해서 설명한다. 브리콜라주란 '손으로 하는 간단한 작업'을 뜻하는 프랑스어인데, 당장 눈에 보이는 재료를 이용해 적당히 무엇인가를 만든다는 의미다. 잡동사니로 여러 가지 일을 척척 해내고 만들어 내는 '손 재주꾼'이라고 할까? 반면에 근대 과학의 사고는 미리 정해진 전체 계획을 바탕으로 기능이 정의되어 있는 획일적인 부품을 이용해 제품을 조립하는 방식이다.

그런데 생각해 보면 일상생활에서는 논리적인 절차도 밟지 않고 적당히 필요한 것을 뚝딱뚝딱 만들어 내는 손 재주꾼이 더 편리하고 도움이 된다.

요컨대 레비스트로스는 미개사회의 유치한 발상에 불과하다며 문명 밖으로 내몰았던 '야생의 사고'가 실은 근대 과학처럼 합리적인 발상임을 지적한 것이다. 이 점에서 레비스트로스 발상의 혁신적인 의의를 찾을 수 있다. 더욱이 그는 근대 과학이 특정 시대와 문화에 국한된다는 사실을 고려한다면, 야생의 사고가 근대 과학보다 훨씬 보편적인 발상이라고 주장했다.

물론 레비스트로스는 '야생의 사고'가 더 보편적이니까 근대 과학을 대신해야 한다고 목소리를 높이지 않는다. 앞에서 소개한 바와 같이 '야생의 사고'는 구체적이고 감성적이라면, 근대 과학은 추상적이고 이성적이다. 즉 야생의 사고와 근대 과학은 단지 다른 특성을 갖고 있을 따름이기에, 그는 그저 감성의 사고와 이성의 사고는 서로 배타적인 관계가 아니라, 서로 통합되어야 마땅하다 말하고 싶으리라.

37

푸코

포스트 구조주의

에피스테메

학문은 어떻게 진화하는가?

우리가 배우는 학문은 시대와 함께 변화해 왔다. 따라서 늘 같은 것을 배우고 또 가르치지 않는다. 시대의 변화에 부응해서 새로운 교육을 모색해야 하는 것이다. 그렇다면 학문은 어떻게 진화하고 있을까? 이 물음에 학문적인 답을 개척한 철학이 미셸 푸코의 '에피스테메(epistēmē)'라는 개념이다.

에피스테메는 원래 그리스어로 학문적 인식, 즉 지식을 일컫는다. 예를 들면 플라톤은 이성이 이끌어 내는 지식을 에피스테메라고 하며, 단순히 주관에 지나지 않는 '독사(doxa, 억견)'와 대비시켜 생각했다.

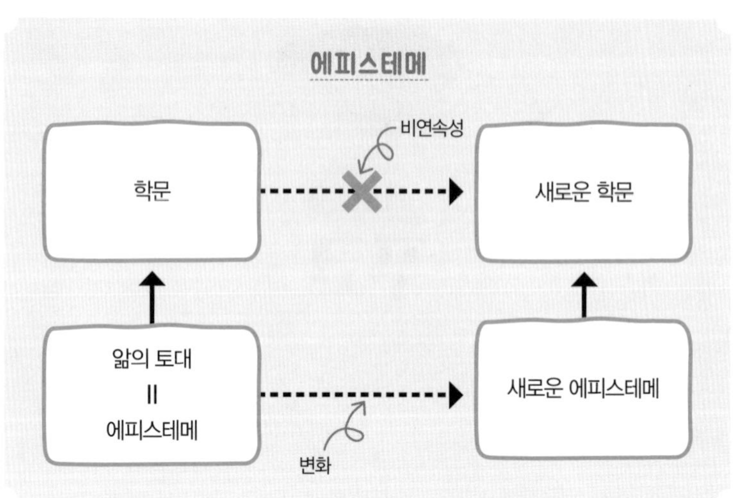

반면에 푸코는 『말과 사물』이라는 저서에서 독특한 앎의 모습을 나타내는 단어로 에피스테메를 사용했다. 말하자면 푸코가 주장하는 에피스테메는 개별 지식의 이야기가 아닌, 해당 시대의 모든 학문에 공통된 앎의 토대, 지식의 틀과 같은 것이다. 그렇다면 앎의 토대가 필요한 이유는 무엇일까?

앎이라고 하는 것은 어떤 공통된 관점에서 보지 않으면 하나의 정리된 지식으로 파악할 수 없다. 달리 표현하면 앎이 성립하기 위해서는 일정한 틀이 필요하다. 실제 학자들이 동일한 대상을 오랜 시기에 걸쳐 연구할 때, 시대에 따라 그 대상에 대한 시각이 달라진다. 지식이란 세계의 틀에 영향을 받고 형성되기 때문이다.

이와 관련해 푸코는 에피스테메를 시대에 따라 네 가지로 구분했다. 이에 따르면 같은 학문이라도 시대에 따라 다른 양상을 보인다.

16세기의 르네상스 에피스테메, 17~18세기의 고전주의 에피스테메, 19세기의 근대 인간주의 에피스테메, 앞으로 나타날 에피스테메까지. 21세기인 지금 시각으로 보면, 네 번째 에피스테메는 인터넷에 영향을 받는 지식을 말한다고 볼 수 있다.

우리는 지식이나 학문을 마치 보편적이고 연속된 것으로 파악하려고 한다. 하지만 학문은 우리도 모르는 사이에 시대의 제약을 강하게 받는다. 요컨대 앎의 토대가 되는 에피스테메가 변하면 그에 따라 새로운 에피스테메로 규정된 새로운 학문이 구축되는 것이다.

이처럼 지식은 개개인의 이성보다는 한 사회를 지배하는 인식의 틀을 통해서 만들어진다고 볼 수 있다. 이 사실을 자각한다면, 깊이 있는 학문 탐구에 한 걸음 더 다가간 것이리라.

파놉티콘

우리는 왜 규칙을 지키는가?

왜 우리는 법규를 준수하고 엄격한 규율을 지킬까? 물론 강제성이 있는 법을 지켜야 하는 것은 국민의 의무이기도 하지만, 학교에서 또 직장에서 우리는 누가 보지 않더라도 규율에 따라 생활할 때가 많다.

여기에서는 푸코의 '파놉티콘(panopticon)'이라는 개념을 통해 규율의 실체를 파헤쳐 보자.

파놉티콘은 한곳에서 내부를 모두 볼 수 있게 만든 '원형 감옥'을 뜻한다. 공리주의 철학자 제러미 벤담이 고안한 감옥 시스템으로, 중앙에 원형 감시탑이 있고 그 감시탑을 에워싸며 수감자들의 독방이 둥글게 들어서 있다. 그리고 중앙의 감시탑에서는 감옥 전체를 훤히 꿰뚫어 볼 수 있지만, 수감자 쪽에서는 중앙의 감시탑을 확인할 수 없다. 즉 중앙 감시탑에 있는 감시자는 모든 수감자의 움직임을 면밀하게 감시할 수 있지만, 독방에 갇혀 있는 수감자들은 감시자가 무엇을 하는지 전혀 알 수가 없다.

푸코가 원형 감옥에 주목한 이유는 감시하는 사람과 감시당하는 사람 사이에 눈높이의 불균형이 존재하기 때문이다. 이 불균형이야말로 권력의 상징이다. 한쪽이 다른 쪽에 완전히 복종하게 되는 구도라고 표현해도 무방하다.

파놉티콘에서는 수감자 스스로 자신이 늘 감시당하고 있음을 의식하고 자신의 행동을 스스로 통제한다. 바로 '종속의 주체'가 되는 것이다. 이로써 수감자는 감시자가 바로 옆에서 그들을 위협하고 있는 것처럼 행동한다. 결과적으로 권력은 개인의 내면으로 깊이 파고들어 익명화됨으로써 더 교묘하고 더 치밀한 효과를 거두게 되는 것이다.

푸코는 파놉티콘의 원리에서 엿볼 수 있는 규율의 권력 작용이 단순히 감옥이라는 제도에 국한된 것이 아니라, 근대 사회 구석구석까지 파고들었다고 말한다. 이 원리는 학교, 공장, 회사, 병원, 군대 등등 우리 사회의 다양한 장소로 확산해 감옥과 흡사한 효과를 발휘하고 있

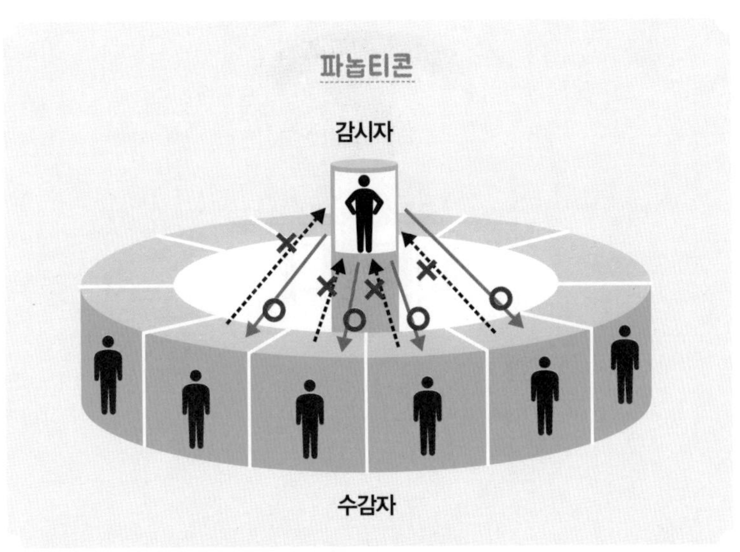

으며, 사회 질서의 형성과 유지라는 측면에서 막강한 임무를 맡고 있다. 이렇게 해서 규율은 개인의 신체뿐 아니라, 사회 전체를 관통해 규율 사회를 양산하게 되었다.

결국 푸코가 밝히고자 한 바는 단순히 새로운 형벌의 방법이 아니라, 권력을 통한 관리의 대상이 신체에서 정신으로 이행했다는 사실이다. 여기까지 생각이 미친다면 눈에 보이는 드러난 권력보다 눈에 보이지 않는 권력이 더 무시무시하고 더 무자비하다는 사실을 깨달았을 것이다.

38

데리다

포스트 구조주의

탈구축

궁지에 몰렸다면 어떻게 해야 할까?

인간도 사회도 궁지에 몰릴 때가 있다. 막다른 골목에 이르러 더 이상 해결책이 보이지 않는 캄캄한 상황이 누구에게나, 또는 어느 사회에나 닥칠 수 있는 것이다. 이렇게 궁지에 몰려 앞이 보이지 않을 때 명쾌한 답을 제시해 주는 철학이 자크 데리다의 '탈구축'이라는 개념이다.

데리다의 핵심 사상인 '탈구축'은 처음부터 다시 만들어 내는 것을 의미한다. 즉 단순한 파괴가 아니라 재건을 전제로 한 '해체'를 뜻한다.

근대 철학에서는 애초 옳다고 여기는 가치를 미리 점찍어 두고 이를

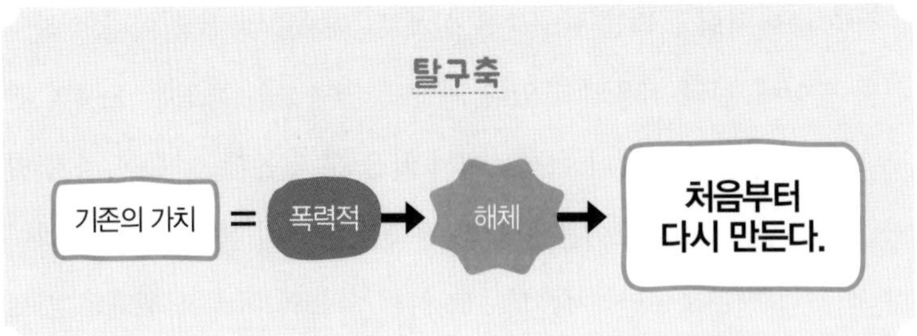

중시했다. 그 이유는 무엇일까? 데리다에 따르면 논리적인 것, 의미 있는 것을 가장 우선시하는 '로고스(logos) 중심주의', 문자보다 음성을 우선시하는 '음성 중심주의', 눈앞에 드러난 것을 진실이라고 여기는 '현전(現前) 형이상학', 남성성을 여성성보다 우위에 두는 '남근 중심주의', 다른 지역보다 서구를 우위에 두는 '서구 중심주의' 등이 인식의 세계에 뿌리 깊게 깔려 있기 때문이라고 한다.

하지만 데리다는 이런 편협한 사고는 옳지 않을뿐더러 심지어 폭력적이라고 주장한다. 요컨대 이성, 논리만 옳다는 생각이 차이를 부정하고, 남근 중심주의가 여성을 차별하고, 서구 중심주의가 식민지 지배와 전쟁을 초래했다는 것이다.

따라서 데리다는 이런 모순을 낳는 이항 대립 구도를 무너뜨리고 서양철학의 체계 자체를 해체하려고 했다. 바로 이것이 '탈구축' 또는 '해체주의'의 핵심 개념이다. '탈구축'은 '해체'라는 뜻의 프랑스어인 '데콩스트뤽시옹(déconstruction)'에서 비롯되었는데, 구조물을 해체하고 다시 구축한다는 의미다. 여기에서 핵심은 단순히 해체에 그치는 것이 아니라, 다시 구축한다는 점이다.

건축 용어처럼 들리는 탈구축은 실제로 '해체주의 건축'이라고 하여 건축 분야에 널리 이용되고 있다. 탈구축 건축물의 특징은 종래의 건축 상식을 뒤엎는 형태나 콘셉트에서 찾을 수 있는데, 기둥이 빠져 있거나 파괴된 것처럼 보이는 형태의 건축물이 흔히 볼 수 있는 유형이다. 이처럼 탈구축이란, 기존의 고정화된 사물의 양식을 해체하고 새로운 형태로 재구축하는 것을 나타낸다.

인생도 사회도 막다른 궁지에 몰렸다면 일단 깡그리 부수고 처음부터 다시 시작하면 된다. 분명 어마어마한 용기가 필요한 일이지만, 부수고 다시 시작했을 때 비로소 제대로 나아갈 수 있다면 충분히 시도해 볼 만한 가치가 있지 않을까?

데리다는 현재의 삶과 사물의 존재 방식은 단지 하나의 선택에 불과하며, 하나의 선택이 존재한다는 것은 반대로 다른 선택지도 있다는 것을 알려 준다고 말한다.

차연

유일한 절대 가치가 있을까?

대부분의 사람은 유일무이한 절대 가치가 존재한다고 생각한다. 그것은 하나의 정답을 맞히는 일에 익숙하기 때문이다.

실제로 학교에서는 딱 하나의 모범답안을 미리 정해 놓고 그 답을

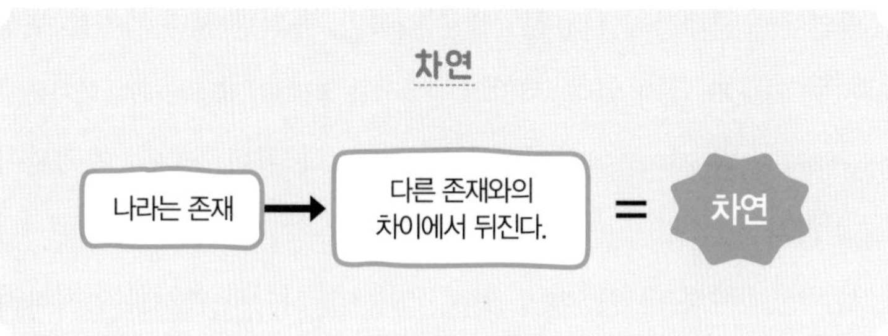

찾아내는 작업을 강요한다. 마치 그것 말고는 답이 절대로 존재하지 않는 것처럼 말이다. 하지만 답은 하나가 아니다. 더욱이 이 세상에 절대적인 가치가 딱 하나만 존재한다면 세상이 너무 시시하지 않을까?

우리에게 절대 가치의 모순을 일깨워 주는 철학이 데리다의 '차연(差延, différance)'이라는 개념이다.

'차연'이라는 단어는, 프랑스어인 '디페레(différer)'라는 동사에 '다르다'와 '지연시키다'라는 두 가지 의미가 동시에 내포되어 있다는 사실에 착안해 이를 명사화하여 새롭게 조합한 '디페랑스(différance)'를 번역한 말이다.

데리다에 따르면 모든 사물은 다른 사물과의 차이에 따라 성립된다. 이는 항상 차이가 사물의 존재보다 시간적으로 선행함을 의미한다. 이것이 바로 차연의 본질이다.

차연을 한마디로 표현한다면 차이를 낳는 원동력이다. 진중하게 생각해 보면 이 세상에 존재하는 것은 모두 다른 것과 다르다는 점에서 비로소 의미가 있다. 그렇다면 이런 차이를 낳는 작용이야말로 사물의 근원이 될 수 있지 않을까?

차연에는 근대까지 서양철학을 지배하던, 유일한 절대 가치를 부정하려는 의도가 담겨 있다. 서양철학에서는 타아(他我, 자아에 대한 다른 자아, 즉 타인)보다 자아가 더 진실하고, 거짓보다 참이 옳다는 가치관이 널리 퍼져 있었다.

하지만 자아와 타아를 봐도 알 수 있듯이, 자아의 존재를 인식하려면 지금 현재의 자신이 아닌, 과거의 '나'를 기준으로 삼아야 비로소 제대로 알 수 있다. 즉 나라는 존재는 과거의 나와 비교함으로써, 지금의 나는 어떠한지 판단을 내릴 수 있다는 것이다. 여기에서 유념해야 할 점은, '과거의 나'는 '현재의 나'의 눈으로 보면 타인이 된다는 사실이다. 이렇게 자아는 타아에 힘입어서 규정되고, 새롭게 확인된다.

얼핏 보기에는 타아보다 자아가 더 우위에 있는 것처럼 보이지만, 실제로는 타아 덕분에 자아가 존재한다. 이는 참과 거짓, 선과 악도 마찬가지다. 거짓이 있으니 참을 말할 수 있고, 악이 있으니 선을 규정할 수 있다.

이런 사실에 생각이 미치면 세상의 모든 진리를 하나의 가치로 통일할 수 없음을 알 수 있다. 결국 이 세상에는 유일무이한 가치 따위 존재하지 않는 것이다. 차연의 개념을 통해 서양철학의 대전제는 무너졌다.

39

들뢰즈

포스트 구조주의

기계

기계란 무엇인가?

기계라고 하면 자동차나 로봇, 혹은 전자제품을 먼저 떠올릴 것이다. 하지만 기계에도 깊은 뜻이 담겨 있으니, 질 들뢰즈의 ‘기계’ 개념을 통해 기존의 상식을 뒤엎는 기계를 새롭게 만나보자.

사전에서 기계라는 단어를 찾아보면, 동력을 써서 움직이거나 일을 하는 장치라고 정의되어 있다. 철학에서도 이런 기계의 정의에 충실한 ‘기계론’이라는 이론이 있다. 즉 기계론은 모든 현상을 자연적 인과관계와 역학적 법칙으로 설명하려는 관점으로, 모든 것을 기계적으로 설명하려고 한다는 점에서 사물을 목적에 의해 규정하는 ‘목적론’과 대비된다.

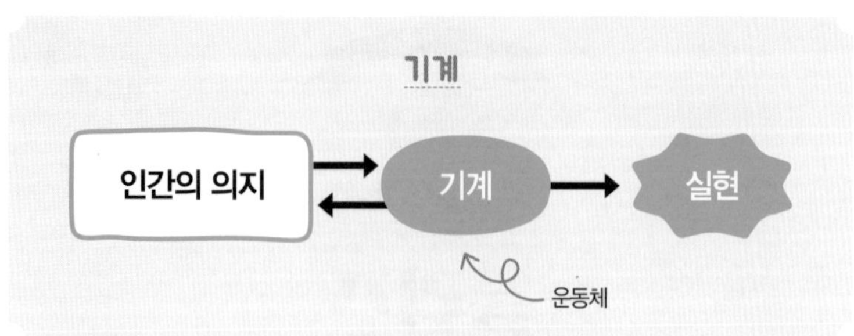

널리 알려진 기계론으로는 데카르트의 기계론이 있는데, 근대 초기 해부학에 관심을 두고 있던 데카르트는 인간의 몸이 기계와 비슷하다고 생각했다. 이와 달리 현대 사상에서는 프랑스의 사상가인 들뢰즈와 정신분석학자인 펠릭스 가타리(Félix Guattari, 1930~1992)가 기계라는 말을 '욕망 기계', '전쟁 기계' 식으로 독특하게 사용했다.

들뢰즈와 가타리가 말하는 기계란, 인간의 의지를 초월해 무의식적으로 인간의 행위를 실현하는 도구를 뜻한다. 인간보다 도구의 의미에 더 중점을 두고 있다는 점이 특징으로, 운동체가 된 기계가 인간의 행동을 실현해 주는 것이다.

'욕망 기계'를 예로 든다면, 욕망이 앞서고 이 욕망을 실현하기 위한 기계가 나중에 등장하는 것이 아니다. 오히려 기계가 먼저 존재하고 그 뒤에 욕망이 실현되는 것이다. 따라서 주도권을 쥐고 있는 쪽은 기계다. 기계를 통해 인간이 조금씩 변모하는 셈이다.

여기에서 말하는 기계란 흔히 말하는 부품 조립용 로봇과 같은 기계가 아니다. 세상에 존재하는 모든 것을 아우르는 생명의 메커니즘에 가깝다. 요컨대 욕망 기계란 사물을 탄생시키기 위한 사회의 시스템이자, 자기 생산의 메커니즘인 것이다.

그렇다면 왜 욕망 기계가 필요할까? 이는 단순히 무엇인가를 생산하는 일에만 집착하는 위험한 상태를 해결하기 위해서다. 위험한 상태란 바로 자본주의 사회다. 자본주의는 제품 생산을 과대평가하는 위험한 상태로, 이 상태를 타개하기 위해선 욕망하는 기계가 필요하다. 요컨대 들뢰즈는 제품 생산을 중시할 것이 아니라, 인간 내면에서 용솟음치는 에너지와 정신을 좀 더 소중히 여겨야 한다고 목소리를 높인 것이다.

이처럼 들뢰즈는 근원적인 무의식의 세계를 언급하며 지금까지와는 전혀 다른 철학 용어를 사용해 인간의 의식, 이성, 나아가 이성에 바탕을 둔 문명을 최고로 믿었던 근대 사상을 뿌리째 뒤엎고자 했다. 들뢰즈의 사상이 혁명적인 현대 사상이라고 일컬어지는 이유가 바로 여기에 있다.

리좀

유연하게 생각하려면 어떻게 해야 할까?

우리는 문제의 답을 찾으려고 할 때, 딱 하나의 정답만 생각한다. 그리고 그 정답을 끌어내는 방법도 딱 한 가지만 생각하려고 한다. 하지

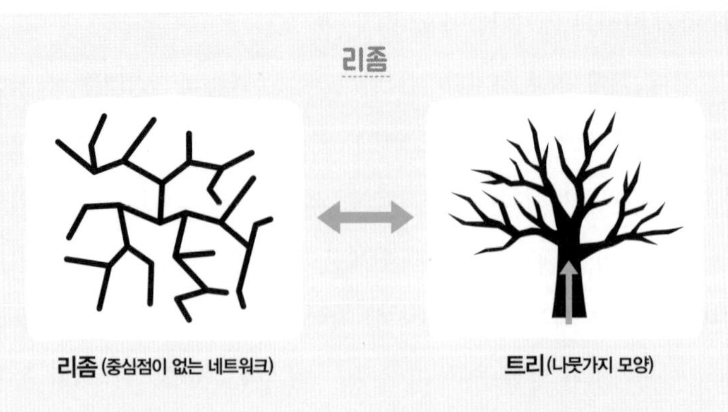

만 하나의 정답과 하나의 방법이 아닌, 다양한 생각과 다양한 처방전을 마련할 수는 없을까? 딱딱하게 생각하지 않고 유연하게 사고하려면 어떻게 해야 할까?

이처럼 남과 다른 생각, 역발상을 꾀하는 현대인에게 참신한 방향성을 제시해 주는 철학이 '리좀(rhizome)'이라는 개념이다.

들뢰즈와 가타리가 제창한 리좀은 '트리(tree)'라는 개념과 대비되는 사고법이다. '트리'란 말 그대로 나무를 가리키는데 여기에서는 단순히 나무 한 그루가 아닌, 나뭇가지 모양의 그림을 연상하면 된다. 반면에 리좀은 수평으로 자라는 뿌리줄기처럼 중심점이 없는 네트워크 모양을 지칭하며, 사전적인 의미는 땅속줄기의 일종인 뿌리줄기다.

이 트리와 리좀은 인간의 사고법을 나타내는 대표적인 유형으로, 트리는 근대의 서양 사회를 지배한 사고법이다. 즉 근대인들은 인간의 사고를 줄기에서 나뭇가지로 갈라지는 모습으로 도식화해 생각한 것이다. 동물이나 식물의 진화과정을 나타낸 계통수(系統樹)도 이러한 방식으로 생물의 유연관계를 나무에 비유한 그림이다.

트리형 사고법은 먼저 확실한 기본 원칙을 세우고 그 원칙을 기준으로 몇 가지 유형이나 예외를 생각해 나가는 방식이다. 이는 우리에게 친숙한 사고법으로 설명과 이해를 할 때 접근하기 쉬운 방식이다. 실제로 분류 작업을 할 때는 대부분 트리형 사고법을 따른다.

반면에 리좀은 중심은커녕 시작도 끝도 없는 네트워크형 사고법이다. 이 사고법의 특징은 전체를 구성하는 각 부분의 접속이 자유롭고 수평적이며 결과적으로 다양한 요소가 혼합된 상태라고 말할 수 있다. 또한 리좀은 새로운 부분이 접속되거나 단절될 때마다 성질이 바뀌는 '다양체'이기도 하다. 이른바 접속과 함께 변화해 나가는 것이다. 이는 새로운 부분이 접속되면 전체의 성질이 바뀐다는 사실을 의미한다. 구체적으로는 뇌의 신경망이나 소셜 미디어가 연결되어 있는 모습을 떠올리면 쉽게 이해할 수 있으리라.

하나의 중심에서 퍼져 나가는 수직적 나무 구조와는 반대로, 유연하게 다각도로 퍼져 가는 리좀의 수평적인 발상은 현대 사상의 사고 유형이라고 말할 수 있다. 이와 같은 리좀 사고법이야말로 수직적인 사고의 경직성을 깨고, 다양하면서도 유연한 사고로 우리를 이끌어 주지 않을까?

칼럼

★

혼돈 이후의 새로운 질서

포스트모던 이후의 철학은?

5챕터에서는 현대 사상을 소개했다. 다음 장에서 소개할 내용도 정치철학 분야라서 시대적으로는 현대 사상으로 분류된다. 그런데 과연 현대 사상이란 무엇을 뜻하는 것일까?

아주 단순하게 말하자면 현대 사상은 근대 이후 철학자들의 사상이다. 또한 근대를 '모던(modern)'이라고 부르기 때문에, 여기에 '~에 뒤', '다음에', '넘어서' 등을 의미하는 접두사 '포스트(post)'를 붙여 '포스트모던(postmodern)'이라고 부르기도 한다. 따라서 현대 사상이란 넓은 의미에서의 포스트모던 사상이라고 정의한다.

포스트모던 사상의 가장 큰 특징은, 자아의 의식과 이성 중심의 근대 사상을 비판하며 근대를 훌쩍 뛰어넘으려는 일련의 운동이라고 말할 수 있다. 즉 '나의 의식이 중심이 되어도 괜찮은가?', '이성은 과연 전지전능할까?' 하는 문제 제기에서 출발해 근대의 이성 중심주의를 극복하려는 노력이다.

이처럼 이성에 반대하는 포스트모던이 다루는 세계는 중심이 없는,

이성의 손이 미치지 않는 다양성, 다원성의 세계가 되었다. 말하자면 모든 것이 불확실한 혼돈의 세계가 도래한 것이다.

추측건대 질서정연한 근대를 해체한 것이 포스트모던이라면 포스트모던 이후의 철학은 어떤 형태로든 혼돈의 세계를 다시 한 번 한데 모아서 정리하는 작업이 당면 과제가 되지 않을까?

굳이 지구촌이라는 구호를 외치지 않더라도 인터넷은 전 세계를 하나로 묶어 나가고 있다. 이렇게 하나가 된 세계에서 포스트모던 이후의 철학은, 새로운 철학의 언어로 과거와 다른 차원의 체계화를 모색해야 할 것이다.

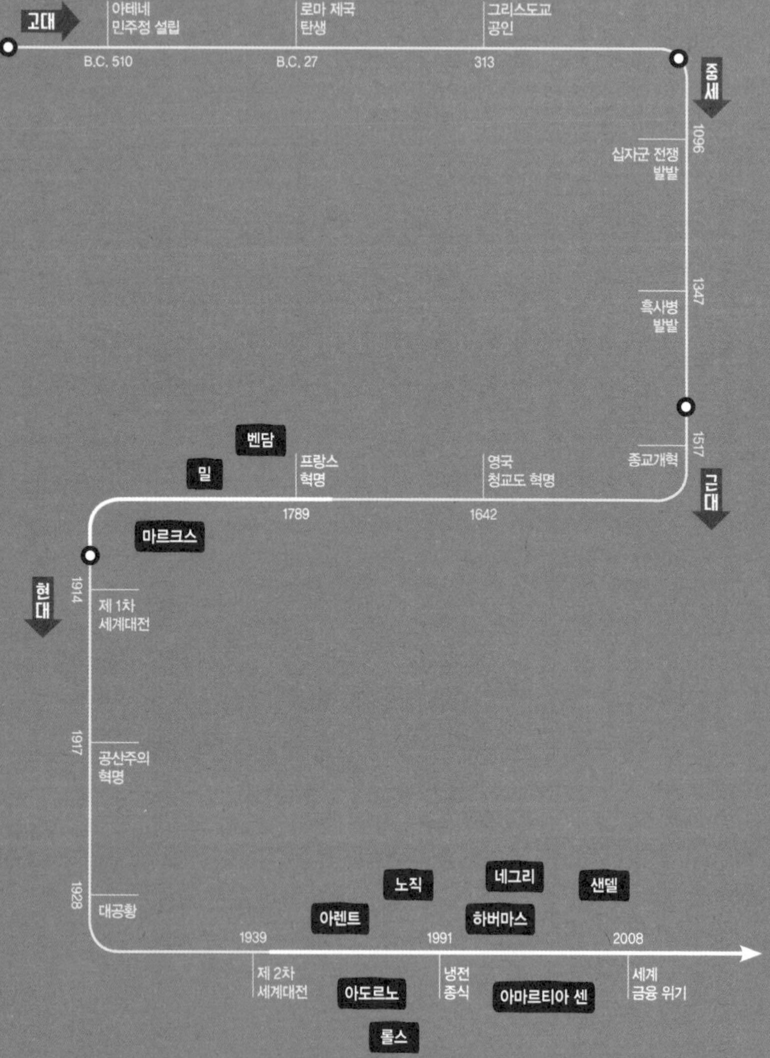

고대
아테네
민주정 설립
B.C. 510
로마 제국
탄생
B.C. 27
그리스도교
공인
313
중세
1096
십자군 전쟁
발발
1347
흑사병
발발
1517
종교개혁
근대
영국
청교도 혁명
1642
프랑스
혁명
1789
벤담
밀
마르크스
현대
1914
제 1차
세계대전
1917
공산주의
혁명
1928
대공황
1939
제 2차
세계대전
아렌트
노직
아도르노
롤스
1991
냉전
종식
네그리
하버마스
아마르티아 센
샌델
2008
세계
금융 위기

정의로운 사회를 고민하다

정치철학과 공공철학

벤담

1748 ~ 1832

사회의 이익을 최대화하기
위해서는 소수의 행복보다
다수의 행복을 증대시켜야 한다.

영국의 철학자이자 법학자로, 공리주의의 창시자로 일컬어진다. 행위가 행복을 선사하면 옳은 행위고, 그렇지 못하면 옳지 못한 행위라는 전제 하에, 행위의 선악은 쾌락 혹은 고통을 늘리거나 줄이느냐에 달려 있다고 주장했다. 이것이 '최대 다수의 최대 행복'으로 대표되는 유명한 '공리주의'의 핵심이다.

밀

1806 ~ 1873

어떤 쾌락은
다른 쾌락보다 한층
바람직하고 한층
가치 있다.

영국의 철학자이자 경제학자로, 공리주의 관점에서 행복의 양이 아닌, 행복의 질을 중시함으로써 벤담의 양적 공리주의를 비판적으로 계승해 질적 공리주의를 제창했다. 아울러 실증적인 사회과학 이론의 확립에 노력했고, 철학, 경제, 정치, 여성 문제, 종교, 사회주의 등에 대한 폭넓은 저작 활동을 전개했다.

마르크스

1818 ~ 1883

인간의 능력이
인간 그 자체가 아닌, 화폐로
평가되는 것을 바로잡기 위해서는
'사회주의' 혁명이 필요하다.

독일의 철학자이자 경제학자로, 자본주의 시스템을 과학적으로 해명한 '과학적 사회주의'를 탄생시켰다. 이론 철학이 아닌 실천 철학을 중시하는 혁명가로, 인간 소외로부터 해방을 목표로 하는 '마르크스주의'를 확립했는데, 이는 자본주의를 냉철하게 비판함으로써 자본주의의 다양한 문제점을 극복할 수 있는 해법을 모색하는 데 크게 이바지했다.

43

정의란 어떻게 하면
공정한 분배를 할 수 있을지
고민하는 것이다.

John Rawls

롤스

1921 ~ 2002

미국의 대표적인 정치철학자로, '정의'라는 하나의 주제를 놓고 깊이 탐구한 철학자로 정평이 나 있다. 공리주의를 비판하면서 민주주의 사회의 기본 원리가 되는 윤리학을 구상했다. 분석철학이 대세였던 20세기 사상계에서 사회철학과 윤리학을 되살린 거장으로, 마이클 샌델의 공동체주의에 직접적인 영향을 끼쳤다.

44

국가의 기능은
국방이나 사법, 치안 유지 등
최소한으로 축소해야 한다.

노직

1938 ~ 2002

미국의 철학자로, 자유지상주의의 대표적인 사상가다. 개인의 자유와 권리를 최대한 중시하며 이를 침해하는 확장국가를 비판해 '최소국가론'을 주창했다. 특히 롤스가 주장한 분배적 정의가 개인의 권리를 저해한다는 이유에서 강력하게 비판했다.

45

더 나은 사회란 공동체를
구성하는 시민들이 소중히 여기는
공동선에 가치를 두는 사회다.

샌델

1953 ~

미국의 정치철학자이자, '공동체주의자', '공화주의자'로 대중에게도 널리 알려져 있다. 특히 1980년대에 롤스를 비판하며 '자유주의-공동체주의 논쟁'을 이끌었고, 사회적 연대와 시민적 덕목을 강조하는 공동체주의 관점에서 공동체의 미덕을 지키는 것이 '정의'라고 역설했다.

아렌트

1906 ~ 1975

악은 평범하다.
아무런 생각 없이 타성에 젖어
생활하다 보면 누구나 악을
저지를 수 있다.

독일 출생의 현대 사상가이자 정치철학자로, 나치의 유대인 탄압을 피해 미국으로 망명한 후 줄곧 미국에서 활약했다. 전체주의 분석을 통해 정치사상계의 주목을 받았고, 핍박받은 개인적인 체험에서 '공공성'의 중요성을 강조하는 한편, 수동적인 '생각 없음'의 심각성을 경고했다.

하버마스

1929 ~

민주주의는
합리적인 논쟁을 통한
대화와 토론으로 이끌어
나가야 한다.

독일의 철학자로 실천적 지식인이자, '열린 토론'을 중시하는 사회철학자다. 근대의 '도구적 이성'을 비판하고, '의사소통적 이성'에 기초한 토론의 중요성을 주장했으며, 현대 공공철학의 기틀을 닦았다.

아도르노

1903 ~ 1969

계몽의 획일성을
극복하기 위해서는
'비판적 이성'이 필요하다.

유대계 출신의 독일 철학자로, 막스 호르크하이머와 함께 초기 비판 이론의 산실이었던 프랑크푸르트학파를 이끌었다. 비동일화를 중시하고 '부정변증법'의 개념을 정립했다. 특히 문명사회를 파탄으로 몰고 간 도구적 이성의 대안으로 '비판적 이성'을 제시했다.

오늘날의 '제국'은
세계화가 초래한 새로운
권력을 말한다.

네그리

1933 ~

이탈리아의 대표 사상가이자 마르크스주의자로, 좌파 정치 운동에 영감을 주는 세계적인 지도자 가운데 한 사람이다. 제자인 마이클 하트와 함께 세계화로 치닫는 오늘날의 새로운 권력인 '제국' 및 거대 권력 시스템에 대항할 정치 주체로서 '다중' 개념을 제창했다.

타인의 권리가
침해되고 있음에도 불구하고
대책을 마련하지 않는 것은
정의롭지 못하다.

아마르티아 센

1933 ~

인도의 경제학자로, 경제학과 철학의 연구 방법을 결합해 중요한 경제 결정에 윤리적인 기준을 제공했다. 수학적 지식과 통계적 방법을 동원해 경제학 관점에서 빈곤의 메커니즘을 규명하고자 함으로써 빈곤의 경제학이라는 경제학의 새로운 분야를 개척했다. 후생경제학복지경제학에 대한 연구 공로를 인정받아서 1998년 노벨경제학상을 수상했다.

벤담

정치철학

공리주의

사회라는 테두리에서 본 행복이란?

제러미 벤담은 행복한 세상을 만들기 위해서 다음과 같이 '공리성의 원리'를 제창했다.

"자연은 인류를 고통과 쾌락이라는 두 군주의 지배하에 두었다. 우리가 무엇을 할 것인지를 제시하고 또 우리가 무엇을 해야 하는지를 결정하는 것은 쾌락과 고통, 이 두 가지뿐이다."

요컨대 쾌락과 고통을 행동의 기준으로 삼아야 한다는 뜻이다. 이때 쾌락은 선이고 고통은 악이다. 따라서 쾌락의 양을 계산해, 쾌락이 고통보다 더 많게끔 해야 한다고 주장한다.

그런데 이렇게 쾌락과 고통의 윤리관에 기초해 사회 규칙을 만들 때 한 가지 의문이 생긴다. 인간의 쾌락은 저마다 다른 지극히 개인적인 것으로 이를 어떻게 사회 전체의 규칙과 연결할 수 있을지에 관한 문제다. 이에 대해 벤담은 "공리성의 원리는 충분히 사회에 적용할 수 있다"라고 주장한다. 벤담의 확신에는 '사회의 행복은 한 사람 한 사람의 행복을 모두 더한 총합이다'라는 논리가 깔려 있다. 바로 이것이 '최대 다수의 최대 행복'이라는 표어의 핵심 내용이다.

'최대 다수의 최대 행복'에 따르면, 사회의 이익을 최대화하기 위해서는 소수의 행복보다 다수의 행복을 증대시키는 쪽이 바람직하다. 또한 같은 다수의 행복이라도 작은 행복보다 큰 행복을 늘리는 쪽이 낫다.

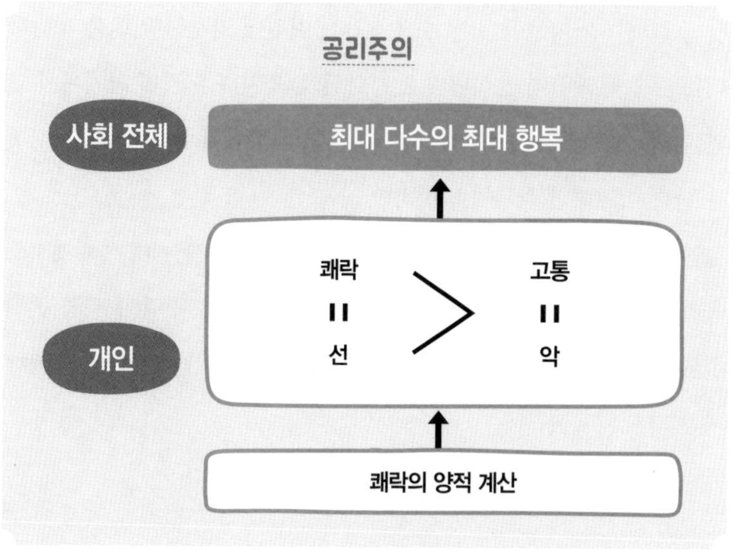

벤담은 공공성의 원리에 기초해서 다양한 제도 개혁을 제안했다. 앞서 푸코의 철학에서 등장한 '파놉티콘'이라는 원형 감옥의 아이디어를 제시한 인물도 벤담이다.

이 감옥은 중앙에 감시탑을 둔 원형 감옥으로 간수가 중앙 감시탑에서 둘러보기만 해도 감옥 전체를 한눈에 볼 수 있다는 점에서 관리와 통제가 효율적인 감옥 구조다. 수감자는 자신이 항상 감시받고 있다는 부담감에 고통받을지도 모르지만, 원형 감옥 시스템을 통해 더 많은 이익을 얻을 수 있다면 사회 전체로 봤을 때는 행복의 총합이 늘었다고 볼 수 있다. 원형 감옥은 다른 감옥에 비해 최소한의 인원과 최소한의 비용으로 최대의 효과를 누릴 수 있는, 벤담이 생각하는 이상적인 사회의 축소판이었다.

벤담은 빈민을 관리하기 위한 제도를 제안하기도 했다. 그는 거리에서 구걸하는 거지들을 빈민 수용소인 구빈원에 가두면 거리를 지나다니는 다수의 쾌락이 늘어난다고 생각했다. 쫓겨나는 거지 처지에서 보면 인정머리 없는 처사이지만 다수 시민의 쾌락과 소수 거지의 고통을 단순 비교하면 결과는 명백하다.

인간미 없는 냉혹한 발상임에는 분명하지만, 실제 현대 사회에서도 공리성의 원칙을 내세우며 노숙자를 소외시키려는 주장이 분명 존재한다. 이런 점에서 우리는 공리주의의 의미와 한계를 진지하게 생각해 봐야 하지 않을까?

여론재판소

여론이란 무엇인가?

선거철만 되면 '국민의 목소리는 하늘의 뜻'이라는 이야기를 심심찮게 들을 수 있는데, 정말 그럴까?

실제로 정부는 여론 조사를 시행하고, 그 결과를 바탕으로 정책 방침을 수정하기도 한다. 민주주의 사회에서 의사결정을 할 때 여론의 역할이 큰 것도 사실이다. 그렇다면 정책을 바꿀 만큼 막강한 힘을 지닌 여론이란 과연 무엇일까? 여론의 개념을 일찌감치 간파한 벤담의 주장을 통해 여론이 무엇인지 심도 있게 파헤쳐 보자.

벤담은 공리주의 관점에서 좀 더 효율적인 정치 시스템을 모색했다.

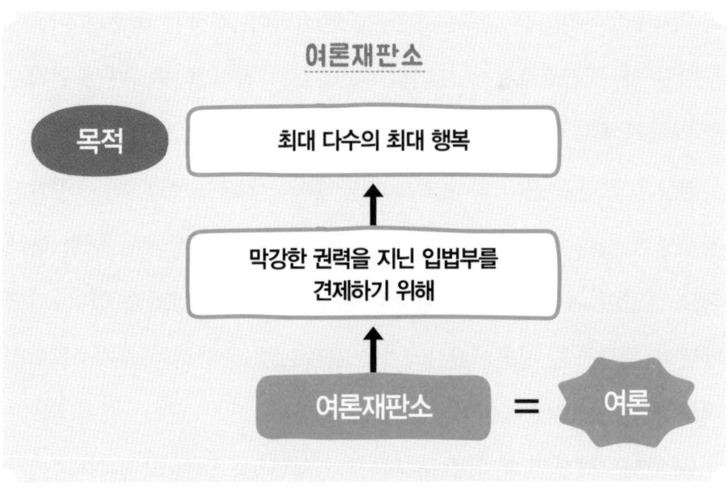

가장 먼저 그는 최대 다수의 최대 행복을 실현하려면 어떻게 해야 하는지 고민했다. 벤담은 그 해답으로 불필요한 낭비가 없는 통치를 생각했다. 이익을 갉아먹는 행위나 불필요한 낭비가 생기면 효율적으로 국가를 운영할 수 없기 때문이다.

벤담은 이러한 관점에서 공익을 저해하는 가장 큰 원인은 공직자의 부패라고 판단했다. 그래서 막강한 권력을 지닌 입법부(국회)에 부패를 방지하기 위한 제동 장치를 마련했다. 이를테면 매년 공직자를 다시 뽑는다는 식이다. 무엇보다 '여론재판소'라는 개념에 기대를 걸었다. 여론재판소란 별도의 제도적인 기구를 가리키는 것이 아니라, 현실 사회에서 사람들이 자유롭게 표명하는 의견, 즉 여론 그 자체를 의미한다.

다만 대중의 공통된 의견인 여론은 가시적인 제도처럼 움직이고 있다. 유능한 통치자는 여론을 다스리고, 현명한 통치자는 여론을 따른다. 반대로 어리석은 군주는 여론을 무시한다. 벤담은 군주가 여론을 무시할 때 국민으로부터 도덕적이면서도 사회적인 제재가 필연적으로 가해진다고 생각했다.

벤담은 공적 기관의 의사 기록과 공개성을 강조했는데, 이는 공개된 정보를 국민이 판단할 수 있게끔 마련한 제도적인 장치다. 이를 통해서도 벤담이 여론재판소의 기능을 염두에 두었음을 알 수 있다. 결국 벤담이 생각하는 여론이란, 국가를 올바르게 운영해 나가기 위한 비제도적인 정치 시스템이라고 말할 수 있다.

흥미로운 사실은 벤담이 규정한 여론재판소 구성원의 범위다. 그는 선거권을 가진 사람들뿐 아니라, 선거권이 없는 미성년자와 여성도 여론재판소의 구성원에 포함하고 있다. 더욱 놀라운 사실은 외국인이라도 이해관계가 얽혀 있다면 구성원이 될 수 있다고 주장한 점이다. 이는 현대 사회에서 인식하는 여론의 개념보다 훨씬 광범위하다. 벤담이 생각한 여론은 어떤 의미에서는 지금보다 훨씬 진보한 개념이라고 말할 수 있지 않을까?

41

밀

정치철학

질적 공리주의

모든 쾌락은 동일한가?

저렴한 분식집에서 라면을 먹어도, 고급 레스토랑에서 스테이크를 먹어도 모두 포만감이라는 쾌락을 얻을 수 있다. 하지만 이 두 가지의 쾌락이 과연 동일하다고 말할 수 있을까? 쾌락에도 종류가 있는 것은 아닐까? 밀의 '질적 공리주의'는 이 문제를 생각할 때 훌륭한 길잡이가 되어 준다.

처음으로 공리주의를 제창한 벤담의 이론은 사회를 철저히 과학적으로 분석할 수 있다는 확신을 바탕으로 정립한 것이다. 하지만 이 사상은 치명적인 문제점을 내포하고 있다.

"아름다운 시가 주는 쾌락과 아이들의 놀이에서 얻어지는 쾌락은 동일하다"라는 벤담의 주장이 상징하듯이, 그는 모든 쾌락을 평등하게 다룸으로써 모든 인간의 평등성을 확보하려고 했다. 그 자체가 틀린 말은 아닐지 모르나, 양적으로 같은 것을 제공하면 같은 만족을 얻는다는 전제는 인간의 개성을 앗아 간 발상이다. 실제로 벤담의 사상은 고귀한 쾌락과 천박한 쾌락을 전혀 구별하지 않았다는 점에서 '돼지를 위한 학설'이라는 비난을 받았다.

이런 비판 속에서 벤담의 공리주의 사상을 수정, 계승해 완성한 철학자가 존 스튜어트 밀이다. 밀도 공리주의를 주장했지만, 육체적 쾌락인 양적 쾌락을 중시한 벤담과 달리, 정신적 쾌락인 질적 쾌락에 주안점을 두었다.

밀은 "어떤 쾌락이 다른 쾌락보다 한층 바람직하고 한층 가치 있다는 사실을 인정해도, 공리의 원칙과는 전혀 충돌하지 않는다"라고 말하며, 인간의 개성을 살리면서도 공리주의의 장점을 활용하는 방법을 제시했다. 이로써 공리주의는 돼지를 위한 학설이라는 오명에서도 벗

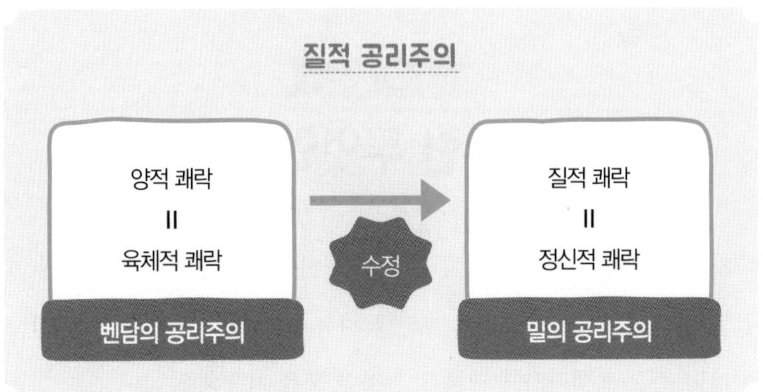

어날 수 있었다. 이와 관련해 밀은 다음과 같은 명언을 남겼다.

"배부른 돼지보다 배고픈 인간이 낫고, 만족스러운 바보보다 불만족스러운 소크라테스가 더 낫다."

밀이 인간의 개성을 중시하고 동물의 쾌락과 인간의 쾌락을 질적으로 구분한 데에는 아버지로부터 받은 엘리트 교육이 크게 작용했다. 밀의 아버지인 제임스 밀(James Mill, 1773~1836)은 역사가이자 경제학자로 유명한데, 당시 전통적인 가문의 엘리트층에서 으레 그랬듯이 아들이 어릴 때부터 엄격한 영재교육을 시켰다. 이런 밀의 개인적인 체험이 벤담의 공리주의를 계승하면서도 이를 비판적으로 극복할 수 있는 계기를 선사한 것이다.

다만 '쾌락의 질을 중시하고 인간의 개성을 존중하는 인간미와 공리주의의 과학적 사고가 정말로 양립할 수 있을까?' 하는 의문은 여전히 남아 있다.

위해 원칙

자유란 무엇인가?

자유란 무엇인가? 자유만큼 아주 오래전부터 오늘날까지 꾸준히 언급되는 단어도 없을 것이다. 그만큼 자유의 의미를 묻는 질문은 인간이라면 누구나 생각하게 되는 보편적인 물음 가운데 하나다.

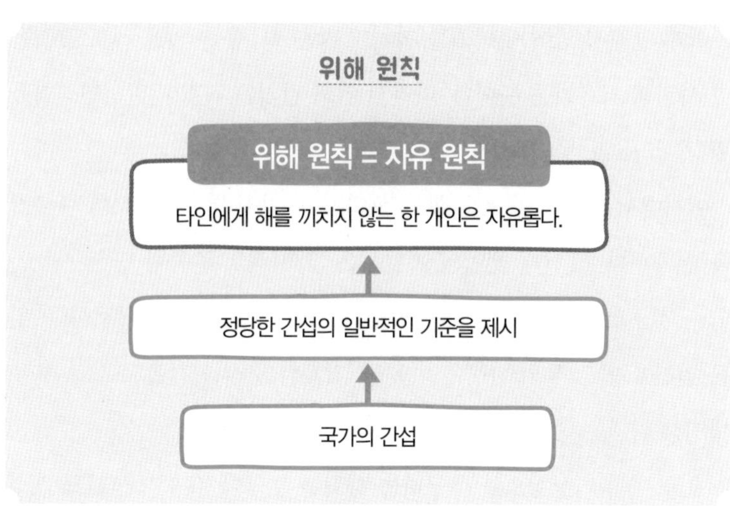

철학의 역사에서도 자유를 정의하는 다양한 답이 등장했다. 그중에서 고전적인 자유주의의 개척자로 일컬어지는 밀은 '위해 원칙'이라는 개념을 통해 오늘날에도 통하는 설득력 있는 답을 제시했다. 여기에서는 밀의 사상을 통해 참된 자유의 의미를 고민해 보자.

밀은 사회 전체의 행복을 실현하기 위해서는 국가의 간섭이 전혀 없을 수 없다고 말한다. 국가에 한발 양보한 것이다. 하지만 이 간섭이 지나치면 자유가 억압당하기 마련이다. 그래서 밀은 국가가 관여할 수 있는 정당한 간섭의 기준을 지시했는데, 바로 그 기준이 '위해 원칙'이다.

먼저 밀은 개인의 행동이 자기 이외 누구의 이해와도 관계되지 않는 한, 사회에 대해 책임을 지지 않는다고 주장한다. 그리고 타인의 이익을 해치는 행동을 하면 그 행위에 대해 책임을 지고 사회적인 제재를 받을 수 있다고 말한다.

쉽게 말해서 남에게 민폐를 끼치지 않는 한, 무슨 일을 해도 그것은 그 사람의 자유라는 뜻이다. 따라서 위해 원칙을 뒤집어 말하면, '자유 원칙'이라고도 할 수 있다.

여기에서 밀은 자유로운 삶의 선택 또한 인정받아 마땅하다는 주장을 전개한다. 요컨대 개인의 자발성은 그 자체로 존중할 만한 가치가 있는 것으로, 개성과 창조성을 발전시켜야 한다고 강조한 것이다. 밀은 인간을 한 그루의 나무에 비유해, 기계와 달리 인간은 스스로 성장, 발전해 나가는 존재임을 명확히 했다.

결국 밀이 이상향으로 추구하는 사회는 누구나 자유를 누리고 개성을 발휘할 수 있는 사회인 것이다. 같은 맥락에서 밀은 자유의 정신을 앗아 가고 개성을 뭉개는 평범한 다수의 횡포를 멀리하고자 했다.

평범함을 부정한다는 점에서 밀을 엘리트주의에 빠진 사상가라고 비난하기도 하지만, 그의 주장은 결코 비범한 천재를 옹호하자는 이야기가 아니다. 개성이나 자유를 살리자는 뜻으로 해석하는 것이 옳다. 국가의 간섭을 최소한으로 줄이는 일이 위해 원칙으로 규정된 것도 그 때문이다.

게다가 그는 국가의 테두리 안에서 누구나 자유를 누리기 위해서는 각 구성원이 서로 자유를 존중해야 한다고 역설했다. 이런 관점에서 위해 원칙은 공동체의 '공생 원리'로 포착할 수 있을지도 모른다.

42

마르크스

정치철학

사회주의

어떻게 평등한 사회를 만들 수 있을까?

평등한 사회를 실현하려면 어떻게 해야 할까? 이 풀기 어려운 담론에 『자본론』이라는 명저를 완성해 답을 제시한 철학자가 바로 카를 마르크스다.

마르크스는 역사상 최초로 자본주의의 모순을 과학적으로 분석한 철학자다. 그는 인간이 쏟아 부은 노동량에 따라 상품의 가치가 결정된다고 생각했다. 이것이 '노동가치설'인데, 마르크스는 이 노동가치설을 대전제로 삼고 자본주의의 메커니즘을 논한다.

예를 들면 공장에서는 자본가가 생산수단을 제공하고, 노동자는 그

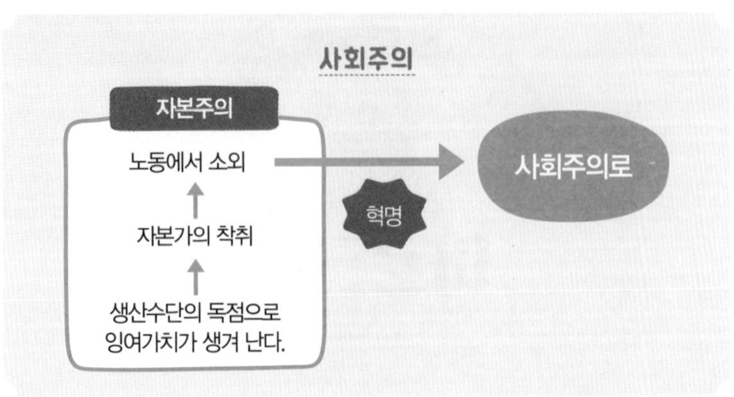

생산수단을 이용해 상품을 생산하는 대가로 임금을 받는다. 이것이 자본주의의 메커니즘이다.

이때 동일한 양의 상품을 생산하는 데 필요한 노동력은, 기업의 설비 투자에 따라 생산성이 향상되면 점점 감소해 나가는 경향이 있다. 그러면 노동자의 수도 예전만큼 많이 필요하지 않게 되고, 남은 노동자도 같은 양의 상품을 생산하는 데 시간이 단축되므로 받는 임금은 줄어들게 된다.

반면에 자본가는 늘어난 생산량을 자신의 이익으로 챙긴다. 이 잉여 생산으로 형성되는 이익을 '잉여가치'라고 부른다. 그런 의미에서 노동자는 잉여 생산량에 관한 한 무임금으로 노동력을 제공하게 되고, 결과적으로 잉여가치만큼 노동력은 '착취'당한다.

이렇게 해서 노동이라는 행위는 주체적인 활동에서 점차 수동적이고 피동적인 활동으로 전락하고 만다. 이런 상태를 노동에서 '소외'당한다고 말할 수 있으며, 여기서 소외라는 단어는 '멀어진다'는 뜻이다.

노동자는 임금을 받지만, 자신이 생산한 상품 자체는 자본가가 소유하기 때문에 상품에서 멀어진다. 또한 노동 자체도 자본가의 명령에 따라 분업 작업을 수행하는 것에 그치기 때문에 노동에서도 소외당한다. 더욱이 노동자는 다른 노동자와 경쟁해야 하는 상황에 내몰린다. 동료와의 경쟁에서 이겨야 자신이 더 많은 임금을 받을 수 있기 때문이다. 이는 인간의 능력이 인간 그 자체가 아닌, 화폐 가치로 등급이 매겨진다는 점에서 인간에게서 멀어짐을 의미한다. 자본주의 사회에서 노동자는 그야말로 철저하게 소외당하는 것이다.

마르크스는 이런 모순을 바로잡기 위해서는 소외 상태를 극복하고 새로운 사회를 건설해야 한다고 생각했다. 그는 이를 위해 사회주의 혁명을 일으켜야 한다고 주장했다. 생산수단을 모든 노동자가 공유하는 시스템을 구축하고, 생산한 것은 모두 똑같이 나누는 경제 체제를 도입해야 한다는 것이다.

역사적 유물론

역사는 어떻게 발전하는가?

역사는 어떻게 발전해 나가고 있을까? 이번에는 시야를 넓혀서 '역사적 유물론', 혹은 '유물사관'이라고 일컬어지는 마르크스의 독자적인 역사관을 통해 역사의 발전 과정을 깊이 있게 파헤쳐 보자.

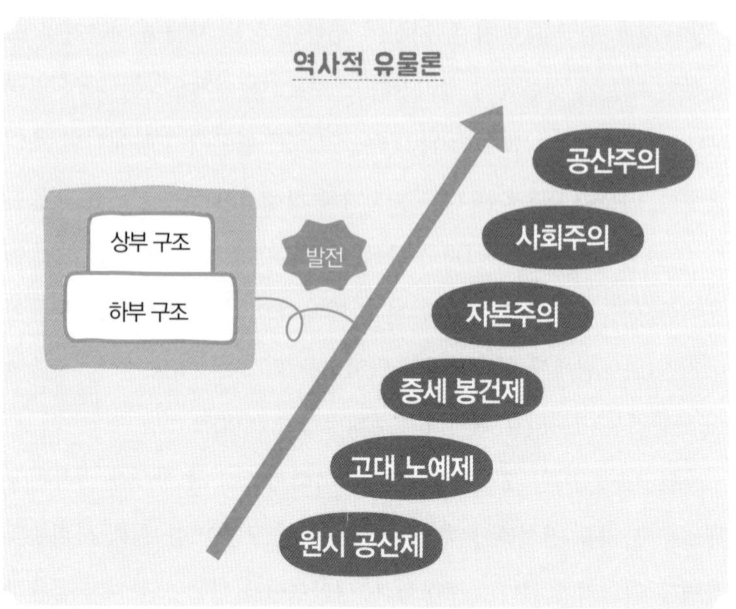

마르크스는 생산수단이나 생산활동에 해당하는 '하부 구조'가 인간의 사상, 법, 정치 제도를 망라하는 '상부 구조'를 결정한다고 생각했다. 즉 경제 활동이 토대가 되어야 그 토대를 바탕으로 모든 사회 제도의 알갱이가 갖추어질 수 있다는 것이다. 이는 기존의 철학자들이 주장한, 사상이나 관념이 경제 구조를 결정짓는다는 사고법과 정반대의 발상이다.

또한 마르크스는 생산성 향상에 따라 당시의 경제 제도와 생산력이 맞지 않게 될 때, 그 모순을 원동력으로 삼아 역사는 다음 단계로 발전한다고 말한다. 구체적으로는 원시 공산제, 고대 노예제, 중세 봉건제, 자본주의, 사회주의, 공산주의 순서로 전개된다.

이때 마지막 세 단계의 전개를 들여다보자. 자본주의 단계에 이르면 앞에서 말한 것처럼, 인간의 소외와 같은 수많은 모순이 야기된다. 모순으로 가득 찬 자본주의는 혁명을 통해 전복되고 생산력을 중시하는 사회로 이행할 수밖에 없다. 즉 자본주의 다음에 오는 사회는 능력에 따라 일하고 일한 만큼 분배받는 '사회주의', 그다음은 능력에 따라 일하고 필요한 만큼 분배받는 '공산주의'가 도래한다는 것이다.

실제로 마르크스의 주장은 20세기 러시아 혁명으로 탄생한 소련을 중심으로 실현되기도 했다. 그런데 혁명을 통해 건설된 많은 사회주의 국가들은 대부분 붕괴하고 말았다. 오늘날 사회주의 체제를 유지하는 국가는 북한과 같은 극단적인 독재 국가와 중국처럼 심각한 빈부의 격차가 존재하는 사회주의의 가면을 쓴 자본주의 국가 정도다. 그런 의미에서 사회주의 혁명은 실패로 끝났다고 볼 수 있다.

사회주의 혁명의 실패 원인을 놓고 학자들 사이에서 다양한 분석이 나오지만, 무엇보다 지나친 이상향의 추구가 가장 큰 원인으로 지적된다. 인간의 본성에 대한 지나친 신뢰가 앞선 나머지 인간의 나약하고 추악한 부분을 간과했다는 것이다.

사회주의 혁명은 실패했지만 그렇다고 해서 마르크스 사상을 실패한 사상, 시대착오적인 사상으로 넘겨 버릴 수만은 없다. 오늘날 자본주의의 모순이 극대화된 인간 소외 현상과 부익부 빈익빈 현상은 날이 갈수록 심화하고 있기 때문이다.

사회를 병들게 하는 자본주의의 문제점을 바라보면 사회주의나 공산주의의 요소가 조금은 필요하지 않을까 싶다. 금융 자본주의나 독점

자본주의라고 불리는 살벌한 경쟁사회는 인간을 너무나 쉽게 사회의 부속품으로 전락시키기 때문이다.

자본주의의 문제점을 분석한 마르크스의 사상에 현대인들이 귀 기울이는 이유는 자본주의 사회에 살면서 모순을 느끼고 있고, 또 그 모순을 바로잡으려 힘쓰고 있기 때문일 것이다.

John Rawls

롤스

실존철학

자유주의

자유와 평등은 함께할 수 있을까?

흔히 자유와 평등은 서로 대립하는 개념으로 받아들여진다. 그렇다면 자유와 평등이 공존하는 방법은 없을까? 존 롤스의 '자유주의'는 이 물음에 의미 있는 답을 준다.

정치철학에서 자주 쓰이는 개념인 자유주의는 개인의 자유를 존중하는 사상을 일컫는다. 다만 자유를 존중한다는 기본 취지는 같아도 그 세부적인 내용은 다양한 견해가 존재한다. 예컨대 극단적인 자유주의를 주장하는 '자유지상주의'에서부터 복지 국가를 강조하는 관점까지 실로 다채로운 견해가 존재하는 것이다.

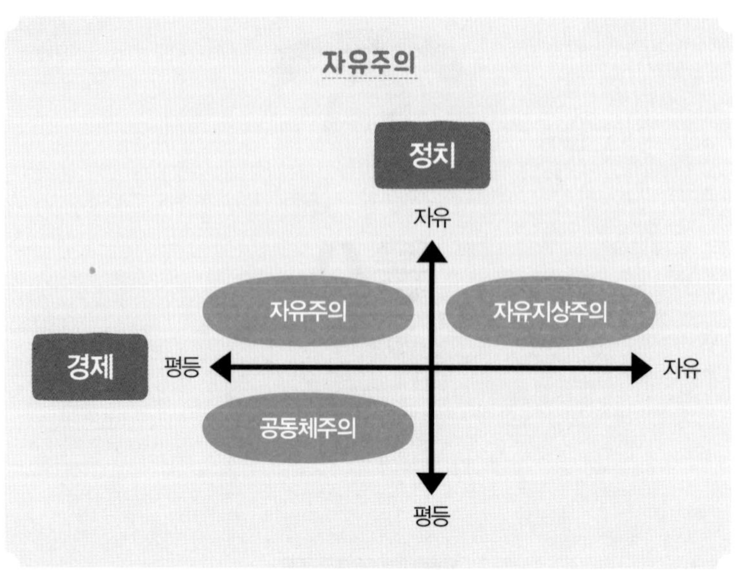

역사적으로 보면 밀이 '타인에게 해를 끼치지 않는 한 개인은 자유롭다'는 위해 원칙으로 자유를 표현한 것에서 '고전적 자유주의'의 전형이 수립되었다고 할 수 있다. 이때 자유주의는 소극적 자유, 즉 자유를 추구하는 것은 개인에게 맡긴다.

그런데 현대 사회에서 말하는 자유주의는 단순히 소극적 자유에 그치는 것이 아니라, 적극적으로 사람들의 자유를 촉진하는 사상으로 발전했다. 이런 사상적 발전의 배경에는 자본주의 발달이 크게 자리 잡고 있다. 자본주의 사회의 모순이 심화하면서 '빈부의 격차를 어떻게 해소할 수 있을까?' 등의 문제가 당면 과제로 두드러졌기 때문이다.

특히 롤스가 자신의 주요 저서인 『정의론』에서 밝힌 자유주의의 개념이 대표적인 이론으로 받아들여지고 있는데, 그의 사상은 복지국가형 자유주의, 혹은 자유주의적 평등주의라고 일컬어지기도 한다.

1971년에 간행된 『정의론』은 실용적인 학문이 득세하는 풍조에서 정치철학의 부흥을 도모한 저서로, 오늘날 높은 평가를 받고 있다. 이 책의 본문에는 정의를 실현하기 위한 원리가 자세히 소개되어 있는데, 책에서 말하는 정의란 '어떻게 하면 공정한 분배를 할 수 있을까?' 하는 물음과 상통한다.

이와 관련해 롤스의 처방전은 자유를 기본으로 삼으면서도 평등을 실현시키기 위해 자유를 수정해 나간다는 해법이다. 쉽게 말하자면, 정치적으로는 자유를 보장하면서 경제적으로는 평등을 지향한다는 것이다.

롤스의 『정의론』은 현대 정치철학의 기틀을 수립했다고 해도 과언이 아니다. 그는 자신의 기본 견해를 '좋음(善)보다 옳음(正)이 앞선다'라고 표현한다. 요컨대 현대 사회에서는 가치가 다원화되고 있기 때문에 하나의 '선'을 바탕으로 정의를 구성할 수 없다는 뜻이다.

하지만 이런 롤스의 관점에 대해 공동체주의자들은 '선'의 논의를 도외시한 채 무엇이 옳은가를 확정하는 일은 애초 불가능하다며 자유주의를 비판하고 있다.

무지의 베일

공정한 분배가 가능하려면?

사람은 누구나 이기적인 면을 갖고 있다. 공정한 분배에 대한 합의를 도출하려고 해도 "나는 좀 더 많이"라고 말하며 억지 논리를 세우는 것이 현실이다. 이런 연유에서 공정한 사회를 실현하려면 너무나도 장애물이 많다. 공정한 분배가 가능해지려면 과연 어떻게 해야 할까?

롤스의 '무지의 베일'이라는 독특한 발상은 이런 의문점에 답하며 성장과 분배 문제를 진지하게 모색하게 해 준다.

롤스가 주장한 무지의 베일이란, 이 베일을 뒤집어쓰고 있으면 자신의 정보가 완전히 차단된다고 가정하는 일종의 사고 실험을 뜻한다. 즉 무지의 베일을 통해 사람들은 모두 평등하고 합리적이며 동일한 상황에 놓이게 된다. 이런 상태는 '원초적 상태'라 말할 수 있고, 이는 합의에 이른 결론이 공정하다는 사실을 보증하는 초기 상태다.

논의를 시작할 수 있는 초기 상태를 만들어 내기 위해 우리는 '무지의 베일'에 덮여 있을 필요가 있다. '무지의 베일'을 썼다고 가정하면 타인도 자신과 같은 선상에서 살필 수 있고, 진정한 정의가 무엇인지를 판단할 수 있기 때문이다.

그렇다면 구체적으로 어떻게 참된 정의를 판단할 수 있을까? 여기에서 롤스가 주장한 '정의의 두 가지 원칙'이 등장한다.

롤스는 사회 정의의 문제가 두 가지 측면을 가지고 있다고 생각했다. 기본적 자유에 관한 문제와 사회적, 경제적 가치의 분배에 관한 문제다. 두 번째 문제를 조금 더 풀어 말하자면, 사회에서 이루어지는 가치 분배의 불평등에 정당한 기준을 마련하는 것이다. 롤스는 '정의의 두 가지 원칙'에서 두 문제를 해결하기 위해 노력했다.

제1원칙은 '평등한 자유의 원칙'이다. 제2원칙은 다시 두 가지로 나뉘는데, 2-1원칙은 '공정한 기회균등의 원칙', 2-2원칙은 '차등의 원칙'이라고 부른다. 그리고 이들 원칙은 정해진 순서에 따라 적용되어야 한다. 그 진행 순서는 다음과 같다.

먼저 제1원칙에 따라 개인은 자유를 평등하게 분배받아야 한다. 여기에서 말하는 자유란 언론의 자유, 사상의 자유, 신체의 자유 등의 기본적인 자유에 국한된다. 이때 제1원칙에 의해 규정되는 인간의 기

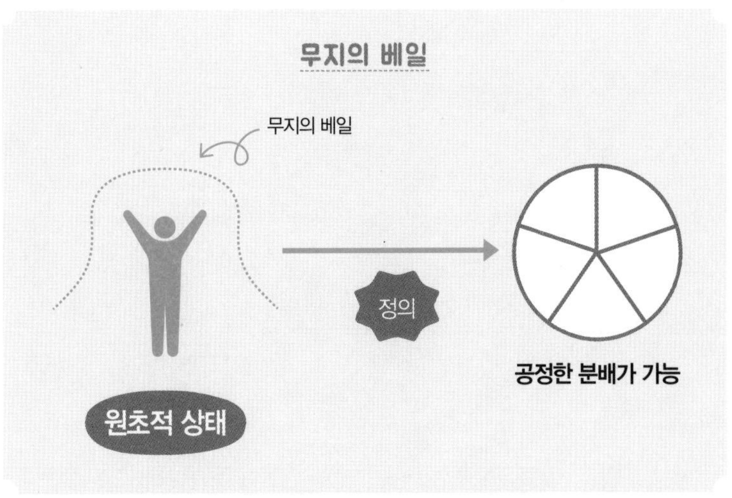

본적 자유는 제2원칙에 우선한다.

제2원칙의 2-1원칙은 보다 많이 분배받을 수 있는 지위나 직업을 얻기 위한 기회의 균등이 보장되는 경우에 사회적, 경제적으로 정당한 불평등이 이루어질 수 있다는 것이다. 그리고 이 불평등은 제2원칙의 2-2원칙, 차등의 원칙에 따라 조정된다. 즉 사회 구성원 가운데 가장 어렵게 사는 사람들의 상황을 개선하기 위해서 불평등한 분배가 이루어져야 한다는 것이다. 이는 애초 재능을 타고난 사람의 경우, 그 재능을 우연히 손에 넣은 것이므로 불우한 사람들에게 자신의 이익을 나눠 주어야 마땅하다는 발상이다.

공정한 분배는 바로 이런 과정을 거쳤을 때 비로소 가능해진다.

44

노직

정치철학

자유지상주의

자유만 추구한다면 어떻게 될까?

자유는 소중한 가치이지만 만약 극단적으로 자유만 추구한다면 어떻게 될까? 이 물음에 정치철학적인 답을 제시하는 사상이 '자유지상주의'다.

자유지상주의자는 일반적으로 개인의 자유나 취향을 최대한 존중하는 극단적인 자유주의 입장을 표방한다. 다만 구체적인 내용은 국가를 완전히 부정하는 견해부터 최소한의 국가 기능을 허용하는 견해까지, 폭넓은 관점이 존재한다.

자유지상주의가 널리 알려지게 된 것은 1970년대 로버트 노직이 '최

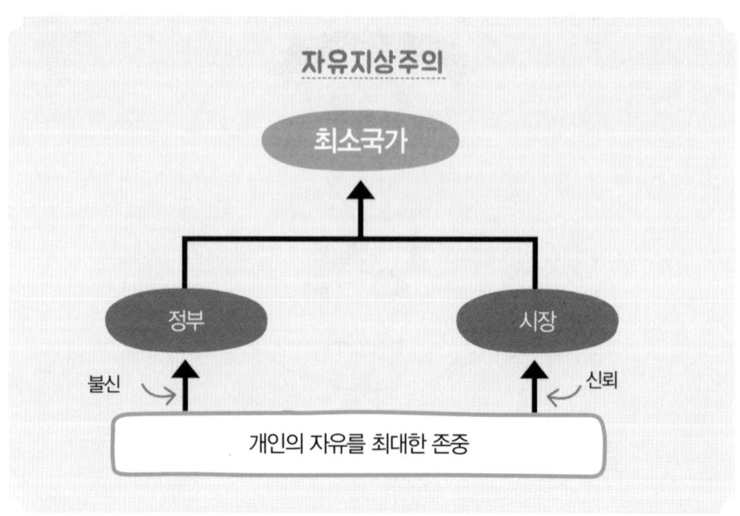

소국가'를 주창한 이후였다. 그가 말한 최소국가는 무정부주의적 자유주의와 달리 국가의 역할을 인정하긴 하지만, 국가의 기능을 국방이나 사법, 치안 유지 등 최소한으로 축소한 국가다.

자유지상주의처럼 자유를 극단적으로 중시하는 사상 가운데는 '신자유주의'도 있다. 신자유주의와 자유지상주의가 같은 뜻으로 쓰일 때도 있지만, 신자유주의의 경우 보수적인 가치관을 고집하는 '신보수주의'를 의미할 때도 있어서 대체로 자유지상주의와 신자유주의를 구별해서 부르는 것이 일반적이다.

그럼 똑같이 개인의 자유를 중시하는 자유주의와 자유지상주의의 차이를 좀 더 자세히 살펴보자.

롤스가 『정의론』에서 '자유주의적 평등주의'를 주장한 이래, 자유주의는 복지국가와 같은 의미로 자리 잡게 되었다. 요컨대 자유주의 사상의 특징은 부의 재분배나 법적 규제를 통한 국가의 개입을 적극적으로 인정하는 데 있다. 반면에 자유지상주의는 국가의 개입을 강력하게 반대한다. 복지를 구현하려면 세금이 많이 필요한데, 자유지상주의자들은 애당초 재분배를 위한 과세를 절도 행위라고 표현할 정도로 국가의 개입을 전면 부정하기 때문이다.

이처럼 자유지상주의자들은 정부에 깊은 불신감을 안고 있다. 그런데 흥미롭게도 이들은 국가나 정부는 믿지 않지만, 시장에 대해서는 두터운 신뢰감을 느끼고 있다. 시장 경제는 자발적인 교환을 본질로 하는 도덕적인 제도라고 주장하는 것이다. 여기까지 생각이 미치면, 자유지상주의가 개인주의 성향이 강하고 시장 경제를 옹호하는 미국에서 전폭적인 지지를 받는 사상이라는 것을 충분히 이해할 수 있으리라.

극단적으로 자유를 추구하다 보면, 자유지상주의자들의 주장처럼 의료보험, 연금 등의 복지나 사회 행정 서비스를 국가 차원에서 제공하는 것이 아니라, 개인 스스로 자급자족해야 하는 사태가 발생할지도 모른다. 실제로 미국은 세계에서 첫손가락으로 꼽히는 경제 대국이지만 복지제도는 유럽 선진국에 비해 많이 빈약하다. 그리고 그 여파는 부자가 아닌, 가난한 사람들에게 돌아가고 있다.

자유지상주의자가 원하는 사회가 진정 개인이 행복할 수 있는 사회일까? 그들이 생각하는 개인은 누구인가? 생각해 볼 문제다.

최소국가

국가의 기능과 권한은 어디까지 정당할까?

개인의 자유를 최대한 옹호하는 자유지상주의를 주장하더라도, 허용되는 국가 규모와 기능의 정도와 관련해서는 자유지상주의자마다 조금씩 견해 차이를 보인다. 이를테면 '무정부 자본주의'는 국가를 완전히 부정하지만, '고전적 자유주의'는 치안, 국방, 사법이라는 최소한의 기능은 물론이고 화폐나 공공재 공급까지 국가의 권한을 인정하고 있다.

한편 치안, 국방, 사법이라는 최소한의 국가 기능만 허용해야 한다는 중도적인 관점이 '최소국가론'이며, 바로 이것이 노직의 시각이다. 노직의 주장에 따르면 폭력, 강도, 사기로부터 국민을 보호하고 계약 집행 등의 직무만 수행하는 최소국가는 정당하다. 하지만 그 이상으로 규모가 확대된 '확장국가'의 경우 개개인의 권리를 침해하기에 부당하다고 할 수 있다. 즉 최소국가에서 허용되는 국가의 기능은 국민의 권리 보호에 국한된다는 것이다.

그렇다면 어떻게 최소국가가 정당화될 수 있을까? 노직은 출발점이 되는 무정부 상태에서 최종 국가 상태까지, 생각해 볼 수 있는 곤란한 상황은 모두 상정하고 그 난관을 극복함으로써 최소국가의 도덕적 정당성을 도모하고자 했다.

최소국가의 발전 단계를 구체적으로 살펴보면 자연 상태, 상호 보호협회, 상업적 보호협회, 지배적 보호협회, 극소국가, 최소국가라는 여섯 단계로 이루어져 있다.

자연 상태에서는 개개인의 권리에 대한 이해관계가 적절하게 해결되지 않을 수 있고, 분쟁 해결을 위한 구체적인 법적 제도가 마련되지 않았기 때문에 의견 일치를 보기 어렵다. 따라서 이를 바로잡기 위해 사람들은 권리의 보호와 구제를 확실하게 하기 위한 상호 협조적인 조직인 '상호 보호협회'를 결성한다.

두 번째 단계인 상호 보호협회에 이른 사람들은 한 걸음 더 나아가 확실성과 효율화를 위해 분업하고, 또 권리 실현을 위해 전문기관과 계약을 체결하며, 그 전문기관에서 서비스를 구매하게 된다. 이렇게 해서 여러 '상업적 보호협회'가 공존하는 상태가 탄생한다.

이런 상업적 보호협회가 특정 지역을 중심으로 강력해질 때 '지배적 보호협회'로 발전할 수 있는데, 이 지배적 보호협회는 특정 지역 내

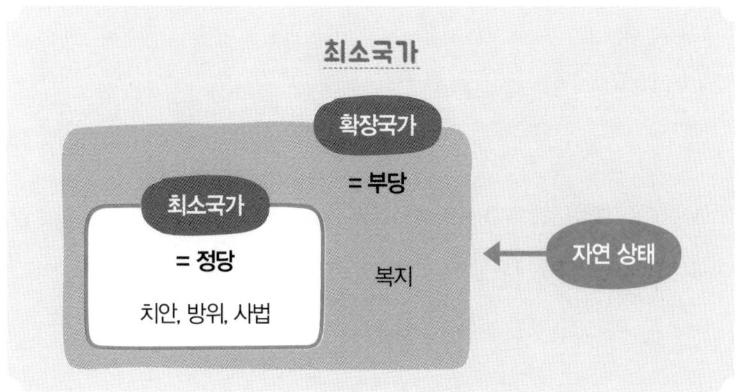

에서 독점적 위치를 차지하게 된다. 이후 지배적 보호협회가 강제력의 독점까지 갖추게 되었을 때 이를 '극소국가'라고 부른다.

극소국가의 경우 협회에 가입하지 않은 모든 사람을 아우르며 보호 서비스를 제공하는 것은 아니기 때문에 완성된 국가의 성립이라고는 볼 수 없다. 최종 단계에서 극소국가는 각자의 독립적 영역에 남아 있던 독립인에게도 서비스를 제공함으로써 일정한 영역 내에서 치안, 방위, 사법의 독점이 충족되어 마침내 '최소국가'가 탄생한다.

바로 이것이 노직이 주장한 최소국가 성립의 발전 단계다.

45

샌델

정치철학

공동체주의

공동체 사회에서 살아간다는 것은?

개개인이 가장 소중하게 여기는 덕목은 일일이 열거할 수 없을 정도로 많다. 사랑, 자유, 행복……. 그렇다면 공동체 사회에서 가장 소중하게 여기는 것은 무엇일까? '공동체주의'는 이 물음에 길잡이가 되어줄 사상이다.

공동체주의자들은 1980년대 미국에서 가장 시선을 끌었던 자유주의 이론을 비판하면서 '자유주의-공동체주의 논쟁'을 이끌었다.

이 논쟁을 주도한 인물은 미국에서 주로 활약한 철학자인 알래스데어 매킨타이어(Alasdair MacIntyre, 1929~), 캐나다 철학자인 찰스 테일러

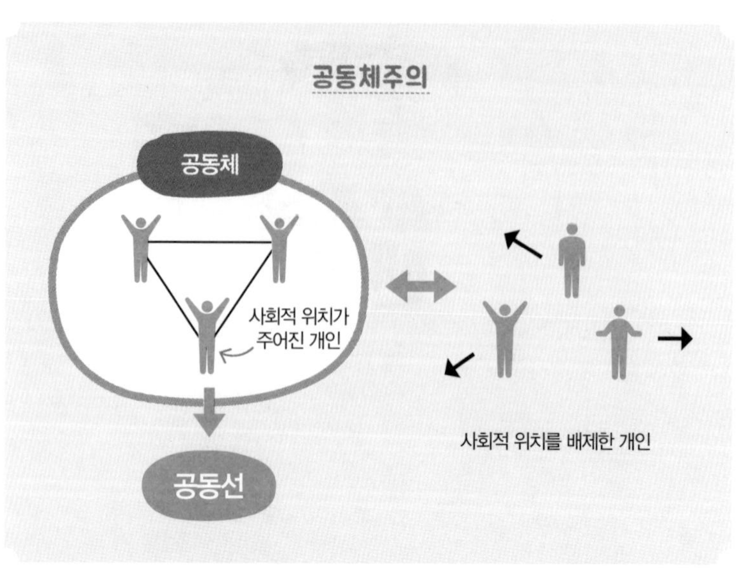

(Charles Taylor, 1931~), 미국의 정치철학자인 마이클 왈저(Michael Walzer, 1935~), 그리고 역시 미국의 정치철학자인 마이클 샌델이다.

공동체주의 관점에서 자유주의에 대한 비판은 크게 두 가지로 압축된다. 먼저 자유주의에서 말하는 '자아'의 개념이 역사나 전통, 그리고 공동체라는 맥락과도 동떨어진 개별 개개인을 의미한다는 점이다. 이른바 사회적 위치를 전혀 고려하지 않은 생물학적 개인을 전제로 삼는다는 사실에서 자유주의를 비판하고 있다. 또 한 가지 비판은 자유주의가 절차상의 정당성을 우선시하다 보니, 도덕이나 선의 문제를 도외시한다는 것이다.

이를 뒤집어 말하자면 공동체주의는 사회적 위치와 임무가 주어진 개인과 공동체 간의 상호 관련성을 바탕으로 도덕이나 공공선 즉, 공동선을 모색하는 사상이라고 말할 수 있다.

물론 공동체주의의 구체적인 핵심 내용은 철학자마다 조금씩 차이를 보인다. 예를 들면 샌델은, 우리는 자신이 소속된 공동체와 밀접한 관련을 맺고 있는 존재라고 강조한다. 더욱이 공동체 자체에 각별한 애정을 품고, 공동체를 구성하는 시민들이 소중히 여기는 '공동선'을 중시한다. 샌델이 생각하는 공동체주의란 공동체의 공동선에 가치를 두는 사상이라고 말할 수 있다.

이때 유념해야 할 사실은 공동체의 공동선에 가치를 두더라도 결코 개인의 자유를 배제하지 않는다는 점이다. 말하자면 개인과 공동체 가운데 어느 쪽을 더 우선시하느냐의 질문에 샌델이 "공동체 역시 우선시한다"라고 주장한 것과 일맥상통한다.

그런 의미에서 공동체주의는 공동체만을 극단적으로 추구한 '전체주의'와는 확연하게 선을 긋는다. 즉 공동체주의와 자유주의는 절대로 공존할 수 없는 가치가 아니라, '공동체의 공동선과 개인의 자유 가운데 어느 쪽을 더 중시하느냐?'의 답을 모색할 때, 단지 정도의 차이에서 오는 구별이라고 말할 수 있다.

여기까지 생각이 미치면 '공동선이냐, 자유냐' 식으로 어느 한쪽만을 고집하는 논의는 더 이상 무의미하다는 사실을 깨달을 수 있을 것이다.

공화주의

이상적인 정치란?

민주주의 국가에서는 나라의 주권이 국민에 있기에, 국민이 권력을 가지고 그 권력을 스스로 행사할 수 있다. 하지만 민주주의를 실현하는 구체적인 통치 방식은 나라마다 천차만별이다. 복지 시설의 확충 등을 통해 민주주의가 어떻게 실현되고 있는지를 결과론적으로 살펴볼 수 있겠지만, 지엽적인 문제에서 벗어나 좀 더 넓은 시각에서 본다면 개개인이 자발적으로 정치에 참여할 수 있느냐, 없느냐가 가장 핵심적인 문제다.

'이상적인 정치란 무엇인가?' 하는 물음이 다소 거창하게 들릴지도 모르지만, 여기에서는 샌델의 '공화주의' 개념을 통해 민주 시민의 참모습을 그려 보고자 한다.

샌델은 공동체주의 관점에서 공화주의를 현대 사회에 부흥시키는 방법을 모색했다. 원래 미국의 정치사를 살펴보면, 건국 이래 공화주의의 전통이 있었음에도 불구하고 자유주의가 대두하면서 그 입지가 흔들렸다. 센델은 그 결과 민주 정치의 핵심인 개인의 정치 참여가 약화했다고 주장한다.

하지만 전통적인 공화주의의 경우 강제성을 동반한다는 비판도 있다. 즉 구성원 전원이 공유할 수 있는 공동선을 지향하는 과정에서 공동선에 대한 헌신을 강요할 수 있다는 것이다. 원래 공화주의에는 두 가지 전통이 있어서 루소가 제창한 프랑스식 공화주의에는 분명 인위적인 측면이 존재한다. 이는 중간 권력 집단을 배제하고 주권 통일을 도모하려고 했기 때문이다.

그런데 공화주의에는 또 하나의 계보가 있다. 프랑스의 정치사상가인 알렉시스 드 토크빌(Alexis de Tocqueville, 1805~1859)의 책 『미국의 민주주의』에 등장하는 미국식 공화주의인데, 이 이론의 특징은 '다원적이면서도 민주주의적인 공화주의'이다. 샌델은 이 이론이 강제성을 극복하고 있다고 주장한다. 바로 이런 공화주의야말로 이상적인 통치라는 것이다.

미국식 공화주의를 실현하기 위해 샌델은 공동체 중심의 정치 참여를 중시한다. 공동체 사회를 기반으로 하는 풀뿌리 시민 운동에 중심을 두는 것이다. 요컨대 시민들의 적극적인 정치 참여와 활발한 지역

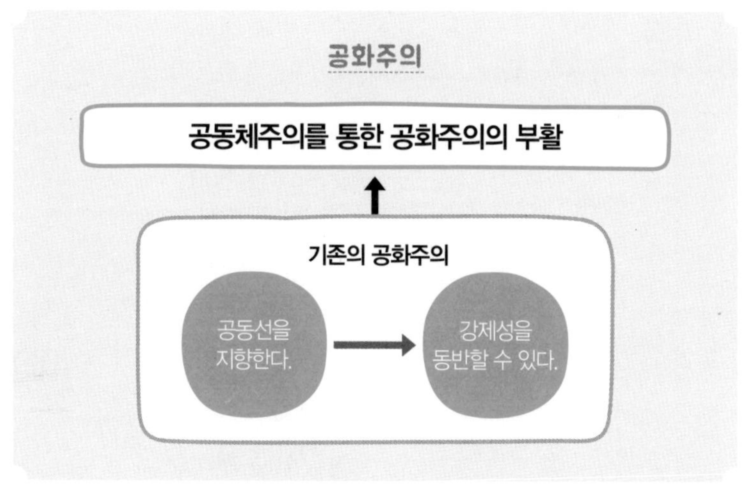

사회 활동이 공동체 의식을 고취하고 공공철학을 부흥시킨다는 주장이다.

샌델은 이를 실현하는 실천자로 미국 민주당이 역할을 해 주길 기대하고 있다. 하지만 한편으로 오늘날 민주당은 정치적 중립성에 지나치게 얽매여 진정한 도덕적 논의를 홀대하고 있다며 신랄하게 비판하기도 한다.

샌델은 공동체주의적 공화주의가 글로벌 경제의 폐해에도 도움이 될 것이라고 기대한다. 공동체의 활성화가 글로벌 경제에서의 적극적인 정치 참여를 유도해 '기업의 사회적 책임'을 이끌어 낼 수 있을 거라는 주장이다. 최근 샌델이 시장 도덕의 참모습에 대해 적극적으로 발언하는 이유도 바로 이런 연유에서다.

46

아렌트

공공철학

전체주의

독재자가 등장하는 이유는 무엇일까?

크나큰 권력을 휘두르는 독재자는 역사 속에 끊임없이 나타났다. 더욱이 사람들의 뜨거운 지지를 받으면서 혜성같이 등장한 경우도 많았다. 물론 처음에는 잔혹한 독재성을 드러내지 않다가 시간이 지날수록 공포 정치로 사람들을 위협하기 때문에, 독재자의 흑심을 알아챘을 때는 이미 손을 쓰기에 역부족인 경우가 많다. 그렇다면 독재자가 등장하는 이유는 무엇일까? 독재 정권의 폐해를 직접 체험한 아렌트의 '전체주의' 분석을 통해 이 물음의 답을 찾아보자.

아렌트는 독일 나치즘과 소련 스탈린주의라는 양대 역사적 현상을

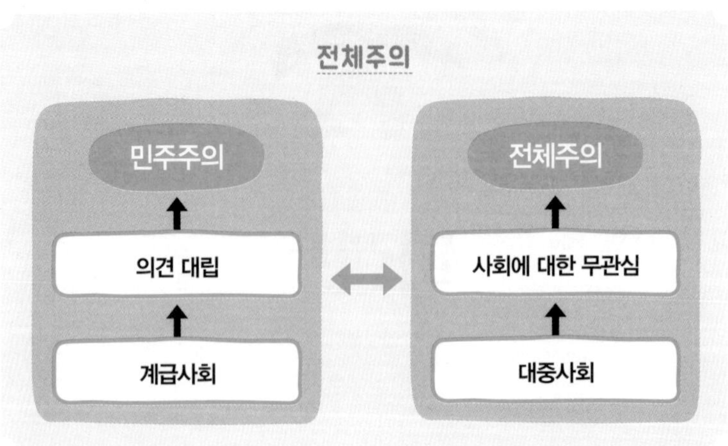

'전체주의'로 규정하고, 지금까지 단 한 번도 존재하지 않았던 새로운 국가 형식이라고 분석했다. 그리고 『전체주의의 기원』이라는 대표 저서에서 전체주의의 본질을 폭로했다.

그녀는 전체주의의 기원을 제1차 세계대전이 끝날 즈음, 계급사회가 해체되고 대중사회가 도래한 부분에서 찾았다. 대중사회란 사회에 무관심한 사람들의 집합체를 이르는데, 대중사회 이전의 계급사회에서는 의견이 팽팽하게 대립하고 긴장된 의견 대립으로 민주주의가 유지될 수 있었다. 반면 대중사회에서는 사회 구성원들이 유대감을 형성하지 않은 채 뿔뿔이 흩어져 있기 때문에 개인은 고독과 고립감을 맛볼 수밖에 없다.

이런 고립감을 교묘하게 이용해 공동 환상과 같은 감정을 심어 주면 사람들은 자신도 모르는 사이 독재자에게 현혹되기 쉽다. 다만 모호하기 그지없는 공동 환상에는 확실한 실체가 존재하지 않으므로 독재

정치의 속셈을 숨기기 위해 비밀경찰을 동원해 국민을 위협한다.

이처럼 전체주의는 공포 분위기를 조성해 결과적으로 사람들을 단결하게 한다. 만약 독재자에게 누군가가 반대표를 던지면 가차 없이 숙청해 버리는 식이다. 이에 따라 이 사회는 완벽한 밀고사회라고도 말할 수 있다. 아렌트는 이 같은 특징에 주목하며 전체주의를 지금까지 단 한 번도 존재하지 않았던 새로운 국가 형태라고 결론을 내린다.

결국 사람들이 스스로 생각하지 않고 생각 자체를 다른 사람에게 떠넘기는 시점에서 전체주의가 탄생하며 독재자가 등장하는 것이다. 여기까지 생각이 미친다면 대중사회가 점차 심화하고 있는 현대 사회야말로 독재자가 출현하기 좋은 환경인지도 모른다는 사실을 깨달을 수 있다. 아니, 어쩌면 무시무시한 독재자가 이미 우리 곁에 존재하는지도 모른다. 단지 우리가 인지하지 못할 뿐…….

행위

인간다운 삶이란?

바쁜 일상에 쫓겨 취미 활동은커녕 휴일이면 부족한 잠을 보충하느라 여념이 없는 것이 평범한 현대인의 모습이다. 주말 동안 멍하니 지내다가 다시 허둥지둥 월요일 아침을 맞이하며 일주일을 다람쥐 쳇바퀴 돌듯 지내는 생활! 어느 날 문득 자신의 삶이 무의미하다고 느껴질

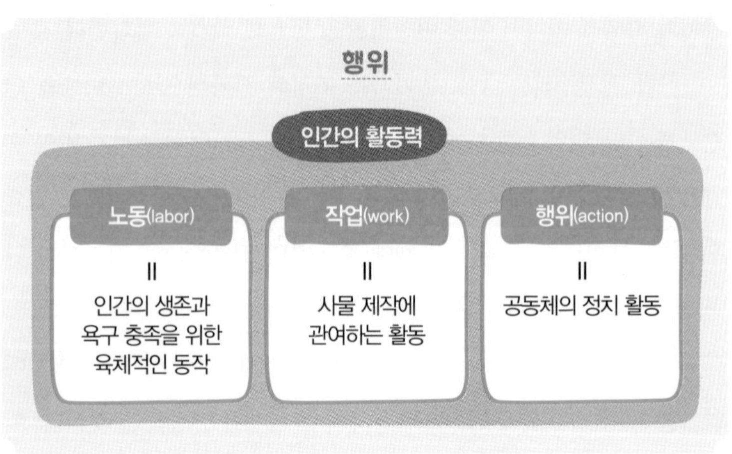

때 '과연 인간다운 삶이란 무엇일까?' 하는 자문을 던질지도 모른다. 지극히 인간적인 이 물음에 철학적인 답을 제시하는 책이 아렌트의 『인간의 조건』이다.

이 책에서 아렌트는 '노동(labor)'과 달리 '작업(work)'은 사물 제작에 관여하는 활동임을 강조한다. 즉 '노동'은 인간 육체의 생물학적 과정인 자연성에 대응하는 활동력을 말한다. 쉽게 말해서 요리나 빨래 등 인간의 생존과 욕구 충족을 위해 행하는 육체적인 동작이다. 반면에 '작업'이란 인간 존재의 비자연성에 대응하는 활동력을 의미한다. 단순한 밥벌이가 아닌, 자신의 재능을 발휘해 일의 재미와 자긍심을 느끼며 만들어 내는 제작물이 바로 작업 활동의 결과물인 것이다.

아렌트는 더 나아가 노동과 작업 이외에도 '행위(action)'를 인간의 활동으로 구분하며, 그 의의를 설명했다. 여기에서 '행위'란 언론을 통한 시민의 풀뿌리 정치 활동을 일컫는다. 정치 활동이라고 해서 거창하게 생각할 필요는 전혀 없다. 단지 지역 공동체 안에서 누구나 실천할 수 있는 대의를 위한 활동이다.

아렌트는 인간은 정치적 동물이라고 목소리를 높인다. 공동체 안에서 서로 논의하고 사안을 결정하고 상부상조하는 존재가 바로 인간이다. 이런 정치적 인간이기에 공공성을 도모하는 행위가 필요하고, 그 행위는 유상과 무상을 따지지 않고 공적인 삶을 영위하게 이끈다. 결국 인간의 활동 가운데 생존을 위한 '노동'이나 정신적인 충족을 위한 '작업'뿐 아니라, 공동체의 '행위'에 가치를 두는 삶이야말로, 인간다운 삶이라고 아렌트는 주장하고 있다.

노동, 작업, 그리고 공공성의 행위가 조화를 이루지 못하는 삶은 인간이 아닌 기계나 다름없다. 아무런 고민이나 생각 없이 주어진 회사 일만 하루하루 처리해 나가는 인생! 이때 더욱 문제가 되는 것은 기계처럼 하루를 지내다 보면, 자신이 무슨 일을 하고 있는지 그 의미마저 상실하게 된다는 사실이다. 아렌트는 이를 생각 없음, 즉 '무사유'라고 불렀다.

유대인 학살을 지휘했던 나치 전범인 아이히만의 재판을 관찰하고 분석한 『예루살렘의 아이히만』이라는 책에서 아렌트는 무사유의 문제를 심각하게 지적했다. 아무런 생각 없이 타성에 젖어 생활하다 보면 특별한 악인이 아닌, 평범한 사람 누구나 악을 저지를 수 있다는 것이다. 바로 '악의 평범성'이다.

인간다움의 상실은 잔혹한 악행을 초래할 수 있다는 것, 인간다움을 회복하는 것이 얼마나 중요한지를 우리 모두 잊지 말아야 한다.

47

하버마스

공공철학

의사소통적 행위

열린 논쟁을 위해 필요한 자세는?

일단 논쟁을 시작하면 대부분은 자신의 주장을 관철하기 위해 목소리를 높이기 십상이다. 대화를 통해 합의점을 이끌어 내기는커녕 단순 언쟁으로 험악한 분위기를 연출할 때도 잦다. 그렇다면 대화와 타협을 통해 합리적인 결론을 도출해 내는 열린 논쟁을 펼치려면 어떤 자세와 태도로 토론에 임해야 할까? 자기 중심이 아닌 상대 중심의 소통을 실천할 때 도움을 주는 위르겐 하버마스의 '의사소통적 행위'라는 개념은, 이 물음에 답을 준다.

의사소통적 행위를 한 마디로 표현하자면, 바람직한 대화 행위를 일킨다. 하버마스는 상대를 설득하려는 목적을 달성하기 위해 이성을 사용하는 것이 아니라, 어디까지나 열린 자세로 상대방의 주장을 경청하고 무엇인가를 함께 만들어 내기 위해 이성을 활용하는 자세가 중요하다고 강조한다.

하버마스에 따르면, 상대방을 설득하려는 이성은 인간을 목적 달성의 수단으로 삼는 '도구적 이성'이라고 말한다. 반면에 상대방을 존중하고 상대와 어우러져 합의를 하려는 이성은 '의사소통적 이성'이며, 이는 도구적 이성과 엄연히 구분된다고 한다.

토론이나 논쟁을 펼칠 때 상대방의 처지나 상황을 존중하지 않으면 커뮤니케이션 자체가 성립되지 않는다. 이처럼 의사소통적 이성에 바탕을 둔 대화는 목적 달성을 위해 명령이나 기만, 술책 등의 우격다짐으로 상대방의 의사결정에 영향을 끼치려는 전략적 행위와는 차원이 다른 열린 토론이다. 어디까지나 타당한 요구에 따라 상대방의 이해를

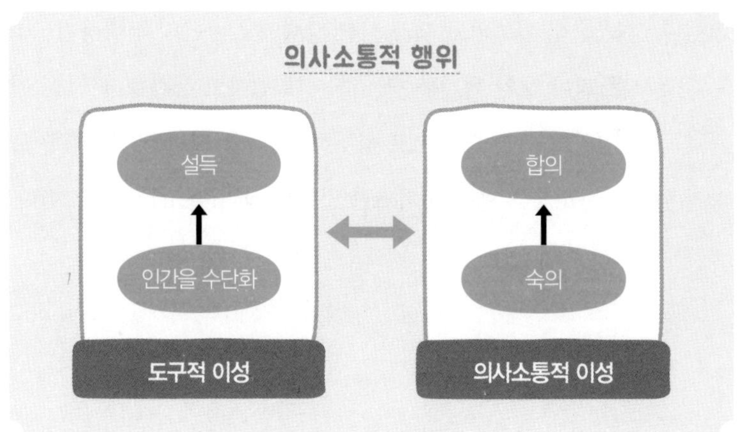

구하고 승인을 얻으려고 노력하는 것이다.

하버마스는 의사소통적 행위가 효과를 거두기 위해서는 다음의 세 가지 원칙이 필요하다고 역설했다.

첫째, 참가자가 동일한 자연 언어를 구사할 것 둘째, 참가자는 참이라고 믿는 사실만을 서술하고 옹호할 것 셋째, 모든 당사자가 대등한 처지에서 토론에 참가할 것.

하버마스의 의사소통적 행위 이론이 높은 평가를 받는 이유는, 상호 이해에 공통 관심을 품고 있는 시민들이 대등한 눈높이에서 토의하고 그 과정에서 개인의 판단이나 견해가 조금씩 변모해 나갈 수도 있다는 것을 포착했다는 점이다. 합리적인 논쟁을 통해 개개인의 주장이나 생각이 바뀔 수 있기에, 대화를 나누고 토론을 펼치는 것은 의미 있는 일이다. 하버마스는 이와 같은 논쟁 방식을 '숙의'라고 부르고, 이를 바탕으로 한 민주주의, 즉 '숙의 민주주의'의 확립을 제창했다.

하버마스는 의사소통적 행위 이론을 활용해서 근대 사회 비판을 전개했다. 그는 근대 사회의 문제가 시장 경제기구와 근대적 행정기구라는 하부 시스템이 생활 세계를 잠식하는 데 있다고 생각했다. 그는 이처럼 공적 영역이 사적 영역으로 침투하는 '생활 세계의 식민지화'를 막기 위해 의사소통적 행위에 기초한 열린 대화의 필요성을 강조했다.

공공성

공공성이란 무엇인가?

최근 의료 공공성 혹은 미디어 공공성 식으로 '공공성'이라는 단어가 인터넷이나 신문상에 부쩍 자주 오르고 있다. 하지만 공공성이 무엇인지를 구체적으로 아는 사람은 많지 않을 것이다. 여기에서는 '사회 구성원 전체에 두루 도움이 되는 일이나 성질'이라는 공공성의 사전적인 의미를 넘어서 공공성의 개념을 확실하게 알아보자.

하버마스는 공권력에 대항하는 형태로 등장한 민간의 공공성으로서 먼저 '시민적 공공성'이라는 개념에 주목했다. 이는 경제력과 교양

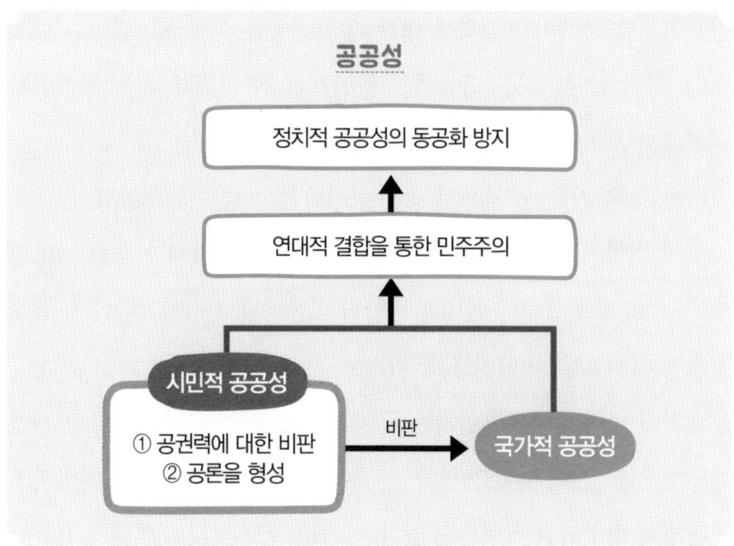

을 갖춘 부르주아, 즉 시민계급이 형성한 집단과 밀접한 관련을 맺고 있다.

근대 유럽에서는 살롱이나 커피숍이 토론의 장으로 활성화 되어, 부르주아 집단은 토론장에 함께 모여 문예 비평을 활발히 전개했다. 처음에는 사교 모임에 가까웠던 토론의 장은 점차 정치적 색채를 띠는 '공공성의 장'으로 발전했고, 시민계급이 형성한 '시민적 공공성'과 연결돼 국가 활동을 감시하는 비판 영역으로 자리 잡았다. 더욱이 '공론'이라고 부르는 공공의 논의를 형성하면서, 공론을 정치적 의사결정과 접목하는 임무를 맡기 시작했다.

한편 하버마스는 20세기 중반 공공성의 개념이 점차 소실된 점도 꼬집어 지적하고 있다. 요컨대 대중매체의 출현을 시발점으로 비판적인 공론 영역을 담당했던 시민적 공공성이 수동적인 존재로 전락하고, 결과적으로 국가의 공권력에 대한 비판 기능을 상실하고 말았다는 것이다. 하버마스는 이를 극복하는 방안으로 각 조직에 편성된 개인이 내부에서부터 저항, 투쟁해 나가는 것을 제안했다.

이와 같은 견해는 '자율적 공론장'이라는 개념과 연결된다. 궁극적으로 하버마스는 공공성의 담당자로 자유로운 의사에 기초한 비국가적, 비경제적 연합이나 연대적 결합이 적합하다고 이야기한다. 구체적으로는 사회운동, 비영리단체, 자원봉사, 시민 포럼 등을 꼽고 있다.

요컨대 하버마스가 제안하는 '공론장'이란 국가나 경제와는 별개인 다양한 시민 연대 집단을 말하는 것으로, 그는 현대 시민의 자발적인 공론장이 형성되길 촉구하고 있다. 이처럼 새로운 시민 연대적 결합이 주체가 되어서 공론을 형성하고 적극적인 민주주의를 추진할 때, 자율적 공론장의 위상이 새롭게 정의될 수 있는 것이다.

하버마스는 시민 연대의 비공식적인 공론장이 국가라는 형식적인 공론장과 연대함으로써 정치적 공공성의 동공화(洞空化)를 막는 시스템을 구축할 수 있다고 강조한다.

48

아도르노

공공철학

계몽의 변증법

계몽이란 무엇인가?

계몽이라는 단어에서 고루한 이미지를 떠올릴지도 모르지만 실제로 이 용어는 현대를 살아가는 우리의 생활과 밀접한 관련을 맺고 있다. 그렇다면 과연 계몽이란 무엇일까? '계몽의 변증법'은 이 물음의 답을 찾고, 나아가 계몽의 참된 의미를 모색하고자 할 때 도움이 되는 개념이다.

원래 계몽이라는 말은 이성의 밝은 빛으로 보편적인 앎을 비추고, 이성의 계몽을 통해서 사람들을 문명화해 나가는 활동을 일컫는다. 근대에 접어들면서 시작된 계몽 운동은 20세기를 문명사회로 이끌어 준 주역이었다.

그런데 문명사회의 이면에는 전체주의가 도사리고 있었으니, 인간을 해방하고자 탄생한 계몽과 이성이 되레 인간을 파괴하는 주범으로 등장한 셈이다. 따라서 계몽 그 자체에 대한 타당성을 재고해야 할 시점에 이르게 되었고, 계몽과 이성을 비판하는 계기를 마련한 책이 테오도르 아도르노와 막스 호르크하이머(Max Horkheimer, 1895~1973)가 함께 집필한 『계몽의 변증법』이라는 책이다.

이 책을 집필할 당시 아도르노와 호르크하이머는 미국에서 망명 생활을 하고 있었다. 따라서 그들의 시야에는 분명 독일 문제뿐 아니라 미국의 사회 문제도 들어왔을 것이다. 그런 의미에서 『계몽의 변증법』은 어떤 특정 시기, 특정 장소의 특별한 주장이 아니라, 문명이라는 개념 자체가 파생한 다양한 문제를 다루고 있다.

계몽은 이성을 토대로 자연을 보편화시키고자 했는데, 문제는 그 과

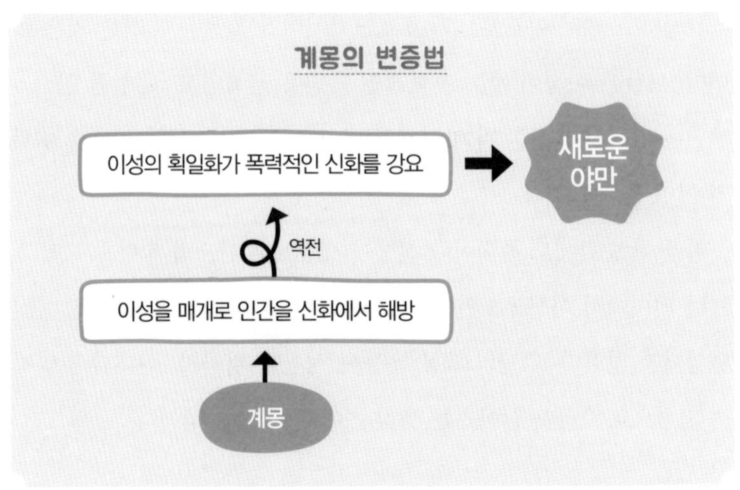

정에서 자연을 지배하기 쉽게 수치화했다. 즉 합리주의의 추구는 모든 것을 획일적으로 다루는 결과를 초래했고, 급기야 인간마저 물건으로 여기게 되었다.

아도르노와 호르크하이머는 이런 사태를 '수학적 형식주의'라고 불렀다. 이처럼 계량화에 주안점을 둠으로써, 계몽은 규격화된 행동 양식만을 허용해 사회를 경직화시키고 말았다. 모순되게도 인간을 신화에서 해방할 요량이었던 이성이 인간을 억압하는 역전 현상을 빚고 만 것이다.

결과적으로 이성의 획일화가 폭력적인 신화를 강요하는 세상이 도래했다. 두 번에 걸친 세계대전을 통해 파괴적인 형태로 변모한 문명 사회의 모습은 수단의 목적화가 초래한 새로운 야만, 계몽의 모습을 적나라하게 보여 준 것이다. 계몽의 변증법이라는 표현이 절묘하게 들어맞는 상황이다.

그렇다고 해서 아도르노와 호르크하이머가 계몽을 포기한 것은 아니다. 그들은 이성이 갖는 폭력적인 측면을 극복하고, 냉철한 인식과 판단을 가능하게 하는 자기 성찰의 계기로 '도구적 이성'이 아닌 '비판적 이성'을 제안했다.

지금 이 순간에도 폭력이나 전쟁이 세상을 혼란스럽게 만들고 있다. 그런 의미에서 아도르노와 호르크하이머가 모색한 계몽 운동은 아직 완성되지 않았다. 그들의 계몽 운동이 성공할 것인지, 실패할 것인지는 전적으로 오늘을 살아가는 우리 손에 달려 있는 셈이다.

부정변증법

차이를 추구하는 사고란?

현대 사회는 개성 시대라는 말이 무색하게, 될 수 있는 대로 튀지 않고 유별나지 않기를 미덕으로 여기는 사람이 많다. "모난 돌이 정 맞는다"라는 속담이 여전히 힘을 발휘하고 있는 것이다.

실제로 오늘날 많은 사람이 다름을 인정하지 않고 무시한다. 심지어 다름을 열등한 것으로 몰아갈 때도 있다. 모두가 비슷해서 다름이 없어지는, 획일화를 자신도 모르는 사이에 조장하고 있다. 그렇다면 차이를 부정하고 동일성을 강요하는 획일화된 사고가 아닌, 차이를 추구하는 사고는 구체적으로 어떤 특징을 지니고 있을까?

이 물음에 참고가 되는 개념이 아도르노의 '부정변증법'이라는 사고

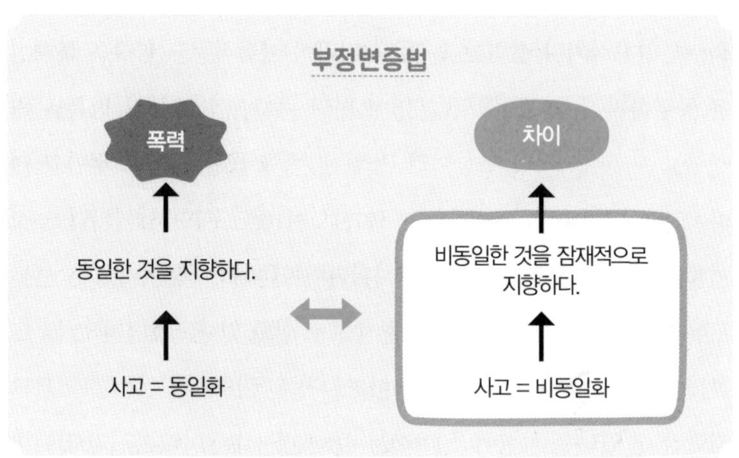

법이다. 여기에서 부정변증법이란 헤겔의 변증법을 부정하는 철학을 의미한다. 요컨대 변증법이 모순을 극복하고 하나로 취합하려는 논리였다면, 부정변증법은 이를 거부하는 주장이다.

실제로 부정변증법의 핵심 기조는 '비(非)동일한 것'이라는 개념이다. 간단히 말하자면 '비동일한 것'은 '차이'를 말한다. 아도르노는 철학적 사고의 '비판적 자기반성'을 통해서 '동일한 것'에서 '비동일한 것'으로의 전환을 도모하고자 했다.

아도르노의 이론에 따르면 변증법이 전제로 삼는 인식이나 사고는 눈앞의 대상과 머릿속에서 그리는 개념의 동일화를 의미한다. 말하자면 사고는 동일화에 의존할 수밖에 없다는 것이다. 그렇다면 동일화가 바람직하지 못한 이유는 무엇일까? 동일화하는 순간 이질적이고 다양한 다른 것들을 제멋대로 변형시켜 버리기 때문이다. 이는 대상에 대한 개념의 강요이자 폭력이다.

그럼에도 불구하고 사고란 눈앞에 있는 대상과 언어의 개념을 동일화, 즉 일치시켜야 성립할 수 있다. 따라서 바람직한 지향점은 폭력성을 동반하지 않는 동일화가 되어야 한다. 폭력이 배제된 동일화를 위해서는 보편적이거나 추상적인 '동일한 것'을 목표로 삼을 것이 아니라, 오히려 '비동일한 것'을 목표로 삼으면 된다. 이는 동일화라는 것이 하나의 형태를 강요하는 획일화와 맞닿아 있기 때문이다.

여기에서 문제는 비동일한 것을 목표로 삼고 있다고 선언하는 그 순간, 비동일한 것이 동일한 것과 마찬가지로 강요를 일삼는 폭력으로 전락할 수 있다는 사실이다. 따라서 비동일한 것을 어디까지나 잠재적으로 지향할 필요가 있다고 아도르노는 강조한다.

정리하자면 동일성 사고는 사물이 어떤 집단에 속하느냐를 중시한다면, 비동일성 사고는 사물 자체의 개별성을 중시한다는 점에서 두 사고의 차이점을 논할 수 있다. 물론 아도르노는 사물의 개별성을 중시하는 것이 진리로 나아가는 더 가까운 길이라 생각했다.

49

네그리

타자론

제국

세계화란 무엇인가?

각종 방송, 언론 혹은 일상생활에서도 우리는 '글로벌(global)'이라는 단어를 하루가 멀다 하고 접하게 된다. 글로벌이란 '글로벌리제이션(globalization)'의 줄임말로 '세계화', '지구화' 등으로 옮길 수 있다. 그렇다면 세계화라는 용어는 과연 무엇을 의미하는 말일까?

이 궁금증에 하나의 답을 제시하는 책이 안토니오 네그리와 마이클 하트(Michael Hardt, 1960~)가 공동 집필한 『제국』이라는 사상서다. 2000년에 출간된 이 책은 21세기 최초의 고전이라고 일컬어질 정도로 세계적으로 화제가 된 명저다.

'엠파이어(Empire)'라는 원제에서도 알 수 있듯이, 책에 등장하는 '제국'은 전혀 새로운 개념, 그리고 무엇보다 새로운 시대 현상을 정확하게 포착하고 있다는 점에서 첫 글자에 대문자를 사용했다. 요컨대 기존의 대국가를 건설하려는 침략주의적 경향을 제국주의라고 한다면, 책에 등장하는 '제국'은 세계화가 초래한 완전히 새로운 권력을 뜻하는 용어다.

그렇다면 제국주의의 제국과 오늘날 제국의 차이점을 좀 더 자세히 살펴보자. 일반적으로 제국주의란 중심이 되는 강대국이 영토적 지배력을 확대해 나가는 일련의 사태를 지칭한다. 반면에 네그리가 주장하는 제국이란 중심이 되는 국가가 존재하지 않고, 오히려 국경과 민족을 초월한 초국가적인 제도나 자본주의 아래의 다국적 기업과 지배적인 국가군이 서로 얽혀 이루어진 네트워크 형태의 권력을 형성하고 있다.

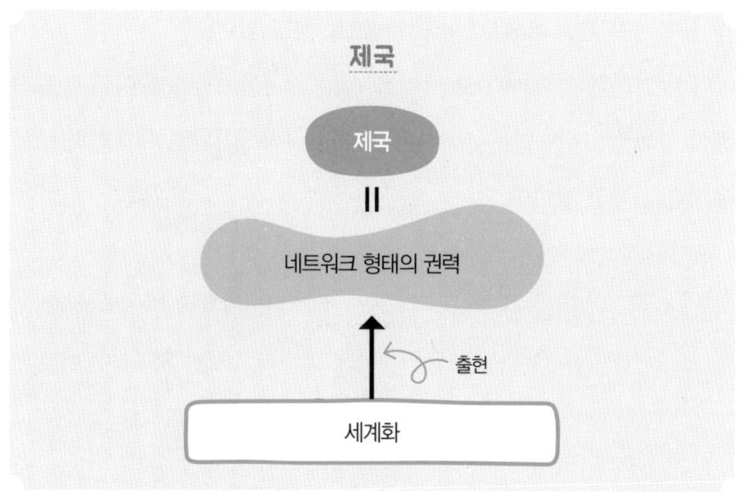

달리 표현한다면 네그리의 제국은 지배 영토에 의존하지 않기 때문에 가시적인 권력의 장소가 존재하지 않는다. 말하자면 이는 무장소(無場所, non-place)로, 어디에나 존재하지만 동시에 어디에도 존재하지 않는 기묘한 지배 장치인 셈이다. 따라서 제국의 지배에는 한계가 없다고 표현할 수 있으리라.

제국은 세계 전체를 통합하고, 탈중심화, 탈영토화 하는 지배 장치로, 공간적인 전체성을 아우르는 체제 혹은 문명화된 세계 전체를 실제로 지배하는 일련의 체제를 의미한다. 또한 제국은 역사의 흐름 속에서 일시적으로 지배력을 행사하는, 그렇고 그런 권력이 아니기에 시간적인 경계조차 구분되지 않는다. 그런 의미에서 역사의 외부 혹은 역사의 끝자락에 위치하는 권력 체제라는 표현을 쓰기도 한다.

더욱이 새로 출현한 전 지구적인 제국은 사람들의 행위를 규제하는 것에 그치지 않고, 인간 본성을 직접적으로 지배하려고 한다. 즉 인간의 사회적인 삶을 통째로 착취 대상으로 삼고 있다.

마치 거대한 아메바가 모든 것을 꿀꺽 집어삼키는 모습이라고 표현해야 할까? 정체를 알 수 없는 이 거대한 권력이야말로 세계화의 무시무시한 실체인 셈이다.

다중

세계화 사회의 시민은 어떤 모습일까?

현대 산업사회를 구성하는 사람 대다수를 흔히 '대중'이라고 말한다. 그런데 산업사회에서 국가의 경계가 무너지는 세계화 사회로 변모함에 따라, 새로운 시대를 구성하는 사람들도 또 다른 대중의 모습으로 새롭게 탄생하기 마련이다. 이른바 글로벌 시민, 세계 시민이라고 표현할 만한 새로운 대중이 출현한 것이다.

실제로 네그리는 정치, 경제, 군사 네트워크가 지구를 장악해 나가는 양상을 '제국'이라고 표현하고 제국의 시대가 도래한 상황에서 대

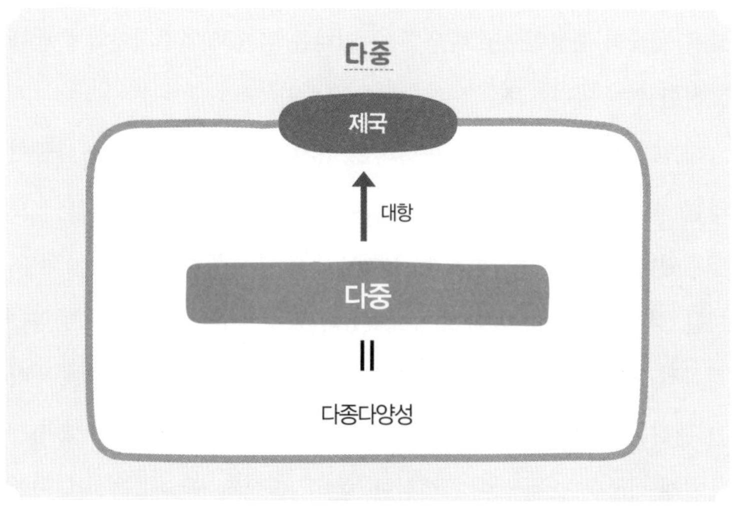

중을 뛰어넘는 '다중(多衆, multitude)'의 개념을 제시했다. 여기에서는 네그리가 새롭게 정의한 다중의 의미를 통해 제국적인 세계화를 극복할 방안을 다 함께 모색해 보도록 하자.

다중이란 통일되지 않고, 복수적이고 다양한 형태로 남아 있는 새로운 정치 주체로서의 존재를 일컫는데, 이런 다중의 모습은 세계화의 본질인 제국의 권력 구조를 분석할 때 저절로 드러날 수밖에 없다.

그도 그럴 것이 네그리가 주장하는 제국은 군주정치 측면, 귀족정치 측면, 민주정치 측면을 모두 아우르는 혼합 정치 체제의 성격을 띠기 때문이다. 먼저 군주정치 측면이란 미국을 정점으로 하는 군사기구나 국제통화기금(IMF), 세계무역기구(WTO) 등의 경제기구로 형성된 제국의 특징을 일컫는다. 귀족정치 측면이란 주요 8개국(G8)이나 국제연합(UN)의 안전보장이사회, 다국적기업이 주도하는 제국의 특징을 가리킨다. 한편 다수의 비정부조직에서 활약하는 지구촌 사람들을 새로운 제국의 구성원으로 아우를 수 있다는 점에서 민주정치의 측면을 포착할 수도 있다.

네그리는 제국의 시대를 형성하는 정치 주체로서의 대중을 다중이라는 용어로 새롭게 정의함으로써 다중을 제국에 대항하는 세력으로 내세웠다. 그는 다중을 먼저 계급 개념에서 규정한 다음, 그 계급의 의미를 경제적인 개념이 아닌, 오히려 함께 투쟁하는 집단성을 뜻하는 정치적 개념으로 파악했다. 네그리는 더 나아가 다중에는 정치 주체라는 관점을 넘어 미래를 향한 잠재력까지 내포되어 있다고 강조했다.

원래 다중은 스피노자가 제시한 '물티투도(multitúdo)'라는 라틴어에서 유래한 용어로 다수, 다양성을 뜻하는 개념이다. 더욱이 다중은 다양한 차이로 이루어진 활동을 일컫는다. 이쯤 되면 공산주의 혁명을 담당하는 노동자를 떠올리는 독자도 있을지 모르지만, 다중은 산업 노동자에 국한되지 않는다.

실제 네그리는 산업 노동에서 지식과 정서가 중심 역할을 하는 교육, 금융, 엔터테인먼트 노동, 즉 '비물질적 노동'으로의 이행을 강조한다. 이는 산업 노동자 계급에서 다중이라는 정치 주체로의 이행과 일맥상통하는 말이다. 따라서 다중을 구성하는 구성원에는 산업 노동자뿐 아니라, 학생이나 실업자, 여성, 이민자, 외국인 노동자 등 모든 계층이 포함된다. 따라서 다중은 늘 다종다양하게 존재하면서도 공동으로 활동할 수 있다.

이는 자율성과 협동성의 연결이자, 다중 내부의 차이를 통한 '공통적인 것(the common)'의 창출을 의미하기도 한다. 다중은 이렇게 구축된 공통적인 것을 통해 자본과 권력에 대항해 나간다.

50

아마르티아 센

현대의 최신 사상

잠재능력

인간에게 가장 필요한 것은?

인간에게 가장 필요한 것은 무엇일까? 이 질문에 돈이라고 대답하는 사람도 있을 테고, 의식주를 가능하게 하는 온갖 물건들을 떠올리는 사람도 있을 것이다. 하지만 지금 당장 거동이 불편하다면 돈도, 넓은 집도, 명품 옷도 아무 소용없으리라. 이런 사실에 비추어 생각해 본다면, 스스로 하고 싶은 일을 무엇이든지 자유롭게 할 수 있는 최소한의 상태야말로 우리가 절실히 필요로 하는 것이 아닐까. 이런 관점에서 자유와 평등을 이야기한 경제 개념이 바로 아마르티아 센의 '잠재능력'이다.

인도의 저명한 경제학자인 센은 수많은 경제학자가 외면한 불평등과 빈곤 문제를 깊이 있게 연구한 공로를 인정받아서 아시아 최초로 노벨경제학상을 수상하기도 했다. '경제학계의 양심'으로 일컬어지는 센이 주장하는 이론 가운데서도 중요한 위치를 차지하는 개념인 '잠재능력'은 우리가 흔히 말하는 잠재력, 능력, 가능성과는 사뭇 다른 의미로 쓰인다. 애초 센은 롤스의 평등 이론을 비판하기 위해 잠재능력이라는 개념을 제시했다.

롤스는 자신의 주저인 『정의론』에서 과도한 자유에 제동을 걸기 위해 평등을 강조했다. 하지만 센의 주장에 따르면, 롤스의 평등 이론은 재화와 자원의 재분배에만 집중함으로써 물신 숭배로 전락하고 결국 재분배를 무용지물로 만든다. 요컨대 재화가 재분배된 다음, 그 재화

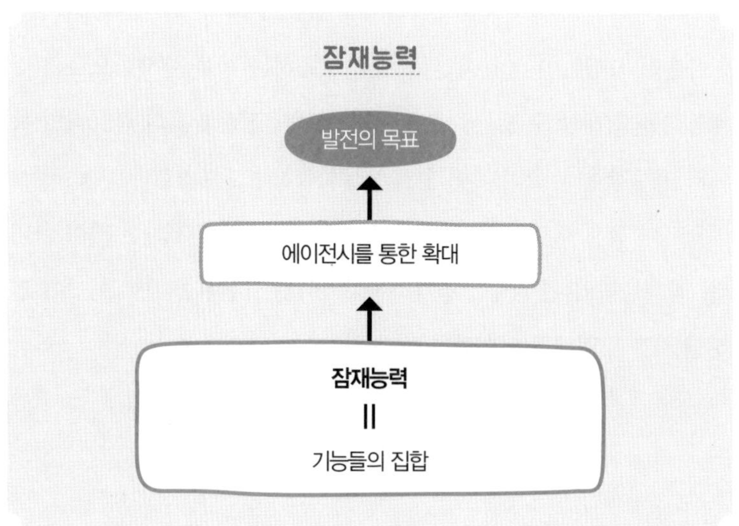

를 가지고 무엇을 이룰 수 있느냐의 문제는 도외시하고 있다고 꼬집어 지적한다.

이 같은 맥락에서 센은 인간 존재의 다양성과 요구의 다양성을 밝히기 위해서 장애인과 비장애인 사이의 불평등에 주목했다. 즉 같은 사물이 분배되더라도, 비장애인이라면 충분히 활용할 수 있는 재화를 장애인은 제대로 활용하지 못할 수 있음을 지적한 것이다.

결과적으로 인간에게 필요한 것은, 개인의 가장 기본적인 욕구인 기본적 잠재 능력을 실현하는 일이라고 강조했다. 우선은 몸을 움직여서 이동하거나, 공동체 사회 생활에 참가하는 일이 가능하게끔 배려해야 한다는 것이다. 이를 토대로 센은 인간이 양질의 생활과 행복한 인생을 살아가기 위해서 어떤 상태에 있고 싶은지와 어떻게 행동하고 싶은지가 결부됨으로써 생겨나는 기능들의 집합이, 바로 잠재능력이라고 정의한다.

아울러 사람들이 능동적인 주체로 행동하는 힘을 행사함으로써 잠재능력을 확대할 수 있는, 바로 이런 상태야말로 발전의 궁극적인 목표라고 주장했다. 그리고 이 힘을 '에이전시'라고 지칭했다.

요컨대 센은 생활의 질을 소득이나 효용으로만 측정하는 것이 아니라, 잠재능력의 관점에서 평가하자고 제안한 것이다. 바로 이것이 진정한 자유의 확대를 의미한다고 센은 확신했다.

커미트먼트

정의로운 경제학이란?

경제 현상을 분석하고 연구하는 경제학은 좀 더 살기 좋은 세상을 구현하는 데 중요한 학문으로 인식됐다. 하지만 경제 이론에 입각한 눈부신 경제 성장은 빈곤의 불평등 문제를 초래하고 말았다.

이처럼 시간이 지날수록 큰 폭으로 벌어지는 소득 격차나 소득 쏠림 현상을 고려한다면 지금 이대로의 경제학이 무조건 옳다고는 말할 수 없을 것이다. 그렇다면 참된 경제학, 정의로운 경제학은 과연 어떤 것일까?

이번에는 정치철학에서 더 나아가 좀 더 거시적인 안목으로 통섭의 경제학을 진지하게 살펴보기로 하자.

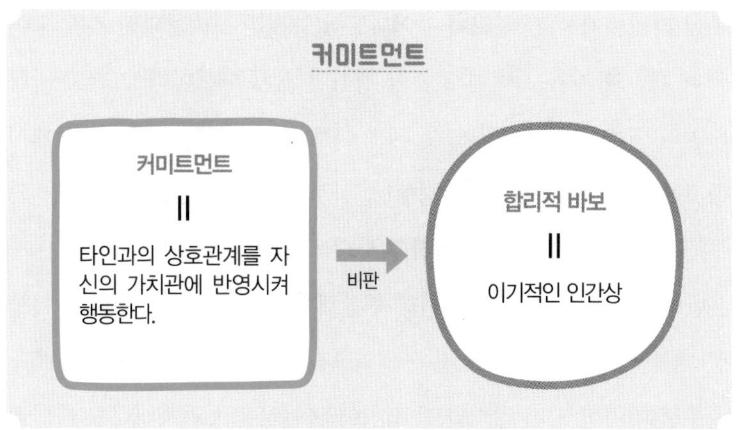

센은 기존의 경제학이 본보기로 삼고 있는 인간상을 '합리적 바보'라고 부르며 비난했다. 즉 근대적인 경제학에서는 개인의 이익 극대화를 궁극적인 목적으로 삼았고, 이런 목적에서 탄생한 인간상은 이기적인 존재일 수밖에 없다는 것이다.

센이 그 대처 방안으로 제시한 인간 모델은 사회적 '커미트먼트(commitment)'가 가능한 개인이다. 이는 타인의 존재에 관심을 두고 타인과의 상호관계를 자신의 가치관에 반영시켜서 행동할 수 있는 인간상을 의미한다.

센은 종래의 경제학이 전제로 삼은 자유주의는 만장일치를 지향하는 원리와 개인의 자유라고 하는, 서로 양립할 수 없는 두 가지 원리가 존재한다는 사실을 꼬집었다. 이 이론을 센의 '리버럴 패러독스'라고 부른다.

이런 모순을 해결하기 위해 센은 타인의 권리를 고려해서 타인을 위해 행동한다는 착상을 생각해 냈다. 즉 자신의 권리를 주장하기 전에 우선 타인에게 어떤 권리가 부여되고 있는지를 고려한다면 전체의 이익과 개인의 자유 사이에 모순이 생기지 않기 때문이다. 그리고 만약 타인의 권리가 침해되고 있을 때는 이를 막기 위해 어떤 행동을 개시하고자 결심해야 한다고 주장했다. 이것이 바로 현실 참여, 약속, 의무, 책임 수행의 의미를 포함하는 사회적 커미트먼트인 것이다.

반대로 말하자면 타인의 권리가 침해되고 있음에도 불구하고 아무런 대책을 마련하지 않는 것은 정의롭지 못한 일이다. 설령 자신에게 아무런 이익이 되지 않더라도, 심지어 불이익을 초래하더라도 타인의 권리 침해를 저지하기 위해 마땅히 발 벗고 나서야 한다. 현대인에게는 이런 결심이 필요하다. 그렇기에 커미트먼트는 비단 한 국가의 문제가 아니라, '인간의 안전보장'이라는 개념이 상징하는 바와 같이 세계적인 문제까지 염두에 두고 있다.

궁극적으로 센은 한 사람 한 사람이 적극적으로 사회 활동에 참여함으로써, 빈곤 문제를 해소하고 인권을 중시하는 사회를 구축할 수 있다고 목소리를 높인다.

칼럼

★

철학의 가능성

지금, 왜 정치철학인가?

6챕터에서는 주로 정치철학을 소개했다.

정치철학은 몇 해 전 마이클 샌델의 『정의란 무엇인가』라는 책이 베스트셀러 대열에 오르면서 많은 사람이 관심을 두기 시작한 분야다. 『정의란 무엇인가』는 세계적으로 정의 열풍을 몰고 온 화제의 책 답게 출간 이후 건전한 토론 문화를 논하는 자리를 만들어 냈다.

샌델의 책은 '정의로운 사회란 어떤 사회일까?' '올바른 정치는 어떻게 구현할 수 있을까?' 등의 질문을 통해, 고민의 근본으로 거슬러 올라가 참된 해법을 찾는 철학 여행의 즐거움을 사람들에게 알려 준 것이다.

이후 정치철학이 학문의 한 분야로 사람들에게 널리 인식됨으로써 왜곡된 세계화, 환경 문제, 사회 문제를 둘러싸고 철학적으로 그 대처 방안을 모색하는 토대가 조금씩 마련되고 있다. 아울러 모두 함께 공유할 수 있는 영역인 '공공성'이라는 개념, 사회 문제를 다 같이 해결하기 위해 머리를 맞대고 진지하게 토론하는 '참여 민주주의'라는 개념에도 사람들이 주목하게 되었다.

이렇듯 정치철학은 다양한 사회 문제를 정부와 정치인에게 맡겨 두고 무관심으로 일관했던 작금의 세태를 변모시키는 계기를 마련했다. 어쩌면 온갖 문제로 골머리를 앓고 있는 현대 사회의 병폐가 정치철학을 자연스럽게 불러냈는지도 모른다.

어느 쪽이든 간에 사회적 연대와 참여는 이제 막 기지개를 켜고 활동하는 상태로 돌입했으며, 정치철학의 향방과 앞으로의 사회 변화에 크나큰 관심과 기대가 모이고 있다.

철학은 과연 더 정의로운, 더 살기 좋은 사회를 만들어 가는 데 큰 힘이 될 수 있을까?

마치는 글

생각하는 사람이 되자!

마침내 철학 여행을 마무리하는 마지막 종착역에 다다랐습니다.

본문에서 소개한 100개의 질문과 그에 대한 답을 제시하는 철학 개념을 재미있게 읽었습니까? 그렇다면 철학적 사고법을 자연스럽게 익힐 수 있었을 것입니다. 삶을 바꿔 놓을 아주 작고 사소한 변화지요.

자, 다시 한 번 인생의 물음을 떠올리며 골똘히 생각에 빠져 봅시다. '나는 누구인가?' '산다는 것은 과연 무엇일까?' 어떤 질문이라도 상관없습니다.

삶의 문제나 세상을 생각하는 마음가짐이 조금이나마 달라졌습니까? 그것이 바로 철학의 묘미입니다. 철학적 사고 과정이나 사고 유형을 배우고 익히면 자신도 모르는 사이에 그 사고를 모방하게 됩니다. 이런 과정을 되풀이함으로써 자기 생각이 더욱 단단하게 여물어 가는 것이지요.

고백건대 저도 이런 변화를 경험했습니다. 본격적으로 철학을 공부하면서 사물을 곱씹어 생각하고, 또 끊임없이 질문하는 나 자신을 발견했습니다. 이전에는 뉴스를 보더라도 그저 수동적으로 '그렇구나! 오늘 이런 일이 있었구나' 하며 고개를 끄덕일 따름이었습니다. 하지만 철학을 공부하면서부터 그리고 철학적 사고를 몸에 익히면서부터 조금씩 태도가 달라졌지요.

우선 내 머릿속에 들어 있는 정보를 의심하는 버릇이 생겼습니다. 더 나아가 '무엇이 진실일까, 참일까, 거짓일까, 본질은 무엇일까?' 하며, 꼬리에 꼬리를 물고 생각을 발전시키기 시작했습니다. 그러자 신기하게도 하루를 좀 더 충실하고 알차게 보낼 수 있었습니다.

"인간은 생각하는 갈대다"라는 파스칼의 명언대로, 우리에게는 사물을 진지하게 생각하는 본능이 아로새겨져 있습니다. 그런데 오늘날의 교육은 생각하고자 하는 본능을 외면하고, 생각하는 방법을 가르쳐 주지 않습니다. 만약에 모든 사람이 진중하게 생각하고 깊이 있게 진실을 모색한다면, 세상을 지금보다 더 좋은 방향으로 변화시킬 수 있을 것입니다.

그리고 굳이 세상을 바꾸는 거창한 일을 생각하지 않더라도, 깊이 생각하는 일은 현대인이 꼭 갖추어야 할 올바른 습관입니다. 생각이 신중할수록 남에게 속을 위험이 줄어들 뿐 아니라, 깊이 있는 사고는 우리를 올바른 선택으로 이끌어 주기 때문이지요. 이 책을 계기로 생각하는 사람이 한 명이라도 늘어난다면 저에게 그보다 더한 기쁨과 영광은 없을 것입니다.

이 책을 집필할 즈음, 많은 분에게 큰 도움을 받았습니다. 특히 책의 구상 단계부터 완성까지 성심성의껏 도와주고 응원해 준 편집부에 이 자리를 빌려 감사의 인사를 올립니다.

그리고 지금까지 함께해 준 독자 여러분께 고개 숙여 진심으로 고마운 마음을 전합니다.

오가와 히토시

추천의 글

3천 년에 이르는 인류의 지성사에서 50명의 철학자를 추린다면 어떤 철학자들을 꼽을 수 있을까? 철학 입문자들은 물론이고, 웬만한 철학 전공자들도 궁금해할 물음이다. 철학사를 나름대로 꿰뚫고 있어야 대답할 수 있는 물음이기에 더욱 그렇다.

『곁에 두고 읽는 서양철학사』는 고대 그리스 시대에서 현대에 이르기까지 서양철학사를 대표하는 50명의 철학자를 소개한다. 시대와 함께 호흡하며 독창적인 철학을 선보인 그들의 철학 이론을 두 개의 핵심 개념으로 정리하고, 개념의 얼개를 간명하게 도식화한 그림까지 곁들였다. 꼭 필요한 내용을 알기 쉽게 전달하려는 입문서의 본래 목적을 충실하게 수행한 셈이다.

시대를 대변하는 철학자들의 사상과 시대별 철학의 특징을 큰 틀에서 파악하는 것이 철학사 이해의 기본이라고 했을 때, 이 책은 기본을 단단하게 다질 수 있는 좋은 입문서다.

무엇보다 이 책은 철학을 지금의 현실과 엮어 쉽게 이해시킨다. 개념과 개념을 연결하는 식의 추상적인 설명을 과감하게 생략하는 대신, 구체적인 삶의 영역 이곳저곳에서 생길 수 있는 물음을 먼저 던지고 그것을 통해 개념을 안내하는 방법을 택한 것이다.

철학은 삶과 삶의 무대인 현실을 이해하고자 하는 지적인 노력이며, 그것은 결국 한 번뿐인 삶을 가치 있게 꾸려가기 위함이다. 철학사를 공부하는 목적도 여기에 있다는 사실을 떠올려 보면, 철학을 현실에 끌어당겨 설명하는 이 책의 방식은 여타의 철학책이 놓치고 있는 부분을 잘 살렸다고 본다.

이 책의 안내에 따라 '정의로운 사회를 고민하다'라는 제목의 마지막 장까지 읽고 책을 덮으면, 철학이 우리 삶에 왜 필요한지 깨달을 수 있을 것이다. 『곁에 두고 읽는 서양철학사』는 독자들에게 더 넓은 철학적 사유로의 여행을 자극하는 좋은 안내서다.

김인곤

철학자의 책

본문에 소개된 철학자의 주요 저서를 한국 출간 도서를 중심으로 아래에 정리했습니다.
아울러 도서명과 철학자 이름은 한국 출판물 표기를 그대로 따랐음을 밝ힵ니다.

Chapter 1

플라톤 (1999). 『소크라테스의 변명』. 황문수(역). 문예출판사.

플라톤 (2012). 『소크라테스의 변론, 크리톤, 파이돈, 향연』. 천병희(역). 숲.

아리스토텔레스 (2012). 『형이상학 1, 2』. 조대호(역). 나남.

아리스토텔레스 (2013). 『니코마코스 윤리학』. 천병희(역). 숲.

아우구스티누스 (2010). 『고백록』. 최민순(역). 바오로딸.

아우구스티누스 (2004). 『신국론 (제1-10권), (제11-18권), (제19-22권)』. 성염(역). 분도출판사

토마스 아퀴나스 (2014). 『신학대전 (1-16권)』. 정의채(역). 바오로딸.

Chapter 2

니콜로 마키아벨리 (2015). 『군주론』. 강정인, 김경희(공역). 까치.

니콜로 마키아벨리 (2003). 『로마사 논고』. 강정인, 안선재(공역). 한길사.

미셸 드 몽테뉴 (2007). 『몽테뉴 수상록』. 손우성(역). 문예출판사.

블레즈 파스칼 (2003). 『팡세』. 이환(역). 민음사.

르네 데카르트 (1997). 『방법서설: 정신지도를 위한 규칙들』. 이현복(역). 문예출판사.

르네 데카르트 (1997). 『성찰: 자연의 빛에 의한 진리탐구 프로그램에 대한 주석』. 이현복(역). 문예출판사.

베네딕트 데 스피노자 (2006). 『에티카』. 조현진(역). 책세상.

빌헬름 라이프니츠 (2010). 『형이상학 논고』. 윤선구(역). 아카넷.
고트프리트 빌헬름 라이프니츠 (2014). 『변신론: 신의 선, 인간의 자유, 악의 기원에 관하여』. 이근세(역). 아카넷.
G.W. 라이프니츠 (2007). 『모나드론 외』. 배선복(역). 책세상.
토머스 홉스 (2008). 『리바이어던 1, 2』. 진석용(역). 나남.
프랜시스 베이컨 (2001). 『신기관: 자연의 해석과 인간의 자연 지배에 관한 잠언』. 진석용(역). 한길사.

Chapter 3

존 로크 (2007). 『통치론』. 강정인(등역). 까치.
존 로크 (2015). 『인간 지성론 1, 2』. 정병훈,이재영,양선숙(공역). 한길사.
조지 버클리 (2010). 『인간 지식의 원리론』. 문성화(역). 계명대학교출판부.
조지 버클리 (2009). 『새로운 시각 이론에 관한 시론』. 이재영(역). 아카넷.
데이비드 흄 (1994). 『오성에 관하여 -인간 본성에 관한 논고 1』. 이준호(역). 서광사.
데이비드 흄 (1996). 『정념에 관하여 -인간 본성에 관한 논고 2』. 이준호(역). 서광사.
데이비드 흄 (2008). 『도덕에 관하여 -인간 본성에 관한 논고 3』. 이준호(역). 서광사.
장 자크 루소 (2013). 『사회계약론』. 이재형(역). 문예출판사.
장 자크 루소 (2003). 『인간 불평등 기원론』. 주경복, 고봉만(공역). 책세상.
장 자크 루소 (2012). 『에밀』. 민희식(역). 육문사.
몽테스키외 (2015). 『법의 정신』. 이재형(역). 문예출판사.
임마누엘 칸트 (2006). 『순수이성비판 1, 2』. 백종현(역). 아카넷.
임마누엘 칸트 (2009). 『실천이성비판』. 백종현(역). 아카넷.
임마누엘 칸트 (2009). 『판단력 비판』 백종현(역). 아카넷.
J.G. 피히테 (1996). 『전체지식론의 기초』. 한자경(역). 서광사.
요한 G. 피히테 (2002). 『학자의 사명에 관한 몇 차례의 강의』. 서정현(역). 책세상.
F.W.J. 셸링 (1999). 『자연철학의 이념』. 한자경(역). 서광사.
프리드리히 W.J. 셸링 (2009). 『신화 철학 1, 2』. 김윤상,심철민,이신철 공역. 나남.
G.W.F. 헤겔 (2005). 『정신현상학 1, 2』. 임석진(역). 한길사.

Chapter 4

아르투어 쇼펜하우어 (2015). 『의지와 표상으로서의 세계』. 홍성광(역). 을유문화사.

쇠렌 키르케고르 (2007). 『죽음에 이르는 병』. 임규정(역). 한길사.

프리드리히 니체 (2004). 『차라투스트라는 이렇게 말했다』. 장희창(역). 민음사.

프리드리히 니체 (2011). 『도덕의 계보학』. 홍성광(역). 연암서가.

앙리 베르그송 (2005). 『물질과 기억』. 박종원(역). 아카넷.

앙리 베르그송 (2005). 『창조적 진화』. 황수영(역). 아카넷.

에드문트 후설 (2009). 『순수현상학과 현상학적 철학의 이념들 1: 순수현상학의 일반적 입문』. 이종훈(역). 한길사.

에드문트 후설 (2009). 『순수현상학과 현상학적 철학의 이념들 2: 구성에 대한 현상학적 연구』. 이종훈(역). 한길사.

에드문트 후설 (2009). 『순수현상학과 현상학적 철학의 이념들 3: 현상학과 학문의 기초』. 이종훈(역). 한길사.

마르틴 하이데거 (1998). 『존재와 시간』. 이기상(역). 까치.

장 폴 사르트르 (2013). 『실존주의는 휴머니즘이다』. 방곤(역). 문예출판사.

메를로 퐁티 (2002). 『지각의 현상학』. 류의근(역). 문학과지성사.

엠마누엘 레비나스 (2001). 『시간과 타자』. 강영안(역). 문예출판사.

Chapter 5

존 듀이 (2007). 『민주주의와 교육』. 이홍우(역). 교육과학사.

지그문트 프로이트 (2004). 『꿈의 해석』. 김인순(역). 열린책들.

지그문트 프로이트 (2004). 『정신분석 강의』. 임홍빈, 홍혜경(공역). 열린책들.

루트비히 비트겐슈타인 (2006). 『논리-철학 논고』. 이영철(역). 책세상

루트비히 비트겐슈타인 (2006). 『철학적 탐구』. 이영철(역). 책세상.

페르디낭 드 소쉬르 (2007). 『일반언어학 노트』. 김현권, 최용호(공역). 인간사랑.

.레비-스트로스 (1996). 『야생의 사고』. 안정남(역). 한길사.

미셸 푸코 (2003). 『감시와 처벌: 감옥의 역사』. 오생근(역). 나남.

미셸 푸코 (2012). 『말과 사물』. 이규현(역). 민음사.

자크 데리다 (2010). 『그라마톨로지』. 김성도(역). 민음사.

질 들뢰즈, 펠릭스 과타리 (2014). 『안티 오이디푸스: 자본주의와 분열증』. 김재인(역). 민음사.

Chapter 6

제러미 벤담 (2013). 『도덕과 입법의 원칙에 대한 서론』. 강준호(역). 아카넷.
존 스튜어트 밀 (2005). 『자유론』. 서병훈(역). 책세상.
존 스튜어트 밀 (2007). 『공리주의』. 서병훈(역). 책세상.
칼 마르크스 (2005). 『자본론 : 정치경제학 비판』. 김수행(역). 비봉출판사.
존 롤즈 (2003). 『정의론』. 황경식(역). 이학사.
로버트 노직 (2000). 『아나키에서 유토피아로』. 남경희(역). 문학과지성사.
마이클 샌델 (2014). 『정의란 무엇인가』. 김명철(역). 와이즈베리.
한나 아렌트 (2006). 『전체주의의 기원 1, 2』. 이진우, 박미애(공역). 한길사.
한나 아렌트 (2002). 『인간의 조건』. 이진우(역). 한길사.
한나 아렌트 (2006). 『예루살렘의 아이히만』. 김선욱(역). 한길사.
위르겐 하버마스 (2006). 『의사소통행위 이론 1, 2』. 장춘익(역). 나남.
위르겐 하버마스 (2001). 『공론장의 구조변동: 부르주아 사회의 한 범주에 관한 연구』. 한승완(역). 나남.
Th. W. 아도르노, M. 호르크하이머 (2001). 『계몽의 변증법 : 철학적 단상』. 김유동(역). 문학과지성사.
테오도르 아도르노 (1999). 『부정변증법』. 홍승용(역). 한길사.
안토니오 네그리, 마이클 하트 (2001). 『제국』. 윤수종(역). 이학사.
안토니오 네그리, 마이클 하트 (2008). 『다중: 제국이 지배하는 시대의 전쟁과 민주주의』. 조정환, 정남영(등역). 세종서적.
아마티아 센 (2008). 『불평등의 재검토』. 이상호, 이덕재(공역). 한울아카데미.
아마티아 센 (2013). 『자유로서의 발전』. 김원기(역). 갈라파고스.

용어 찾아보기

ㅇ

ㅈ

ㅊ

ㅋ

ㅌ

ㅍ

ㅎ

기타

인명 찾아보기

주요 50명의 철학자는 간략 이름으로,
그 외 인명은 본문과 똑같이 정리했습니다.

ㅇ

ㅈ

ㅊ

ㅋ

ㅌ

ㅍ

ㅎ

곁에 두고 읽는 서양철학사

초판 1쇄 발행 2015년 9월 21일
초판 11쇄 발행 2023년 12월 1일

지은이 오가와 히토시
옮긴이 황소연
펴낸이 김선식

경영총괄이사 김은영
콘텐츠사업2본부장 박현미
책임마케터 문서희
콘텐츠사업5팀장 차혜린 **콘텐츠사업5팀** 마가림, 김현아, 남궁은, 최현지
편집관리팀 조세현, 백설희 **저작권팀** 한승빈, 이슬, 윤제희
마케팅본부장 권장규 **마케팅4팀** 박태준, 문서희
미디어홍보본부장 정명찬 **영상디자인파트** 송현석, 박장미, 김은지, 이소영
브랜드관리팀 안지혜, 오수미, 문윤정, 이예주 **지식교양팀** 이수인, 염아라, 석찬미, 김혜원, 백지은
크리에이티브팀 임유나, 박지수, 변승주, 김화정, 장세진 **뉴미디어팀** 김민정, 이지은, 홍수경, 서가을
재무관리팀 하미선, 윤이경, 김재경, 이보람, 임혜정
인사총무팀 강미숙, 김혜진, 지석배, 황종원
제작관리팀 이소현, 최완규, 이지우, 김소영, 김진경, 박예찬
물류관리팀 김형기, 김선진, 한유현, 전태환, 전태연, 양문현, 최창우, 이민운

펴낸곳 다산북스 **출판등록** 2005년 12월 23일 제313-2005-00277호
주소 경기도 파주시 회동길 490 다산북스 파주사옥
전화 02-704-1724 **팩스** 02-703-2219 **이메일** dasanbooks@dasanbooks.com
홈페이지 www.dasan.group **블로그** blog.naver.com/dasan_books

종이 한솔피엔에스 **출력 · 인쇄** 상지사

ISBN 979-11-306-0616-3 (03160)

- 책값은 뒤표지에 있습니다.
- 파본은 구입하신 서점에서 교환해드립니다.